不纯正不作为犯的等价性问题研究

王珏 著

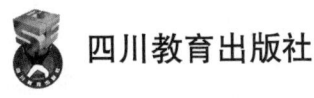

四川教育出版社

图书在版编目（CIP）数据

不纯正不作为犯的等价性问题研究／王珏著 . — 成都：四川教育出版社，2024.1
ISBN 978 - 7 - 5408 - 8810 - 7

Ⅰ. ①不… Ⅱ. ①王… Ⅲ. ①犯罪学—研究—中国 Ⅳ. ①D924.114

中国国家版本馆CIP数据核字（2024）第006156号

BUCHUNZHENG BUZUOWEIFAN DE DENGJIAXING WENTI YANJIU
不纯正不作为犯的等价性问题研究
王 珏 著

出 品 人	雷 华
责任编辑	李霞湘
责任校对	高 玲
封面设计	方净一
责任印制	田东洋
出版发行	四川教育出版社
地　　址	四川省成都市锦江区三色路238号新华之星A座
邮政编码	610023
网　　址	www.chuanjiaoshe.com
制　　作	四川胜翔数码印务设计有限公司
印　　刷	成都市锦慧彩印有限公司
版　　次	2024年1月第1版
印　　次	2024年1月第1次印刷
开　　本	787mm×1092mm 1/16
印　　张	13.75
字　　数	306千
书　　号	ISBN 978 - 7 - 5408 - 8810 - 7
定　　价	88.00元

如发现质量问题，请与本社联系。总编室电话：（028）86365120

目 录

绪论 ··· (001)

  第一节 选题的意义 ··· (001)

  第二节 文献综述 ··· (005)

    一、关于等价性理论的研究资料 ································· (005)

    二、与等价性相关的问题的研究资料 ···························· (009)

  第三节 章节体系与章节设置 ·· (012)

第一章 作为与不作为的区分 ·· (018)

  第一节 区分作为与不作为的实益 ····································· (019)

    一、处罚范围不同 ··· (019)

    二、审查重点不同 ··· (022)

    三、处罚轻重不同 ··· (023)

  第二节 作为与不作为的区分标准 ····································· (024)

    一、区分的可能性 ··· (024)

    二、存在论视角下的区分标准 ····································· (026)

    三、价值论的区分标准 ·· (030)

  第三节 当前区分作为与不作为的新标准 ·························· (032)

    一、法益关系说 ·· (032)

    二、人际风险关系说 ··· (035)

    三、观点评析 ·· (037)

第四节　疑难案件类型的检验 …………………………………… (042)
　　一、现象上的作为／不作为所反射出的不作为／作为 …………… (042)
　　二、行止形式的重合 …………………………………………… (043)
　　三、行止形式的接续 …………………………………………… (043)
　　四、中断救助 …………………………………………………… (046)
　　五、技术性中断治疗 …………………………………………… (048)
　　六、法益关系说的例外——监督管理过失中不作为的认定 …… (050)
　本章小结 …………………………………………………………… (052)

第二章　等价性问题的基础理论 …………………………………… (054)
第一节　等价性问题的含义、由来与发展 ………………………… (054)
　　一、等价性的含义 ……………………………………………… (055)
　　二、等价性理论的历史发展 …………………………………… (056)
　　三、等价性判断的必要性与可能性 …………………………… (060)
第二节　等价性与罪刑法定原则的关系 …………………………… (064)
　　一、等价性与类推解释 ………………………………………… (064)
　　二、大陆法系刑法理论中的代表性解决方法 ………………… (065)
　　三、处罚不纯正不作为犯的法规范根据 ……………………… (068)
　　四、不纯正不作为犯与明确性原则 …………………………… (070)
第三节　等价性问题的独立性 ……………………………………… (072)
　　一、非独立性说 ………………………………………………… (073)
　　二、独立性说 …………………………………………………… (076)
　　三、本书观点——独立性说 …………………………………… (076)
　本章小结 …………………………………………………………… (078)

第三章　作为等价性判断要素的保证人地位 ……………………… (079)
第一节　实质义务论的诸说分析 …………………………………… (080)
　　一、因果论模式 ………………………………………………… (080)
　　二、道德论模式 ………………………………………………… (083)

三、支配论模式 …………………………………………………… (088)
　第二节　作为义务论的新晋理论 ………………………………………… (093)
　　一、效率性说 ……………………………………………………… (093)
　　二、依存的设定说 ………………………………………………… (096)
　　三、法益保护依存状态的自我创出说 …………………………… (098)
　　四、作为义务之理论补充 ………………………………………… (102)
　第三节　先行行为保证人地位的认定 …………………………………… (106)
　　一、反先行行为理论及其批判 …………………………………… (106)
　　二、客观归责理论对先行行为保证人地位的限制 …………… (111)
　本章小结 …………………………………………………………………… (115)

第四章　等价性判断的途径选择 ……………………………………… (117)
　第一节　大陆法系传统理论中等价性的学说 …………………………… (118)
　　一、主观说 ………………………………………………………… (118)
　　二、客观说 ………………………………………………………… (120)
　第二节　义务犯说 ………………………………………………………… (123)
　　一、罗克辛的义务犯理论 ………………………………………… (124)
　　二、雅各布斯的义务犯理论 ……………………………………… (127)
　　三、义务犯与等价性理论 ………………………………………… (129)
　　四、对义务犯说的批判 …………………………………………… (131)
　第三节　许乃曼的结果原因支配说 ……………………………………… (135)
　　一、一种事前的支配理论 ………………………………………… (136)
　　二、许乃曼对其理论的几点澄清 ………………………………… (139)
　　三、对许乃曼观点的质疑 ………………………………………… (142)
　本章小结 …………………………………………………………………… (145)

第五章　等价性判断标准的构建 ……………………………………… (146)
　第一节　潜在支配可能性的判断 ………………………………………… (146)
　　一、归因层面的考察 ……………………………………………… (147)

二、归责层面的考察 …………………………………………（153）
　第二节　等价性判断中的其他问题 …………………………（161）
　　一、作为可能性的定位 ………………………………………（161）
　　二、过失理论对等价性判断的影响 …………………………（163）
　　三、限制手段犯的等价性问题 ………………………………（168）
　本章小结 …………………………………………………………（170）

第六章　等价性与不作为共犯论 …………………………（173）
　第一节　不作为共同正犯与教唆犯的成立范围 ……………（174）
　　一、不作为的共同正犯 ………………………………………（174）
　　二、不作为的教唆 ……………………………………………（176）
　第二节　不作为形态的间接正犯 ……………………………（178）
　第三节　不作为正犯与狭义共犯的区分 ……………………（183）
　　一、理论学说 …………………………………………………（183）
　　二、实务检验：以"自杀不救助"为例 ……………………（190）
　本章小结 …………………………………………………………（198）

结语 ………………………………………………………………（200）
参考文献 ………………………………………………………（203）

绪 论

第一节 选题的意义

不作为犯,尤其是不纯正不作为犯,历来是刑法学研究的重点与难点。长期以来,学者们围绕着处罚不纯正不作为犯与罪刑法定原则之间的紧张关系、作为与不作为的区分、作为义务的来源,以及如何限定不纯正不作为犯的处罚范围等问题争论不休。

与我国目前仍将作为义务视为不作为犯理论中心的做法不同,国外刑法理论一直将不作为与作为的等价性问题作为研究重点[①]。虽然国外刑法理论在不同时期对不纯正不作为犯的关注重点也有所不同,大体经历了旧法义务说、因果关系说、违法性说和保证人说,但在此过程中研究者对等价性问题均有论及。直到20世纪50年代,德国学者考夫曼和魏采尔打破保证人说的见解,提出新保证人说,重视不作为与作为存在结构上的不同并要求二者在不法及责任内容上几乎相等。虽然该说也受到来自罪刑法定

---

① 一般认为,考虑到现代生活日趋增长的复杂性以及各种相互抵触的社会力量之间的冲突,在整体法规范的秩序要求下,为了公共利益而对自由进行分配或限制具有必要性。但是,"法律不仅创造个人的自由并保护其法益,同时也限制了其他人的自由",这样的想法不见得被自由主义者接受。他们认为自由与其他价值冲突时具有优先性,反对以任何公共目的或福祉为理由,侵犯任何个人应有的自由。所以在各种价值的排列次序上,个人自由凌驾于其他价值之上,只有自由本身才能对自由加以限制。博登海默. 法理学:法律哲学与法律方法 [M]. 邓正来,译. 北京:中国政法大学出版社,1998:264,307. 这种观念无疑对要求不作为犯的成立必须符合等价性原则具有一定的影响。

原则等方面的批判，但使等价性成为此后的研究重点。

理论界如今大都认为，由于作为和不作为在存在论层面是互斥关系，以作为犯的条文处罚不作为犯必须证明二者在价值层面是相当的，而证明的方法就是等价性理论。该理论能够最终解决不纯正不作为在规范构造上与罪刑法定原则间的冲突，并能有效限制不纯正不作为犯的成立范围。倘若证明不了不作为能够在价值上相当于作为，就不能对其进行处罚，否则就有类推解释的嫌疑。能否证明等价，是处罚不纯正不作为犯的关键，可以说等价性理论贯穿在不作为犯的方方面面，是比作为义务、因果关系等更上位的概念。作为是在行为人的意志下直接创出了起因，并由因发展到果；不作为则没有这样的主动过程，只能附着在既存的其他因果关系上，这就在因果结构上出现了差异。既然存在论方向是一条死路，那么能否找到方法让二者在价值方面相等就是研究等价性理论时要努力的方向。若是没有明确的标准与途径，二者就不能等价，处罚不纯正不作为犯会与禁止类推以及明确性要求相抵触。因此，要以作为犯的构成要件处罚不纯正不作为犯，就必须解决两者的等价性问题，合理限定不纯正不作为犯的成立范围，使其能与作为犯在法律上等而视之。

我国刑法理论界一向认为作为义务（保证人）才是不纯正不作为犯的核心，而对等价性理论研究较少。等价性理论的缺失会使得我国不纯正不作为犯在理论和司法实践中存在无法解决的适用障碍。

在理论层面，等价性理论是解决处罚不纯正不作为犯与类推解释之冲突的方法和工具。部分学者认为，刑法分则规定的构成要件中的实行行为并不限于积极的作为，也包括对特定作为义务的不履行。如日本学者野村稔指出，不应当认为在杀人罪的构成要件背后仅仅存在禁止规范，日本刑法典第199条（意指杀人罪）这样的刑法规范中存在生命保护规范，根据生命所处的状况，同时作为禁止规范和命令规范而显示出其机能。[①] 按照这种观点，不纯正不作为犯所违反的不过是法定构成要件中所预定的命令规范，对其的处罚原本就包括在法定的构成要件之中，既不是对原构成要件的类推，也不是合理的扩张，而是"为……处……"裁判规范中原本就具有的含义。但是这种观点存在明显的缺陷。首先，该观点将不作为与作为当作裁判规范中平行对等的两种

[①] 野村稔. 刑法总论 [M]. 全理其, 何力, 译, 北京：法律出版社, 2001：189. 相似观点见：大谷实. 刑法讲义总论 [M]. 黎宏, 译, 北京：中国人民大学出版社, 2008：109；张明楷. 刑法学 [M]. 北京：法律出版社, 2011：152.

行为方式，模糊了"为……处……"的裁判规范中所包含的行为规范的基础内容，而且在同一构成要件中包含两种异质形态的行为方式是否合适也存在疑问。其次，既然绝大多数的分则条文（纯正不作为犯、亲手犯和部分限制手段犯除外）都包含作为和不作为两类构成要件，可以直接适用于不作为，那为什么还要求保证人地位这一要件呢？一些国家的刑法总则明确规定了作为义务或保证人，我国刑法总则虽然没有这样的规定，但司法实践在判断不作为犯成立时无疑也要求作为义务要件。既然肯定作为犯和不作为犯共同适用同一刑法分则条文，那么不作为的场合也应该与作为的场合一样来判断。这就使得总则与分则的规定出现矛盾。以杀人罪来说，见死不救的路人同样符合行为、结果和因果关系要件，但将其认定为杀人犯是不可想象的，要通过作为义务要件来限定处罚范围。也许持该种观点的人会说，分则条文包含的是作为和保证人的不作为，而非所有的不作为。的确对于刑法分则的许多用语都要进行限缩解释，但是对于同一条文的同一词语如"杀人"而言，在作为时进行平义解释而在不作为时进行限缩解释，难说没有问题。故只有在承认等价性理论的前提下，认为不纯正不作为犯是通过违反作为义务而间接触犯禁止规范的观点才是与罪刑法定原则相适应的。而在什么情况下不作为形式的行为可以被评价为是违反了禁止规范，就是等价性理论要解决的问题。

在实践层面，对于不纯正不作为犯的成立要件，我国的通说认为有三点，即"行为人具有作为义务""行为人有作为的可能""行为人违反了作为义务，造成了构成要件结果的发生"[①]。司法实践中对不作为杀人的判决理由大都是"被告人对被害人的死亡具有救助义务而未救助"。但是否行为人只要具备通说的三个要件就可以被认定为成立特定犯罪的不作为犯则存疑。在罪刑法定原则的指导下，不作为应当与作为在构成要件上等价。既然是构成要件的等价，就应当在整个构成要件的范围内进行考察而不应局限在以上通说的三个条件中。司法实践常常拘泥于通说的观点，导致对不作为的处罚过于宽泛。比如父亲看到在河里溺水的儿子正欲上前救助，但发现孩子母亲也在现场，遂离去。但由于母亲没有救助，儿子死亡。对此，能否说父亲的行为相当于"杀害了儿子"？又如湖对岸的两个儿子均看到老父亲在湖中央溺水（两个儿子互相未发现对方），却均未施救。对此，实务通说会认为二人均成立不作为的故意杀人罪，但两个行为人的行为真的达到了致人死亡的危险程度吗？又比如在阁楼失火案中，房东

[①] 何荣功. 不真正不作为犯的构造与等价值的判断[J]. 法学评论，2010（1）：105.

虽然应当做好防火设施的配备以防止火灾的发生，但房东的义务是否还包括要防止人为故意地纵火？如果答案是否定的，那么房东的不作为与危险的发生之间是否还有关联性？再比如，因房东未在楼梯上安装夜灯导致房客摔伤，房客在去医院的途中出车祸死亡，对此只能将伤害部分归责于房东。还有，在找钱诈骗案中，被害人自己陷入认识错误，不符合诈骗罪的构成要件，但司法实践可能会套用以上通说的观点，将其认定为不作为的诈骗（虽然行为人有没有作为义务也有争议）。相反，司法实践有时又不注意间接正犯和共犯等理论对不作为犯的成立所发挥的作用，导致不作为犯的成立范围过窄。比如，以不作为的方式进行盗窃是不可能的，但是以共同正犯和帮助犯这样的参与形式却是完全可能的。而且我国现行刑法对不纯正不作为犯并没有明文规定，对其的处罚是依靠作为犯的条文实现的。在不纯正不作为犯的场合，法律并没有直接规定其成立要件（也即属于开放的构成要件），导致司法实践中即使是按照通说的观点来认定不纯正不作为犯时也显得格外随意。比如同样是妻子自杀、丈夫不救助的情形，有的被法院判处故意杀人罪，有的被判定无罪。有罪无罪的区别主要在于对案件中行为人作为义务的有无以及正犯、共犯的区分。又比如，在医生放弃对绝症患者治疗的情形中，法院若认定为是不作为案件的话，那么大都会以医生此时已无作为义务或无结果回避可能性为由认定其无罪；而认定医生是作为的话，就有入罪的可能性（我国目前对安乐死的违法阻却事由持消极态度）。而对于作为与不作为的区分，实践中还没有一个明确的标准。即使是对作为义务，我国刑法理论中也似乎尚未讨论清楚，而作为义务应该是等价性理论的前提。作为义务是"应不应当做"的问题，而等价性是"不做是否相当于做"的问题，二者（包括作为与不作为的区分）共同决定着不纯正不作为犯的成立。而只有对它们提出明确的判断标准，才能准确地认定不纯正不作为犯。

我国刑法没有像德国刑法典第13条①那样在总则中对等价性问题做出规定，由于刑法对不纯正不作为犯的立法缺失和司法实践中处罚不纯正不作为犯的需要之间存在矛盾，合理划定其处罚范围就显得格外重要，而这正是等价性理论的功能之一。随着我国刑法学研究的深入和实务界对限定不纯正不作为犯的处罚范围的重视，等价性越发地被关注，成为不作为犯理论乃至整个刑法学中的攻克对象。基于理论和现实状况，

---

① 德国刑法典第13条规定：依法有义务防止构成要件的结果的发生而不防止其发生，且当其不作为与因作为而使法定构成要件的实现相当时，才依法受处罚。

笔者拟选择不纯正不作为犯的等价性问题作为研究对象。我国台湾地区学者苏俊雄指出，刑法的研究对象，在首重法益保护以及范围的厘清外，所使用之方法不外乎两种：第一，刑法的法解释学的功能在于探求法规的意旨与目的；第二，刑法在法解释学上特别强调犯罪论体系建构的合理性。[①] 前者强调刑法的解释必须符合罪刑法定原则，后者强调刑法对于犯罪论类型化的构成要件与评价标准并非一成不变地延续旧制。笔者无意也没有能力做到第二点，只是期望能够在立足我国司法实践并借鉴国外先进理论的基础上，遵循罪刑法定原则，在现有犯罪论框架之内，采用最合适、最有效的解释方法，使得对现实中发生的不作为能够进行正确合理的评价，并在此种意义上，能够在现有的研究背景下有所突破，有效回应司法实践要求，深化不纯正不作为犯的理论体系，为完善刑法理论和司法实践中对不纯正不作为犯的处理提供有益思路。

第二节　文献综述

目前，关于不纯正不作为犯的资料和文献可谓汗牛充栋，无论是中国还是德国、日本甚至英美国家，很多学者都会在著作中着重论述，甚至以专著形式对其进行详细说明，相关司法判例也对相关案件进行了详细的说理。这也正说明不作为犯作为刑法理论和刑事政策的重要问题，一直受到学界和实务界的关注。相比之下，作为不纯正不作为犯中的一个重要子问题，单独对等价性问题进行研究的成果要少得多。但是，阅读和理解上述关于不纯正不作为犯的文献对于本书的写作有很大的帮助和参考价值。

本书在关注等价性方面的资料的同时，将文献搜索的范围也扩大到了作为与不作为的区分、作为义务、不作为的共犯以及客观归责、过失理论等方面。等价性是判断不纯正不作为犯成立的核心，而上述问题无疑都属于等价性判断的前提或要素，对此不得不予以考察。

一、关于等价性理论的研究资料

在国外，尤其是德日等大陆法系国家，刑法学受自然科学分析方法的影响，对不

[①] 苏俊雄. 刑法总论：一 [M]. 台北：作者自版，1995：293. 转引自陈弘毅. 论过失不作为犯 [M]. 台北：元照出版有限公司，2014：16.

纯正不作为犯的研究始于19世纪。不纯正不作为犯的理论经历了旧法义务说、因果关系说、违法性说和保证人说等发展阶段。而国外学者对等价性理论的重视则要推迟到20世纪中叶。20世纪60年代，德日刑法学界掀起了不纯正不作为犯理论的热潮，这起源于1959年德国学者考夫曼所写的教授就职论文《不作为犯的理论》。考夫曼在文章中分析了不作为与作为在存在结构上的差异，提出了著名的逆转原理，即作为犯中的各种问题，在不作为犯中以相反的形态表现出来。之后其又在另一部著作《不作为犯的解释论》中对不作为的概念、不作为因果性论证前提的期待说、不纯正不作为犯通论的保证人说，从理论到方法进行了全面的批判。与旧有的理论相对，考夫曼的理论被称为新保证人说。沿着考夫曼的研究方向，目前的理论研究重点仍在于不纯正不作为犯与罪刑法定原则的关系以及等价性问题。德国其他学者也对等价性问题进行了不同程度的描述或提及，认识到这种等价的可能性是处罚不纯正不作为犯的重要因素。如施特拉腾韦特在《刑法总论Ⅰ：犯罪论》中指出，在某些特定情况下，可能要求通过作为制止危险，但违反义务与积极制造不允许的结果并不一定等值。进而他将等值作为一个具体区分积极引起结果发生的作为犯罪与消极不防止结果发生的不纯正不作为犯罪的标准。韦塞尔斯在其教科书《德国刑法总论》中将"不作为等同于实施作为"作为不纯正不作为犯的构成要件之一，将等价性问题的研究放在构成要件符合性这一层面。另像耶赛克的《德国刑法教科书》、罗克辛的《德国刑法学总论第2卷：犯罪行为的特别表现形式》以及金德霍伊泽尔的《刑法总论教科书》都将不作为犯单独设章，其中也含有对等价性的论述。

在日本，学者们对等价性的称谓不尽相同，对于等价性的理论研究也极为深入。山口厚在《从新判例看刑法》中指出，就不真正不作为犯来说，问题的关键是，不真正不作为犯与作为犯之间的构成要件等价性。川端博在《刑法总论二十五讲》中从罪刑法定的角度对此进行了展开，他在研究不纯正不作为犯之处罚与罪刑法定主义的关系时，特别谈到了作为与不作为的同价值性，认为仅处罚在价值上可与作为同视程度之不作为，并无违反罪刑法定主义之旨趣。野村稔在《刑法总论》中强调，关于违反命令规范的不作为犯，由于在处罚时与违反禁止规范的作为犯适用同样的刑罚法规，其违法性也应当与违反禁止规范的作为犯的场合相同。大谷实在《刑法讲义总论》中谈到，是否构成不真正不作为犯，最后归结于该不作为与以特定的构成要件的作为之间是否具有等价性。他特别指出，为了肯定不真正不作为犯和作为犯之间具有同样的实行行为性，该不作为犯和作为犯的实行行为必须具有同等的实质。

可见，日本学者对等价性理论多持肯定的态度，认为等价性是不纯正不作为犯成立的条件之一。西田典之在《日本刑法总论》中将等价性当成作为义务的内部要素来加以探讨，从而在实质上将等价性问题纳入构成要件。而与之不同的是，大塚仁在《刑法概说（总论）》中指出，等价性问题的解决要从主观和客观两个方面加以考虑。另有少数学者认为等价性从根本上属于分则的问题，如内藤谦在《刑法讲义总论》中认为，在有同价值的场合，等价性就意味着与特定的构成要件的作为而实现犯罪具有同价值，在此范围内，该不作为就属于实行行为而被定型化。其结果就是，不纯正不作为犯在什么范围内成立，最终应归属于各个构成要件的解释之内。对等价性理论研究最多的当属日高义博，他在《不作为犯的理论》一书中以"等置问题"为名称研究不纯正不作为犯与作为犯同等处罚的依据，尤其是对等置的媒介进行了详细阐述。日高义博提出了构成要件的特别行为要素、该行为事实以及不作为人的原因设定三个标准。还有一点需要注意的是，上述学者均是从客观面来论述等价性的判断标准，而在更早的学说中还出现过纯粹以主观面来判断等价与否的观点，如庄子邦雄主张的法敌对意思说以及藤木英雄主张的积极利用意思说。主观说也是日本大审院时期判例的立场，但现在已经被放弃。

再将目光转回德国。与日本学者从犯罪主观或客观方面出发稍有不同，德国学者选择从更加抽象、更加实质的价值论层面探讨等价性的判断标准，即媒介问题。罗克辛首先提出义务犯理论，他认为确实存在一些犯罪不适用犯罪支配的概念，是"对身份背后的特定义务的有意识地违反"奠定了正犯性，继而认为全部不作为犯都是义务犯。之后，雅各布斯从纯粹规范的角度提出了自己的义务犯理论，并通过组织管辖（消极义务）和制度管辖（积极义务）对义务犯的范围进行了修正，认为无论是身份犯、过失犯还是不作为犯，只有那些以制度管辖为基础的犯罪才是义务犯，澄清了罗克辛认为的"不作为犯全部属于义务犯"的迷思，认为如先行行为的场合，只是要求行为人妥善组织自己的活动以免破坏他人的组织领域，因而就属于支配犯。对于义务犯思想，罗克辛在《德国刑法学总论》、雅各布斯在《行为 责任 刑法》中均有论述，我国学者何庆仁在《义务犯研究》中亦对此进行了详细的论述和总结。

许乃曼重视作为犯中的支配要素，然后将其向不作为领域扩张。他认为，"对于结果的原因支配"是所有犯罪的共同归属原理和正犯准则，作为犯固然如此，不作为犯认定也必须在对于作为犯可罚性而言重要的物本逻辑结构中去寻找答案。只有保证人支配了重要的结果之原因或者支配了法益的无助性时，不作为才能和作为一样存在成立正犯的基础。结果原因的支配理论是许乃曼在其博士论文《不作为犯的根据与界限》中提出的理论，并在《德国不作为犯法理的现状》《在莱比锡和维也纳刑法注释书中所呈现出来刑法修正后的德语区刑法学》等多篇论文中予以论述。他主要从以下论述中发展出"对结果原因的支配"的等价原则：保证人与结果的关系必须与作为对等，因为积极作为之行为人通过身体举动支配侵害事件，所以与作为对等的不作为的前提要件是对于侵害法益的重要条件（造成结果的原因）具有与此种支配在强度上可相比较的意志力，也就是对于事件有实际的控制。因此此种支配当然不能和纯粹的避免可能性相混淆。并不是积极的作为才促成事件的支配，而是此种支配可以说先前就确定了，因为侵害事件的来源或客体先前早已经受到控制。从这段论述中，可以看到许乃曼试图将作为犯与不作为犯归到一个共同的实质基础上，这个基础就是对结果原因的支配。在他看来，对于结果原因的支配是作为与不作为等价的物本逻辑基础。

总之，德日刑法对等价性存在的必要性是不存在过多疑问的，学术上的争议大多集中在等价性在犯罪论体系中的地位和该原则的具体标准等问题。而我国学者对上述问题均有争论。

否定等价性理论的阵营以我国台湾地区学者许玉秀为代表。许玉秀在《当代刑法思潮》和《主观与客观之间：主观理论与客观归责》两部著作中指出，对不纯正不作为犯是完全可以处罚的，但这并不是基于作为与不作为的等价。只要说明不作为对法益具有严重的损害、具有刑事违法的性质、符合构成犯罪的标准和对其以犯罪惩处的理由即可。也有学者认为我国刑法理论没有必要讨论不作为与作为的等价性，因为不真正不作为犯的等价性理论在提出根据上存在缺陷。如刘斯凡在《不真正不作为犯等价性否定论》一文中指出，不作为和作为共用一个法律条文，并不意味着要等价。在具体的案例中，对不论是罪与非罪还是此罪和彼罪的判断，等价性均无用武之地。又如陈荣飞在其博士论文《不纯正不作为犯的基本问题研究》中表示，由于不纯正不作为犯的犯罪构成与作为犯的犯罪构成被置于同一刑法规范中并接受同一法定刑的评价，故从此等意义上说二者确应等价，但这种等价只能是相同性质层面的等价，显然这种等价已由立法者在立法阶段解决，故无另行判断之必要。另外，虽然肯定等价性，但是认为等价性应当寓于作为义务中的学者也不在少数。如张明楷在《论不作为的杀人罪》一文中，以作为义务的强度来区分杀人与遗弃。冯军在《刑事责任论》一书中从不纯正不作为犯的作为义务同与其对应的作为犯的不作为义务具有等价性的原则出发，用等价性的思维方式来确定不纯正不作为犯的作为义务来源。另外，黎宏在《不作为犯研究》中、许成磊在《不纯正不作为犯理论》中，虽然都考虑到构成要件的特别行为要素这一点，但还是认为在一般情况下对等价性的判断只需在作为义务中考虑即可。

与此相对，也有学者将等价性与作为义务区分开，认为二者均是不纯正不作为犯的成立要件。熊选国在《刑法中的行为论》一书中指出，不纯正不作为犯的成立除了具备作为义务、作为可能性、不履行义务，还必须具备不作为与作为等价的条件。既然法律把作为和不作为都规定在同一法条之内，规定了同一法定刑，则表明不作为犯和作为犯在社会危害性质及程度上应该是等价和相当的。只有这样，才能保证定罪的准确性，并且符合罪刑相适应的原则。如果是两个性质完全不相同的犯罪，则不能按同一法条进行处罚。

在肯定等价性独立性的基础上，李金明和刘士心进一步提出了等价性的判断标准。李金明在《不真正不作为犯研究》一书中以四要件的犯罪论体系为基础，指出等价性应当以具体犯罪的犯罪构成为标准，对主客观方面进行综合判断。具体而言，客观标准包括特别行为要素、法益面临的现实威胁、义务人对法益侵害具有排他的支配、防果可能性，主观方面包括故意或过失。刘士心在其著作《不纯正不作为犯研究》中提出了分别确定标准的学说。该学说认为，在不纯正不作为犯中，直接导致结果发生的事实原因力以及不作为与结果之间的因果关系是多种多样的。因此，对等价性的判断也应区别情况具体对待，不能希望以一个"划一"的标准解决所有问题。一般而言，直接导致法益侵害的危险源有四种：自然现象、被害人的行为、先行行为、第三人行为。从社会行为论的角度出发，不纯正不作为犯与侵害结果的因果模式既可以表现为利用其他原因，也可以表现为自身设定原因。所以，应当将不纯正不作为犯分成"两类四种"（原因设定型：①侵害在先型；②行为在先型。他因利用型：①利用自然原因；②利用他人的行为），分别确定等价性的标准。

总之，我国刑法学根植于苏联刑法学，其后才逐渐吸收了大陆法系刑法理论的养分而发展壮大。因此，我国刑法理论中既有苏联成分，又有德日内容。在不纯正不作为犯的研究中，虽然吸纳了不少德日刑法理论的内容，但大都是关于作为义务的理论，而对于等价性理论的研究较少。

二、与等价性相关的问题的研究资料

（一）关于作为与不作为区分的文献

作为与不作为的区分是通向构成要件符合性、违法性的评价路径之门，只有走入正确的门,才可能得出适切的评价。区分作为与不作为是进行犯罪构成审查的基础。

首先,英美国家的学者从自由主义的角度出发,论述了不作为犯较之作为犯的处罚范围差异,认为限制处罚不纯正不作为犯是刑法的发展方向。如弗莱彻在《反思刑法》中指出,一个被禁止实施某种积极行为的人与一个必须实施某种确定的积极行为的人相比,有着为数更多的允许选择的权利。既然自由是宝贵的,我们理应选择对自由限制程度最低的法律。又如塔德洛斯在《刑事责任论》中表明,在有些情况下,一个人不作为的后果根本没有严重到要追究刑事责任的程度。因此,认为所有刑事不法行为都可以由不作为完成,这当然不是事实。

对于作为与不作为在学说上的区分标准,多散见于关于不作为犯的著作中,如许成磊的《不纯正不作为犯理论》、陈荣飞的《不纯正不作为犯的基本问题》、陈家林的《外国刑法通论》以及日本学者芝原邦尔等的《刑法理论的现代展开》、山中敬一的《刑法总论》、林干人的《刑法总论》等。这类著作分别详细介绍了以存在论为视角和以价值论为视角所尝试的各种区分方法。而较之前学说,李立众、黄惠婷以及周漾沂提出了更为合适的理论。前两者的观点大体相同,他们分别在各自的论文《作为与不作为的区别》(同名)中提出以法益风险来区分作为与不作为的标准。周漾沂则在论文《刑法上作为与不作为之区分》中提出人际风险关系说,并对各种特殊情况进行了分析。

李立众还指出了作为与不作为区分意义的局限性以及作为与不作为竞合的必要性。对此,马荣春的论文《刑法学中作为与不作为竞合之辨》和许桂敏、司顺鑫的论文《作为与不作为竞合的真相》进行了详细的论述。

(二)关于作为义务的实质根据的文献

此内容是我国和国外刑法理论研究的重点,文献相当庞杂,在此拟对重要学说进行汇总与整理。

关于保证人地位实质来源的学说主要包括三类,即因果论模式、道德论模式和支配论模式。因果论模式即先行行为说是德国早期的学说,耶赛克(他本人并不持此说)所著《德国刑法教科书》对此有较为详细的介绍。日本学者日高义博和我国台湾地区学者黄荣坚亦赞成此说。其中,日高义博赞成先行行为说是其主张的构成要件等置理论的必然结论。黄荣坚在其论文集《刑罚的极限》和著作《基础刑法学》中指出,通说所承认的其他形式的保证人地位的理由与标准,实质上无法弥补不作为与作为因果原因上的差距,对保证人地位的判断也流于形式。道德论模式同样起源于德国,基尔学派的代表人物达姆和沙福施泰因提出了整体考察法，以"健全的国民感情"为标准判断保证人地位。达姆同时又提出了信赖理论，并指出信赖的基础是道德而非法律，以此为道德主义进路扫清障碍。另外，德国帝国法院于20世纪30年代创设了危险共同体理论，法院在相关判例中指出：对那些面对外部世界而处于一个紧密联系的生活共同体中的人们来说，就像那些处于家庭或者共同生活之共同体之中的案件所习惯的那样，道德的义务是能够成为法律义务的。以上内容在许玉秀的《当代刑法思潮》、内田文昭的《刑法概要：上卷》和罗克辛的《德国刑法学总论第2卷：犯罪行为的特别表现形式》中有具体论述。支配论模式在日本来源于事实的承担说，堀内捷三在其著作《不作为犯论：作为义务论的再构成》中有所说明。支配论主要出现于日本学者的著作中，如西田典之提倡的排他的支配说、山口厚提出的结果原因的支配说等。北川佳世子在论文《围绕制造物责任的刑法上的问题点：以德国联邦法院皮革喷雾器案判决为讨论开端》中特别强调了支配的事实性。许玉秀主张的开放关系说和闭锁关系说，因其和机能二分说存在相似之处，所以也应属于支配论阵营。

现在的部分学者因为支配论一些难以克服的缺陷而放弃了这一学说，提出了新的理论。如日本学者镇目征树在《刑事制造物责任中不作为犯论的意义与展开》一文中提出了效率性说，以"结果回避的效率"和"行为人事前选择的自由"这两点作为判断保证人地位存在与否的依据。齐藤彰子在《进言义务与刑事责任》一文中主张依存的设定说，并认为依存关系并不一定要根据事实上的承担，规范性的要素也能认定依存关系的存在。我国学者曹菲在此基础上提出了法益保护依存状态的自我创出说，并认为效率性说和依存的设定说的核心观点是一致的，即"依存性"和"自我创出"。

与因果论模式即先行行为说的观点相反，理论界也存在反先行行为理论的主张。反先行行为理论阵营又一分为二：一种观点是根本否定先行行为的保证人地位，如许玉秀；另一种观点是只否定故意的危险先行行为的保证人地位，如蔡墩铭。对于反先行行为理论，多篇论文如张明楷的《不作为犯中的先前行为》、王莹的《先行行为作为义务之理论谱系归整及其界定》、蔡圣伟的《刑法上的对应原则》从不同角度进行了不同程度的批判与反驳。

（三）关于不作为共犯的文献

我国刑法理论对不作为的共同正犯研究较多，如陈家林的专著《共同正犯研究》详细介绍了关于不作为共同正犯的各种学说，刘士心在论文《不纯正不作为的共犯》、赵秉志在论文《不作为共犯问题研究》中分别阐述了各自的观点，即采用全面肯定说。

而对于不作为正犯与共犯的区分问题、不作为间接正犯和教唆犯问题，国内研究文献较少，主要出现于刘瑞瑞著的《不作为共犯研究》中，日本学者神山敏雄所著《围绕不作为展开的共犯论》对此也进行了详细论述。两本著作在论述自己观点的同时，主要介绍了德国莱温赫姆、鲍曼、修瓦兹、布塞和赫兹伯格等学者的观点。德国学者对于不作为正犯与共犯的区分主要包括以不作为犯理论为基础的区分学说和以共犯论为基础的区分学说，其中以支配理论为基础的共犯论学说与日本学者西田典之以及我国张明楷等学者提出的观点具有一致性。就不作为的教唆而言，德国学者莱温赫姆和我国学者吴玉梅等持肯定态度，他们认为当不作为依其所处的背景会产生特定意义，而这种特定意义包括意思的传递在内时，从行为与决意之间作用关系的角度来看，不作为是有可能构成教唆的。对于不作为的间接正犯，德国学者布塞与赫兹伯格认为只有在监督保证人的场合才能够构成不作为的间接正犯，而在保护保证人的场合径自构成直接正犯。

第三节 章节体系与章节设置

犯罪的实行行为有作为和不作为两种基本形态。作为是指行为人以积极的身体动作去实施刑法禁止的行为；不作为是指行为人不实施法律要求实施的积极行为，从而造成法益侵害。根据实行行为实施方式不同，可以将犯罪分为作为犯和不作为犯。不作为犯又包含两种类型，法律规定的构成要件只能以不作为来实现的是纯正不作为犯，以不作为方式实现了法规中以作为的形式规定的构成要件的是不纯正不作为犯。

法益侵害通常是由作为来实现的，以此为前提，只要行为人没有侵害他人法益的行为，那么便无须考虑其是否实施积极的作为，是否满足构成要件符合性，是否构成犯罪。纯正不作为犯是规范的犯罪形态，在刑法分则条文中有专门的犯罪构成要件和法定刑，因此在认定和处罚方面也不会有问题。但不纯正不作为犯是事实的犯罪形态，在刑法分则中缺乏明确的构成要件，如何明确其处罚范围成为问题。因此，不纯正不作为犯是不作为犯中的核心课题。

如果说处罚作为犯是迫使行为人抑制一定的行为从而消极地不侵害法益，那么处罚不纯正不作为犯就是迫使行为人实施一定的行为，从而积极地保护法益免受其他原因的侵害。但是，作为犯与不纯正不作为犯具有存在结构和规范结构上的差异。一方面，作为能够引起向着法益侵害方向发展的因果关系，并能支配、操纵这一因果进程；而不作为只不过是利用向着侵害法益方向发展的因果进程而已。从自然科学的角度来看，作为具有原因力而不作为却没有此种原因力，它们是 A 与非 A 的关系。另一方面，不纯正不作为犯与对应的作为犯在所违反的刑法规范方面也存在区别。作为犯是不当为而为的犯罪，其违反的是禁止规范，而不纯正不作为犯是当为而不为所构成的犯罪，所以其违反的是命令规范。在承认二者的存在结构和规范结构均具有差异的前提下，刑法理论和司法实践仍然普遍认为存在不纯正不作为犯，并认为其应与对应的作为犯在同一犯罪构成要件中接受评价。若要同时承认上述结论，就必须将不纯正不作为犯解释为与作为犯具有同等的价值结构，即等价。

现今的不纯正不作为犯的理论焦点集中在等价性问题上，可以说研究不纯正不作为犯就是在研究其等价性，就好比研究刑法学其实就是在研究刑法解释学一样。考察不纯正不作为犯的学说就可以发现，无论是因果关系说、违法性说还是保证人说，都以判断不纯正不作为犯与作为犯的等价性为核心，只不过这些学说均是以作为义务为标准罢了。笔者反对将等价性融入作为义务的观点，认为等价性是对不纯正不作为犯形态下各种构成事实特征的综合判断，据此，判断不纯正不作为犯的等价性应从构成要件的角度出发，在确定行为属于不作为后，通过对作为义务、因果关系和客观归责的检验，确定构成要件结果归属于保证人的不作为，则可以认为不作为与作为具有同等价值，对其进行处罚并不违反罪刑法定原则，同时也合理限制了对不纯正不作为犯的处罚范围。

顺应上述等价性的判断逻辑，本书共分为六章，以不纯正不作为犯的等价性理论为核心，通过对等价性以及与等价性相关的不作为犯理论的论述，力图剖析不纯正不作为犯的内部结构并勾勒出不纯正不作为犯的成立范围。下面简要说明各章之间的逻辑关系以及论述重点。

第一章是关于作为与不作为的区分问题。该问题之所以重要，是因为它决定着下一步要走入的是作为犯还是不作为犯的判断体系。不解决这一问题，我们不知道是否有必要检视行为人的保证人地位，更不用说等价性的判断了。作为与不作为的问题，在体系上应被归入构成要件审查中优先处理的问题。既然在构成要件层面研究作为与不作为的区分，那么在具体评判上就不可能完全超脱任何刑法评价的观点，但无论如何可以确定的是，对该问题的研究是作为犯审查和不作为犯审查共同的前理解阶段。

具体到区分方法上，作为与不作为的区分并不仅仅是"作为是什么，不作为是什么"的纯粹描述性问题。即使在普通案件中，对行为也存在多重诠释的可能性。对此，仅靠存在论的视角是不够的，应结合法益的观点，即：行为人创设或增加危险的行为是作为；面对一个侵犯法益的因果流程，利用这一机会不去救助法益，致使法益受损的行为，则可评价为不作为。另外，作为与不作为的区分和作为与不作为的竞合以及刑事归责是不同的问题，作为与不作为的区分仅能解决行为人的行为属性判断问题，这之后还要进行构成要件、违法性和责任的判断才能确定是否犯罪。

在明确哪些行为属于不作为的前提下，从第二章起开始对不作为等价性展开论述。其中，第二章对等价性理论作基本性、前提性的论述，以明确研究的基本立场。

第二章首先通过介绍不作为学说的历史发展以及各国的立法情况，结合法益保护与立法技术的问题，从事实和理论两个方面明确等价性存在的必要性。之后再从与罪刑法定原则的关系出发，得出不纯正不作为犯是"以违反命令规范的方式，间接违反了作为犯构成要件规定的禁止规范"的结论，解决以作为犯的构成要件处罚不作为犯是否与类推解释相抵触的问题，肯定了作为与不作为有同等评价的可能性。只有在必要性与可能性都得到肯定结论的情况下，对等价性的研究才是有意义的。究竟符合哪些条件，本是违反命令规范的不作为才会被认为是在间接违反禁止规范，就是等价性理论要解决的问题，即接下来要研究的重点。

其次是对等价性在犯罪论体系中进行定位，主要澄清和阐明两个问题：①应该在何种事实要素的范围内判断等价性；②等价性是不是不纯正不作为犯的独立构成要件特别是等价性是否寓于作为义务当中。一方面，等价性要解决的是以不作为方式实现的整个危害事实的构成要件符合性问题。实行行为与结果、因果关系、行为主体等要素构成一个相互联系的有机整体，共同决定着犯罪的成立与否以及法益侵害程度。因此，等价性在内容上应当是以行为为中心的整个构成事实的等价。另一方面，不作为与作为的等价性判断，必须考虑保证人地位。但是后者关注的是"应不应当做"的问题，而前者关注的是"不做是否相当于做"的问题，单靠作为义务的程度无法弥补作为与不作为之间的结构差异。据此，作为义务是等价性判断的重要组成部分而不是全部，但对其的判断在司法实践中是至关重要的，因为有无作为义务可能会直接决定行为是否构成犯罪。就好比在判断责任阶层时一般会先判断责任能力一样，对于不作为形式的犯罪判断，也应当先判断作为义务的有无。寻找具有普遍适用性的保证人地位的实质根据一直是理论界的重要课题。

承接第二章的前提性、基本性论述，第三章至第五章是对等价性判断的论述。第三章是对等价性判断中最为重要的一环——保证人地位的论述。保证人地位是构成不作为犯的重要因素之一。在判断行为属于不作为后，最重要的就是审查行为人是否具有保证人地位，如果答案是否定的，则无须继续审查下去。通过对因果论模式、道德论模式和支配论模式这三种传统学说的考察以及对效率性说、依存设定说等新晋理论的分析，得出法益保护依存状态的自我创出说是解释保证人义务来源较为合理的依据。本章从家庭对社会的主要功能入手，提出生育制度是家庭保证人义务最为实质的理由，可以理解为是对家庭成员之间"自我创出"的进一步解释，进而认为其他类型的保证人都可以从社会意义的角度作进一步的理解，或属于家庭保证人类型的延伸。另外，以法益保护依存状态的自我创出说为出发点，对先行行为尤其是故意的不法前行为能否导出作为义务的问题进行论述。犯罪行为应否被评价为先行行为，应看其所创设的风险是否能够为该犯罪行为本身所完全评价。若答案是肯定的，则没有必要再将其视为先行行为来评价不作为了。

然而保证人地位终究是等价性判断的一环而不是全部，保证人的不作为在有些情况下未必就等价于作为。肯定保证人地位意在指出"行为人应当履行义务却未履行"，而肯定等价性则意味着"行为人未履行义务的不作为相当于作为"。如果从这个角度来看，保证人地位的判断也是狭义等价性判断的前提条件。在判断完保证人地位之后还应继续进行其他要素的判断。

第四章考察的是现有的关于狭义等价性判断标准的学说。这些学说无一例外试图一步到位解决等价性问题。

作为犯和不纯正不作为犯的存在结构完全不同，这成为二者等价的障碍。如果不纯正不作为犯要想与作为犯等价，就要找到能够填补二者存在结构差异的要素，从而使二者在价值方面相等。究竟应符合什么条件，不作为犯才能与作为犯等价，传统的主观说和客观说都难以完成。从更加抽象、更加实质的价值论层面探讨不纯正不作为犯等价性判断标准的义务犯说和结果原因支配说试图一步解决等价性问题，但其缺陷也是存在的。但以结果原因的支配说的思路为导向，将"支配"作为等价性的指导原则是合适的。只不过这里的支配并不一定是所谓的"现实的支配"。如果在作为义务方面不采取支配说而采取依存说，即合理地限制保证人的成立范围，在等价性的判断上就不必执着于事实性的事前支配的标准，通过支配可能性的观念判断等价性就没有什么不可。故此，如果可以将构成要件结果归属于保证人的不作为，则可以说其不作为支配着结果的发生,等价性就基本上成立。

第五章重点解决在保证人地位判断后的等价性判断的各个具体方面和步骤。前半部分衔接第四章的结论,以客观归责理论为视角着重论述不作为潜在支配可能性的判断,主要包括因果关系、不允许性危险的创设、不允许性危险的实现等方面,并连带论述作为可能性的定位问题、在司法实践中可能会发生的"无意思联络的数个保证人同时不作为的情况"以及不作为杀人与遗弃的区分问题。后半部分主要探讨一些特殊场合下的等价性判断,这些场合主要是指过失犯和限制手段犯的场合。在过失不作为的场合,既要考察过失犯的构成要件,也要考察不作为犯的构成要件;而考虑判断的经济性,应当先考察过失犯的成立与否,即考察行为人是否履行了结果回避义务。如果答案是否定的,就免去了对不作为犯的考察,也就规避了更为麻烦的对保证人和等价性的判断。另外,不能一概地否定限制手段犯的不纯正不作为犯,关键要考察构成要件所限制的行为方式能否以不作为来实施。

至此,从作为与不作为的区分开始,到保证人地位的判断、以客观归责理论对不作为支配可能性的判断、过失犯与限制手段犯的判断,应当认为不作为等价性的判断即告结束。按照上述步骤全部得出肯定结论的话,所得到的是不纯正不作为犯的正犯。对于不作为的共犯而言,上述判断步骤就不是完全必要的。犯罪可分为正犯与共犯、既遂犯与未遂犯、实害犯与危险犯等多种类型,之所以会选取不作为共犯作为问题,最主要的原因就在于不作为正犯与共犯的等价性判断标准有所不同,有必要进行补充说明。此外,共犯论与不作为犯论一样,属于刑法学中的"绝望之章",与未遂犯论等相比,有更多的问题待发掘与解决。因此,最后一章是对不作为共犯问题的探讨。不作为的等价性判断主要针对正犯而言,但是在司法实践中,不作为形式的共犯也大量出现。这类犯罪不必也几乎不可能符合不作为正犯的等价性判断标准;要从共犯论的角度入手,以因果共犯论代替客观归责理论判断其是否能够成立共犯以及成立何种形式的共犯。对于不作为共犯论中最为重要的不作为正犯与共犯的区分问题,本章拟通过支配的观点来解决,即着眼于正犯与共犯在因果关系上质的差异:如果不作为者实施了作为,本应"切实地"避免了结果发生的场合,就属于不作为的正犯;如果只是"有可能使结果的发生更为困难",则属于不作为的帮助。在其他问题上,本书全面肯定不作为的共同正犯,对不作为间接正犯持限制成立的观点,并否定不作为教唆的成立。最后,本章对司法实践中经常出现的自杀不救助问题进行了具体论述。本章内容虽然主要是阐述共犯论,但是与不作为等价性理论也密切相关。

至此，本书以正犯和共犯为视角，第一章作为作为与不作为等价性判断的共有前提，在第二章论述等价性的基本立场之后，第三至第五章论述不作为正犯的等价性，第六章论述不作为共犯的等价性，为不纯正不作为犯整体提供了相对充分的等价性判断标准，同时也为在司法实践中判断不纯正不作为犯的成立提供了相对完整的判断依据。

第一章
作为与不作为的区分

作为犯与不作为犯最大的差异，在于不作为犯以具备保证人地位为前提。相对于作为犯一般是不限制行为人资格的一般犯而言，不作为犯显然是一种限制行为人资格的特别犯。由此产生了一个问题：在一个犯罪中，构成犯罪的行为究竟是行为人的作为还是不作为。这个问题之所以重要，是因为它决定着下一步要走入的是作为犯的犯罪判断体系还是不作为犯的犯罪判断体系。没有解决这一问题，不知道是否有必要检视行为人的保证人地位，就更不用说等价性的判断了。可见，作为与不作为的区分，必须置于不作为犯研究之首位，在构成要件层面进行优先评价①，因为这个问题是通向下一步犯罪认定路径之门，只有走入正确的门，才可能得出适切的结论。作为与不作为的区分是明确作为犯和不作为犯的前提条件。

然而作为与不作为的区分，并不仅仅是"作为是什么，不作为是什么"的纯粹描述性问题。因为此一区分所要达成的目的，是要让我们得以明确地决定采取何种犯罪的判断体系，而即使在普通案件中，对行为也存在多重诠释的可能性，导致判断上模

---

① 为了能将不作为纳入刑法的行为概念当中，笔者赞成因果行为论和社会行为论相结合的行为理论，即以社会行为论的立场对因果行为论进行改造，从社会的视角而非自然的视角理解行为中的因果内涵。据此，行为是指行为人基于意思支配而引起的一种社会意义上的因果变动。这样既克服了社会行为论漫无边际的缺陷，又克服了因果行为论不能囊括不作为的缺陷。另外，为了避免违法性评价置于行为的社会性评价之前而破坏行为的连接机能，社会性评价应以一般的社会伦理规范（主要针对自然犯）和前刑法的法律规范（主要针对法定犯）为基准。刘士心. 刑法中的行为理论研究 [M]. 北京：人民出版社，2012：30.

棱两可。① 即使赋予了作为和不作为在存在论上清楚的轮廓，仍然未必能充分地协助我们做出体系上的抉择。由于某个作为已经占据了当下而排除了其他作为，因此每一个作为都表示着无限多的不作为，在追究刑事责任的时候，究竟应该以作为还是不作为处理，一个仅在认识论上的区分标准仍有不足。

通过存在论视角来区分作为与不作为，就会倾向于将此问题放到行为论之中。但是，探索二者的区别并不是为了满足哲学式的好奇心，离开了刑法规范的期待，就不存在刑法意义上的不作为。刑法上的作为与不作为，只能是符合构成要件的作为与不作为。因此，应在构成要件论中进行研究。并且，如后所述，较之存在论视角更为优越的价值论视角的各种学说，均与构成要件存在关联性；离开构成要件，就无法确定行为的社会意义或非难重点。

第一节 区分作为与不作为的实益

无论在理论上还是在实务上，作为犯与不作为犯均存在重大不同。学术界之所以坚持不懈地区别作为与不作为，是因为明确区分二者存在重大实益。

一、处罚范围不同

刑法以处罚作为犯为原则，以处罚不作为犯为例外。要求法共同体的成员通过个人投入来救助受到危险的法益，原则上不是刑罚制裁的任务。② 这在一定程度上决定了不作为的刑事可罚性是有限的。

首先，公民本来的义务仅仅是不为一定行为，因为与作为犯相比，不作为犯对自由的剥夺程度更高③。一个被禁止实施某种积极行为的人与一个必须实施某种确定的积

---

① 比如，甲因未注意到红灯而撞死正常过马路的乙，是构成未及时踩刹车的不作为过失犯，还是构成闯红灯驾驶的作为过失犯？这里之所以会产生定罪困难，并非不知道如何去描述作为和不作为，因为我们在认识上可以毫无困难地区分"未踩刹车"和"继续踩油门"，而是不清楚要将此案当成作为还是不作为处理。
② 耶赛克，魏根特. 德国刑法教科书：总论 [M]. 徐久生，译. 北京：中国法制出版社，2001：722.
③ 费尔巴哈. 德国刑法教科书 [M]. 14版. 徐久生，译. 北京：中国方正出版社，2010：36.

极行为的人相比，有着为数更多的可选择的权利。既然自由是宝贵的，我们理应选择对自由限制程度最低的法律。① 简单来说，如果禁止一个人做某行为，那他还可以做其他很多行为，这些行为的自由仍得以保留；相反，如果规定某人必须实施某行为，则他基本上丧失了为其他行为的自由，因为除了实施规定的行为之外什么都不能做。为了避免过度侵犯公民的自由，刑法只能处罚极少的不作为犯。也有学者反对这种观点，如美国学者弗莱彻认为，救助他人所需的时间有限，因而对个人自由的限制十分有限，而禁止杀人却是永世禁令。因此，不能认为不作为对自由的限制程度高于作为。② 又如范伯格认为，法律要求或者禁止的规定对公民干涉的严重性，更多取决于它所规定的义务内容而非形式。如果法律要求医生横穿全国去医治甚至寻找病人，这样的要求当然是极具干涉性的，但法律如果只要求路人警示一位即将踩进下水口的盲人，这只不过是一句话的事，根本不会影响他的其他选择。③ 但是，不能认为法律对人们施加的命令性规定就不是永世的。之所以会产生"积极义务是一时性的"的看法，原因在于现实中人们不会经常遇到启动义务的生活事件。试想如果行为人生活在一个多难之邦，每天都要为救助他人或防护危险而奔波，那么他就没有多少自由可言。

其次，与不作为相比，作为更加容易侵犯法益。虽然不作为和作为都能侵犯法益，但后者的危害性远高于前者。即使在生活中，作为也比不作为更容易达成目标。仅仅在因果流程已经启动并且万事俱备的前提下，不作为才能侵犯法益，而这些条件是偶然的、凑巧的、独立于行为人的（先行行为的情况除外）。与此不同，作为犯的行为人则可以自己创造条件，高效地侵犯法益。意大利学者帕多瓦尼曾说过，在刑法领域，不作为曾长期被视为异类。因为从根本上来说，以自由为中心的近代刑法制度都是为了防止人们实施某种行为而建立起来的。传统刑法以维护现有法律制度为主要目的，而只有积极的作为才可能侵犯他人的合法权利。④ 因此，处罚作为犯是刑法的主业，处罚不作为犯属于刑法的副业。

再次，广泛处罚不作为犯，将会使公民的日常生活极不安定，导致缺乏预测可能性。一方面，在不作为犯中，作为义务常常是突然发生的，并且产生在公民无法控制

---

① 弗莱彻. 反思刑法 [M]. 邓子滨, 译. 北京：华夏出版社, 2008：440.
② 弗莱彻. 刑法的基本概念 [M]. 蔡爱惠, 等译. 北京：中国政法大学出版社, 2004：440.
③ JOEL FEINBERG. The moral limits of the criminal law: vol. 1 [M]. Oxford: Oxford University Press, 1984：164.
④ 帕多瓦尼. 意大利刑法学原理 [M]. 陈忠林, 译. 北京：中国人民公安大学出版社, 2004：108.

的时间和地点。另一方面,作为义务的履行往往需要公民付出一定的财产、人身安全甚至生命的代价[1]。因此,为了保障公民生活的安定性,刑法应尽量少地处罚不作为犯。故而,防止别人的不幸,不是所有人的法律责任。不作为犯处罚范围的有限性,使得各国的司法机关对处罚不纯正不作为犯始终持克制态度。虽然就理论而言,除纯正不作为犯条文之外的其他分则条文几乎都包含不纯正不作为犯的情形,即基本上所有的作为犯都可以用不作为的方式去实现;但是在有些情况下,一个人不作为的后果根本没有严重到要追究刑事责任的程度。因此,认为所有刑事不法行为都可以由不作为完成,这当然不是事实[2]。事实上,各国的司法机关只处罚少量的不作为犯,如在日本,仅在杀人罪、遗弃罪、放火罪、诈骗罪等有限的犯罪类型中,才处罚不纯正不作为犯。

刑法主要处罚作为犯,在此意义上,区别作为与不作为在一定程度上就决定了行为人是否需要承担刑事责任。如果行为人的行为属于不作为,则其被免于追究刑事责任的概率就会大大增加。英美刑法经常讨论这样的案例:医生不再对一个将死的病人进行抢救,是作为还是不作为?讨论这一问题是因为如果不抢救(如关闭呼吸机)是作为,那么这就是被明令禁止的;如果属于不作为,分析就会进行得更富有弹性。

这里还有一个问题,就是德国等欧洲大陆法系国家的刑法规定了不救助罪这一兜底性条款[3],这种"助人为乐法"是否过度地限制了人们的自由,并且与刑法的谦抑精神相悖呢?与之相比,英美国家仍对此持抵触态度,普通法从未要求无义务之人承担侵权法或刑法中的责任,并且在制定法方面也采取容忍态度。美国只有佛蒙特州的刑法规定,明知他人受到严重身体伤害,在不会给自己招致危险或恐慌的情况下,或在不妨碍对第三方重要义务的情况下,应当对他人提供合理的救助,除非已有其他人提供了合理救助和照顾[4]。认为上述规定较一般的刑事禁止规范更具有侵略性的抱怨是有道理的,因为它要求人们预见法律义务突然降临的情形,这将削弱人们对自己事务的控制力,法律责任也成了人们无法控制的东西。但是也有学者支持这样的立法,如美国学者伍兹利认为,在刑事法律的运作体系中不可能完全排除运气的因素,"你自己

---

[1] 刘士心. 美国刑法中的犯罪论原理[M]. 北京:人民出版社,2010:22.
[2] 塔德洛斯. 刑事责任论[M]. 谭淦,译. 北京:中国人民大学出版社,2009:231.
[3] 德国刑法典第323条c规定:意外事故、公共危险或困境发生时,需要救助且根据行为人当时的情况可期待其予以救助,尤其对自己无重大危险且又不违背其他重要义务而不进行救助的,处1年以下自由刑或罚金刑。
[4] MARK A FRANKLIN. Vermont requires rescue:a comment[J]. Stanford law review,1972—1973,25:59.

没什么错，却发现自己落入无可选择的境地，如果不想面临指控，就只能有所行动"①。不可预测的道德义务的"不公平性"对人们来说其实是日常经验的一部分。人们觉得落入此等义务被剥夺了自主，但其实这仅仅是另一个不可避免的生活事实。我国和日本刑法均未规定此条款，在保证人体系和道德体系均未成型的当前情况下，不宜引入此种规定。故在后文论述时对此内容不予考虑。

二、审查重点不同

在具体案件中，区分作为犯与不作为犯的主要意义在于，作为犯不问行为人有无保证人地位，而不作为犯则以行为人具有保证人地位为构成犯罪的前提。换言之，作为与不作为的区别对刑事责任的判断而言非常重要，如果没有明确的作为义务，不作为者就不会对自己不作为的后果负责。而且，在重视等价性的当今，即使是有作为义务的人，在详细而复杂的等价性判断之后，也未必能轻易地与作为等价，不纯正不作为犯的认定并没有想象中的那么容易。故在能够认定为成立条件相对宽松的作为犯时，就不要走弯路去考察不作为犯。

具体而言，如果认定行为人的行为属于作为，需要重点审查的就是该作为是否具有实行行为性、是否符合构成要件等，只要得出肯定结论，就可以作为犯追究刑事责任。如果认定行为人的行为属于不作为，则除了要进行上述审查，还要重点审查行为人是否负有法律上的作为义务、是否有作为可能性等。只有都得出肯定结论，才能以不作为犯处罚行为人。例如，16周岁的甲在家中仰面裸睡，被甲的妹妹乙（幼女）发现，乙与甲发生了性关系，一开始甲便察觉却一直假睡。在此案例中，如果甲的举止属于作为，则追究甲的刑事责任不存在任何障碍；如果认定甲的举止属于不作为，则需要审查甲是否负有拒绝乙的法律义务，这种义务来源于何处，其行为是否相当于强奸等问题。如果无法弄清楚这些问题，就不能追究甲奸淫幼女的刑事责任。

由此观之，辨析作为与不作为并不是心智游戏，因为一旦作为与不作为区分不当，就有可能导致案件的处理失误。行为人的举止本来属于作为，但被错误认定为不作为的话，就很有可能因无法认定行为人具有保证人地位而得出无罪结论，从而使行为人免于被追究刑事责任。相反，如果对作为的认定过宽，则会导致一些本不具有保证人地位的人被定罪，造成不当后果。

---

① ANTHOEY WOOZLEY. A duty to rescue: some thoughts on criminal liability [J]. Virginia law review, 1983, 69: 1273.

三、处罚轻重不同

在实际处罚上，对不纯正不作为犯的处罚要轻于作为犯。对此，德国刑法典第 13 条第 2 款明文规定，对不作为犯可依第 49 条第 1 款（特别之法定减刑事由）减轻处罚。按照德国刑法学的通常说法，不作为犯于绝大多数场合的法益侵害程度和非难可能性程度都比较低，所以对不纯正不作为犯的处罚可轻于作为犯[1]。在日本，虽然并无类似德国刑法典第 13 条对不纯正不作为犯可减轻处罚的规定，但实务上对不纯正不作为犯具有从轻处罚的倾向。在我国台湾地区，虽有关于不纯正不作为犯的有关规定，但并未规定不纯正不作为犯的处罚问题。尽管如此，台湾地区学者林东茂仍主张，不作为在应当被处罚的场合，考虑到其对结果的贡献以及一般人对其的认识和接受程度，规定"可以减轻处罚"是合理的做法。[2]

我国刑法并无不作为犯的总则性规定，但在立法对策和方法上，同样有学者主张不但应在总则设立不作为犯的规定，而且还要规定"对不作为犯罪可以从轻或减轻处罚"。[3] 从司法实践上来看，对不纯正不作为犯的处罚在事实上轻于作为犯。例如，在宋祥福不作为故意杀人案和李家波不作为故意杀人案中，被告人最终分别被判处有期徒刑四年和有期徒刑五年，属于情节较轻的故意杀人罪。[4] 因此，就司法实务而言，一个行为被认定为作为还是不作为，事关处罚的轻重。

对不纯正不作为犯的处罚轻于作为犯还具有重要的解释论意义。我国刑法第 133 条规定，因（交通肇事）逃逸致人死亡的，处七年以上有期徒刑，对这一规定的理解，理论界存在分歧。有学者认为，如果将此种情况理解为交通肇事罪与不作为的杀人罪的结合犯或数罪，则会出现与故意杀人罪的法定刑不协调的问题。[5] 虽然我国刑法对不作为犯没有从轻或减轻处罚的规定，但在实务上的确是这么做的，故对交通肇事罪和不作为的杀人罪认定为结合犯或二罪并罚，将最高刑期设定为十五年有期徒刑，是可

---

[1] 当然，第 13 条第 2 款不适用于纯正不作为犯。
[2] 林东茂. 刑法综览 [M]. 北京：中国人民大学出版社，2009：112.
[3] 李金明. 不真正不作为犯研究 [M]. 北京：中国人民公安大学出版社，2008：329.
[4] 北大法宝：https://vpn.ruc.edu.cn:11004/case/pfnl_1970324837206454.html?keywords=%E5%AE%8B%E7%A6%8F%E7%A5%A5&match=Fuzzy【法宝引证码】CLI.C.231862. https://vpn.ruc.edu.cn:11004/case/pfnl_1970324836976460.html?keywords=%E4%B8%8D%E4%BD%9C%E4%B8%BA%E6%9D%80%E4%BA%BA&match=Fuzzy【法宝引证码】CLI.C.1868.
[5] 张明楷. 刑法学 [M]. 北京：法律出版社，2011：636.

以接受的，就此缓和了法定刑不协调的问题。

综上，作为与不作为的区别能够一定程度影响作为犯与不作为犯的认定，因而间接影响处罚范围、审查重点、处罚轻重等问题。因此，区分作为与不作为既有理论意义，也有实践价值，是不作为犯论不可回避的问题。

第二节 作为与不作为的区分标准

一、区分的可能性

关于能否区分作为与不作为，理论界存在不同看法。少数学者认为，在有些情况下无法区分作为与不作为。做某事的同时就是没有做其他的事，在此意义上，一切举止属于作为的同时也是不作为，因而一切举止都不排斥作为和不作为。着眼于一切举止都具有作为的一面与不作为的一面，出现了不能区分二者的看法。如山口厚指出，关于如何区分作为与不作为，以前曾有热烈的讨论，不过如上所述（即行为具有两面性），将作为和不作为相互排他地加以区分是不可能的。[①] 他进一步指出，无法区别作为与不作为并不影响作为犯和不作为犯的认定，可以先检讨是否构成作为犯，不构成作为犯时，再检讨是否构成不作为犯，而在实际中这就足够了。韩国学者李在祥也持同样的看法，认为当作为与不作为的区别不明确时，应首先探讨作为是否属于构成要件且是否违法有责，仅将作为当作刑法评价的物件，只有在否定的情况下再探讨不作为的问题，才是合理的方法。[②] 多数学者则认为，作为与不作为是可以区别的。如美国学者胡萨克在面对复杂案件时指出，存在麻烦的模棱两可的案件不一定会损害一种界限的价值（即作为与不作为区分的界限）：不是还有许许多多的清楚明确的案件吗？如果这样的话，这种界限的适用性就得以存在。[③]

笔者认为否定说并没有想象的那么"否定"，该说其实也是在暗中区分作为和不作为。比如山口厚以"管理员没有救助游泳池的溺水者而径行离开"为例，认为并不是

[①] 山口厚. 刑法总论 [M]. 付立庆, 译. 北京：中国人民大学出版社，2011：76-77.
[②] 李在祥. 韩国刑法总论 [M]. 韩相敦, 译. 北京：中国人民大学出版社，2005：104.
[③] 胡萨克. 刑法哲学 [M]. 谢望原, 等译. 北京：中国人民公安大学出版社，2004：281.

离开了泳池这一动作发生作用而导致溺水的人死亡,而是没有救助导致死亡,在此意义上,就可以说问题只在于不作为犯成立与否。[①] 据此可以看出,否定说在判断作为犯与不作为犯时,也是先考虑行为。上例之所以不符合作为犯的构成要件,是因为管理员的行为在彼时彼刻从构成要件的角度去考虑,并不应认定为作为。至于原因,正是由区分理论来提供的。又如在开车不开车灯的场合,人们会很自然地认为开车撞人是作为,不开灯是不作为。至于原因,可能大部分人都是凭感觉得出结论,而区分作为和不作为的任务就是要提出一个明确而具体的标准。否定说先考察作为犯的实行行为性,再考察不作为的实行行为性,采用的是排除法。而肯定说则是从正面对所谓的"具有两面性"的行为直接进行考察,判断在具体案件中,行为的哪一面才是重点。这就好比是在做一道选择题,有的人在判断之后直接选出正确答案,有的人通过排除错误选项得出正确答案,不论方法如何,最终的结果是一样的。故此,作为与不作为不仅是能够区分的,而且实践中人们也都是在这样做的。

作为是存在论上的现象,人们可以直观地感知到行为人的作为;而不作为是价值论上的现象,通常难以明确法律期待行为人做什么。由此,如何区别作为与不作为就有两个视角:一个是存在论的视角,另一个是价值论的视角。明确这两个视角,有助于下文对各种区分学说的合理归类。

如同人的视界总是有限的一样,存在论的视角与价值论的视角各有利弊。存在论的视角符合人们的感官认知,有利于认定作为,但不利于认定不作为,因为人们无法凭借感官认知确定谁实施了刑法上的不作为。而价值论的视角符合刑法学作为规范学的特质,有利于认定不作为,但以此认定作为可能导致简单问题复杂化,因为在多数情况下,运用观察即能确定某一举止是刑法所禁止的作为。虽然存在论和价值论的视角各有其价值,但是如果为了理论的一致性,必须要选择其一,笔者认为还是价值论视角更为优越。因为作为与不作为无法统一在存在论视角中,但可以统一于价值论视角中。因此,采取价值论的视角来区别作为与不作为,在理论上更为融洽。具体而言,作为虽然是存在论上的现象,但完全可以从价值论的角度来把握,即作为是指行为人违反了法律的期待,实施了法律所禁止的行为。无论是作为还是不作为,都违反了法律的期待,两者的不同仅在于法律所期待的内容不同。在作为的情形下,法律期待行为人不得为恶,而在不作为的情形下,法律期待行为人为善。因此,从价值论的视角

---

① 山口厚. 刑法总论 [M]. 付立庆,译. 北京:中国人民大学出版社,2011:77.

出发来区别作为与不作为，至少在方法论上更为合理。

下面将分别介绍存在论视角与价值论视角下区别作为与不作为的各种学说。

二、存在论视角下的区分标准

（一）身体动作说

身体动作说是完全自然意义或者一般生活观念上的区分标准。它立足行为本身的存在构造区分作为与不作为，可以说是最为原始的区分标准，在近代刑法学的发展初期，伴随着因果行为论的泛滥，在第二次世界大战前的德国行为理论中占据重要地位。身体动作说与因果行为论中的身体动作说相联系，认为进行了身体运动的"有为"属于作为，欠缺"为"的动作导致身体处于静止状态的属于不作为。作为与不作为的区别在于行为方式的差别，这在大方向上是正确的。而且，身体动作说具有其他学说所不具有的最大优点，即判断基准极其明确。

当然，该说的缺陷也是非常明显的。第一，该说既可能缩小作为的范围，如无法将士兵立正站立的举止认定为作为（如士兵与恐怖分子通谋，若自己一直站立不动则说明首相在府邸，可以入室行凶）；又可能扩大作为的范围，因为在不作为犯的场合，行为人完全可能存在一系列积极的举动（如父亲是以积极逃走的行为放弃救助溺水的儿子）。第二，在一些案件中，依据身体动作说得出的结论并未得到学者甚至一般人的普遍认同。比如上文提到的医生关闭将死病人的呼吸机的举止，日本和我国台湾地区的学者多数认为是不作为，而英美学者通常以作为论处。而采取存在论视角的罗克辛认为该举止从外部看是作为，但在规范上应当根据不作为的规定来处理。可见，对于一些特殊事例，不同学者存在不同观点，即使是采取存在论视角的学者，有时也会出现摇摆。第三，更为重要的是，根据身体动作说，会得出不作为根本不是行为，不作为不可能与作为共同拥有行为这一上位概念的结论，也就无法逻辑自洽地将不作为解释为行为。这可以说是作为身体动作说基础的因果行为论本身的缺陷①。拉德布鲁赫明确否定不作为的行为性即是证明。而一旦否定不作为的行为性，也就抽空了不作为犯赖以成立的根基，必将从根本上否定不作为犯的存在，这是该说在德国和日本遭到抛弃的根本原因。

---

① 因果行为论认为，意识、身体动作和结果这一自然因果系列的必然发展过程，就是行为，自然因果流程的发动是行为的标识，而不作为缺乏这种标识。

另外，身体动作说还经常面临来自价值论视角的批评。"积极的作为和不作为的区别，部分地是评价性的而非完全是描述性的""不作为是从法律意义上来说的，而单从身体角度来说不可能对不作为作出完整的评价"。[①] 这些批评所指出的问题确实存在，但是要求身体动作说能够容纳价值论的内容，是不合理的。因为存在论和价值论的视角，各自的逻辑基础不同，以己方的视角来否定对方的看法，这样的批评是不合适的。

(二) 能量投入说

能量投入说为恩吉斯所提倡，其主张作为是朝着特定的方向投入能量，而不作为则是未朝着特定方向投入能量。关于何为投入能量，恩吉斯最初所采取的是生理学式的理解，认为作为即是从事特定的身体动作，而不作为则是不从事特定的身体动作。其后，他宣称将能量概念转入一种规范性理解，这表示有无能量要从日常生活概念去界定，依此，身体是否有移动并不是重点，重点在于行为人是否"成就了一件事"[②]。按照该说，士兵依照命令立正站好不动，或者司机把脚踩在油门上不动而使汽车前进，都是作为。也因此，能量投入说认为不仅限于表现于外部的身体能量投入，朝向内在层面的能量投入仍可能被诠释为一种作为，比如自我控制、精神集中和肌肉紧绷等。

能量投入说的产生同样和当时盛行的自然主义以及由此而生的因果行为论有关。因果行为论者仅从自然存在状态的角度去描述作为和不作为，认为作为即为存在一个外界可感知的、由意志支配运动神经收缩肌肉而驱动的身体运动，不作为则是由意志抑制运动神经不收缩肌肉而使身体静止。恩吉斯就是在这个基本认知的基础上进一步建立其学说，并且直至今日仍有不少支持者。

能量投入说着眼于从行为本身出发来寻找作为与不作为的区别，可谓身体动作说的加强版，有助于弥补身体动作说的缺陷。身体动作说不当地缩小了作为的成立范围，因为身体处于静止状态有时完全可能是作为。比如一个偷偷上车的乘客对检票员购票与否的询问采取缄默的态度时，他就是在宣告自己已经买票了，在德国刑法典第263条的意义上，属于通过作为进行诈骗。显然身体动作说无法得出这一结论，而根据能量投入说，因为行为人往保持身体静止这一方向上投入了能量，所以属于作为。总之与身体动作说相比，能量投入说具有更强的解释力。

身体能量的消耗与否，尽管是一个描述作为与不作为存有差异的角度，但却未必

[①] 陈家林. 外国刑法通论 [M]. 北京：中国人民公安大学出版社，2009：167.
[②] 陈朴生，洪福增. 刑法总则 [M]. 台北：五南图书出版公司，1994：288.

是一个能发挥决定作用的标准，尤其难以解决具有多重诠释可能之行为的样态定位问题。还是医生关闭呼吸机的问题，按照恩吉斯的看法，医生关闭呼吸机的意义在于中断病人生命的延续，属于不继续投入能量的不作为①。然而令人费解的是，如果标准仅仅在于能量是否消耗，那么"关闭"的动作明明需要投入能量，亦即需要由中枢神经传导使手部肌肉收缩而施力按压按钮，纵使是在恩吉斯宣称的规范性观点之下，仍然是"做成了一件事"，如何能因整体事件的意义在于终止生命，即被转化为不作为呢？甚至有学者认为，相对于作为，不作为犯罪往往要求更多的意志力。② 如父母故意不给幼儿哺乳导致幼儿饿死的情形，这是标准的不作为，但父母事实上是刻意地控制自己不给幼儿哺乳喂食，往这一方向上投入了能量，启动了幼儿被饿死的因果流程。依据能量投入说，应当得出作为的结论，但持该说的学者显然不会这么认为。

实际上，我们很难想象一个活着的人在生理机能持续运作之下有什么时候是不需要投入能量的。在任何一个切割出来的生活片段，都是在投入能量，因而是在作为。而在某一时点朝向某一方向投入能量的同时，也是不朝着其他方向投入能量，所以是不作为。到最后，每一个生活片段都是作为，也都是不作为。就以最简单的开枪杀人为例，扣动扳机是朝着特定方向投入能量，同时未放下手枪是未朝着特定方向投入能量。连这么基本的事实在能量投入说之下都会陷入多重诠释的可能性中，说明能量投入说在大部分事实类型中都欠缺决定性作用。

（三）因果关系基准说

因果关系基准说从条件说发展而来。采用条件说肯定因果关系时，去掉行为人的作为，结果将不会发生；与此不同，去掉行为人的不作为，结果照样会发生。比如在父亲不救助溺水儿子的事件中，父亲的不救助并不能导致儿子死亡，儿子落入水中才是其死亡的真正原因。基于这样的考虑，在将因果概念理解为存在论的概念的基础上，考夫曼提出了因果关系基准说，认为作为是行为人通过行动开启因果流程而造成外在世界变动，而不作为则是行为人的不行动与外在世界变动之间不存在因果连接，而仅仅让既有的因果流程发展下去③。

因果关系基准说曾经在学术上得到相当多的支持，它以比较接近刑法学语言逻辑

---

① Engisch（Fn. 2），S. 171f. 转引自：周漾沂. 刑法上作为与不作为之区分［C］∥公益信托东吴法学基金. 不作为犯的现状与难题. 台北：元照出版有限公司，2015：55.
② 李斯特. 德国刑法教科书［M］. 徐久生，译. 北京：法律出版社，2006：496.
③ 林幹人. 刑法総論［M］. 東京：東京大学出版会，2000：154.

的方式界定了作为与不作为的标准,并且从因果关系角度的界定被认为最符合作为与不作为的存在构造。作为即是引起并操控一个导向法益侵害的真实因果流程,它对于法益侵害的发生而言是必然存在的条件。不作为则是未造成任何变动,也没有导向结果的真实因果关系可言,即不作为的因果关系属于假定的因果关系。

因果关系基准说也同样存在不少问题。首先,只有在结果犯中才研究因果关系,而很多不作为犯是行为犯。因此,该说的适用普遍性就成为问题。比如日本刑法典中的不退去罪是纯正的不作为犯,只要行为人在被要求退去时不退去就构成本罪,无须考虑因果关系问题。即使从因果层面来看,正是行为人的不作为导致法益侵害结果的发生,难说二者之间没有因果连接。其次,根据该说,在不作为犯中,不作为与结果之间没有物理上的因果关系。这很容易造成不作为犯中行为和结果之间没有因果关系的误解。虽然二者在因果关系的具体认定方法上存在不同,但无论是作为还是不作为,就规范评价而言都与结果存在因果关系,这点并无不同。倘若将物理上的因果关系作为既遂成立的标志,那么全部不纯正不作为犯就都不可能存在既遂形态,此结论显然是不正确的。

(四)法益状态说

法益状态说认为,刑法的目的是保护法益,必须从与法益的关联性来把握作为与不作为。即以作为方式实施犯罪的,表现为导致法益状态受到消极影响;以不作为方式实施犯罪的,表现为没有使法益状态好转。进一步理论化就是,使法益恶化的是作为,未能使法益状态好转的是不作为。法益保护思想是处罚不纯正不作为犯的根基所在[①]。

法益状态说将作为与不作为的区别与保护法益相联系,具有合理性。同时,使法益恶化还是使法益未能好转,具有一定的评价色彩。在此意义上,法益状态说能够容纳一定的价值评价,是从存在论的视角向价值论的视角过渡的一种学说。

该说所面临的问题在于,行为究竟是使法益"恶化"还是使法益"未能好转",并不存在明确的认定标准。如果按直觉进行判断的话可能会得出一些荒谬的结论。例如,被害人被毒蛇咬伤后,正要拿血清进行注射,这时行为人趁机夺取血清逃走,导致被害人没有解药可用,最终因此死亡。在这里,行为人夺取血清的行为不能说是使法益恶化的行为,充其量属于未能使法益好转的行为。可据此认定行为人的举止是不

---

① 芝原邦爾ほか. 刑法理論の現代的展開:総論1[M]. 東京:日本評論社. 1988:68.

作为却并不合适，因为如果当时行为人没有救助义务的话，就不能追究其刑事责任，结局是行为人逃脱了刑法的制裁，这明显无法为人们所接受。

三、价值论的区分标准

（一）禁止、命令规范违反说

宾丁认为，规范以协调、合理地保持并实现国家共同生活中的各种利益为目的，可分为两类：一类是禁止人们实施一定行为的禁止规范；一类是为保护一定法益、产生或增进一定利益价值而命令人们行为的命令规范。[①] 据此，当行为人的举止违反禁止规范时，属于作为，违反命令规范时，属于不作为。20世纪50年代以来，目的行为论也赞成该观点。在目的行为论看来，不作为犯与结果之间不存在物理上的因果关系，因而应否定行为的目的性。并且在规范构造上不作为犯也不同于作为犯，后者触犯的是禁止规范，而前者触犯的是命令规范。

该说对于理解作为犯和不作为犯在规范结构上的差别当然是有价值的，但是该说并非区别作为与不作为的理想方案。主要原因在于该说并未提供判断行为违反的是禁止规范还是命令规范的辨别根据，如在面对上文提到的闯红灯撞人案中，可能无法确定行为时究竟触犯的是何种规范，因而也就丧失了辨别行为性质的功能。又比如在诈骗案中，行为人在欺骗他人时，既可以说行为人违反了不得撒谎的禁止规范，又可以说行为人违反了应当告知真相的命令规范。此时，同样无法确定欺骗行为是作为还是不作为。但不可否认的是，根据法律规范由禁止规范和命令规范构成、以触犯禁止规范还是违反命令规范为标准来进行区分，无疑为此后从规范论视角区分作为与不作为的各种学术努力奠定了扎实的规范论基础。

（二）社会意义说

社会意义说是在学说中常见的评价性标准，在作为与不作为的区分上，该说也发挥着作用。该说认为构成作为还是不作为，取决于犯罪事件所显示出的社会意义，而不是取决于作为与不作为两者存在上的差异。行为的社会意义是直接导致结果的，属于作为；行为的社会意义是未规避结果的，便是不作为。以上文提到的医生终止治疗的事件为例，因为没有希望，医生关闭了人工呼吸机，所认识到的是抢救病人生命的继续努力的无意义。继续使用呼吸机，不对上述的意义有任何的改变。在社会意义说

[①] 山中敬一. 刑法総論 I [M]. 東京：成文堂，1999：213.

看来，这样的情况下，具有相关资质的医生的行为就属于不作为。

该说基本上是从社会行为论推导出来的。社会行为论不仅仅以存在论上的观点去描述并界定行为，在某种程度上还加入了规范性评价的观点。其基本构想在于，任何一种人类行为，除了由人类意志所驱动的身体行为及其所引发的外在物理变动，同时也在社会性的层面上产生意义。因此，行为的界定主要来自社会观点，不再如同目的行为论局限于意志所赋予客观物理性关系的主观意义。[①] 既然摆脱了物理性观点的牵制，就可以大幅度地降低将不作为描述为行为的困难。不作为不再是什么都没有，因为刑法上包括作为与不作为在内的可罚行为共通的特征就是社会重要性，不作为自然也因具备社会重要性而成为刑法上的行为。而既然区分作为与不作为的观点是由社会行为论所引出，那么就如同行为的概念界定是评价问题一样，作为与不作为的区分也是评价问题。

社会意义说的问题同样来自其评价性。显而易见的是，单纯凭借社会意义，只能知道是以社会评价观点为基准，但是仍然不清楚到底根据什么样的具体评价标准来判定作为和不作为。正如学者对社会行为论的批判一样，失之太泛是这一理论的根本缺陷，因为它用来确定行为范围的标准（社会意义）本身就是一个不确定的概念。[②] 社会的概念，隐含着一种透过共识来决定的观点。然而共识形成的途径若是通过所有主观意见的堆叠，那么一个具有普遍性的共识永远都可能只是一种偶然。在社会行为论尚未清楚地界定社会重要性和行为的概念的情况下，就更不要说进一步区分作为和不作为了。对行为性的判断和对作为与不作为的区分是两个层面的问题，而单靠社会意义这一概念是难以完成其中任何一个任务的。

（三）非难重点说

另一种相当流行的评价性标准是非难重点说，该说由梅茨格根据德国早期的实务判决发展而来，其实质内涵与社会意义说相去不远。梅茨格认为，要认定一个举止属于作为，"干了什么"总是必要的，而要认定一个举止属于不作为，则"没干什么"就足够了。在不作为的场合也会存在"干了什么"，故在认定不作为时，要注意非难的仅仅是"没干什么"。通过人们的经验和价值观念来认识理解客观行为事实难以实现对二者的辨析，因为总是有出现争议的情况。较为合理的方法是考察这样一点，即某一

---

① 陈子平. 刑法总论 [M]. 北京：中国人民大学出版社，2009：150-151.
② 帕多瓦尼. 意大利刑法学原理 [M]. 陈忠林，译. 北京：中国人民公安大学出版社，2004：106.

行为在法律上的职责针对的究竟是什么。也就是说，考察的方向从存在论层面转向价值论层面。作为和不作为之间的划分，不是一个纯粹以经验就能解决的问题，而是一个价值评价问题。答案不能只依据外部的发现即依据能量投入的标准或因果性的标准，抑或是依据这两个标准的组合就得出。在所有的这些连接点的框架内，用主流意见的话来说，起主要作用的是行为的价值性以及对社会产生的意义。① 另外，德国联邦最高法院于1999年明确提出，为了决定是否存在一个作为还是不作为的问题，关键在于评判行为人举止行为的重点。②

非难重点说的优点在于其不囿于现象形态，触及了刑法关注不作为的实质，但它却具有和社会意义说一样的逻辑缺陷，亦即并未明确指出，在个案中决定非难重点的具体评价标准究竟为何。在犯罪事实中关于作为或不作为的选择，其任务无疑在于决定刑法非难的重点所在，因此非难重点说如果不是落入以问为答的循环论证，就是将此规范问题的决定委之于评价者个人所恣意选取的评价标准，而这自然有让刑法外部价值侵入刑法规范的危险。也难怪有学说批评说，非难的重点究竟在哪里，只有在分别经过作为犯和不作为犯的犯罪判断程序即三阶层的考察后才能确定，并且非难重点说在尚未开启犯罪判断程序时就试图确定非难重点，是将评价的结果错误地转化成评价的前提。因此，问题最终还是这个被预设的规范性标准是什么。

第三节 当前区分作为与不作为的新标准

从上面的各种学说来看，区分标准不明确、容易存在解释的恣意性等是所有存在论和规范论学说所固有的缺陷，所不同的只是程度差异。所以，克服上述各学说缺点的关键就是要提出一个甚为明确的区分标准。关于这一点，学界目前已经取得了一定的进展。

一、法益关系说

大陆法系的刑法，原则上不处罚预备犯。我国刑法第22条虽然有犯罪预备的规

---

① 韦塞尔斯. 德国刑法总论 [M]. 李昌珂，译. 北京：法律出版社，2008：425.
② 罗克辛. 德国刑法学总论：第2卷：犯罪行为的特别表现形式 [M]. 王世洲，等译. 北京：法律出版社，2013：491-492.

定，但实务中仅处罚少数重罪的预备犯，这就意味着在追究刑事责任时一般要求存在实行行为。因此，要认定一个举止是作为还是不作为，最低限度的要求是该举止必须具有实行行为性。对于没有实行行为性的举止，没有必要讨论其是作为还是不作为。

一般而言，着手是实行行为的起点，因此是否存在着手是认定一个举止是否属于实行行为的关键。对于如何认定着手，存在各种学说。法益关系说采取的是实质的客观说中的结果说，即当行为具有侵犯法益的紧迫危险时，可认定行为人已经着手，已经存在实行行为。区分作为与不作为，需要先考虑一个举止是否具有侵犯法益的急迫危险性。从这一点出发，前述的法益状态说的内核值得肯定。问题在于，即便能够认定一个举止具有侵犯法益的紧迫危险，存在实行行为性，也不能判定该举止是作为的着手（使法益恶化）还是不作为的着手（未使法益好转）。因为无论是作为还是不作为，都存在着手问题。

前文指出，刑法以处罚作为为原则，以处罚不作为为例外，其中原因之一是作为侵犯法益的效率远高于不作为，因为作为可通过行为自我创设的危险来侵犯法益，而在一般情况下，仅在独立于行为人的侵犯法益的因果流程凑巧已经启动时，行为人的不作为才能侵犯法益。这与客观归责的思想存在契合之处。因此，法益关系说认为，对作为与不作为可作如下区分：当行为人创设危险时，因为更加容易侵犯法益，应被广泛禁止，故应将该举止评价为作为；面对一个独立于行为人的侵犯法益的因果流程，负有保护法益义务的人利用这一偶然的机会不去救助法益，致使法益受损的，则可评价为不作为。①

笔者认为，法益关系说将危险概念作为区分的切入点具有合理性。德国也有学者主张，以客观归责标准为基础，如果行为人制造或增加了结果发生的危险，是具有行为重要意义的作为；反之，如果行为人不制止危险，则是不作为。② 我国台湾地区学者蔡圣伟同样认为，法律之所以禁止人们去做什么事情，意思就是期待我们不去制造破坏现状的风险或实害；相反的，法律之所以要求人们去做什么事情，意思则是期待受规范者改变现状，要求他消灭眼前既存的风险。依此，作为便是法律禁止我们制造新风险，不作为则是法律期待行为人消灭既有风险。③ 总之，可以行为人是制造新风险还

---

① 李立众. 作为与不作为的区别［C］//公益信托东吴法学基金. 不作为犯的现状与难题. 台北：元照出版有限公司，2015：34.
② 施特拉腾韦特，库伦. 刑法总论Ⅰ：犯罪论［M］. 杨萌，译. 北京：法律出版社，2006：358.
③ 蔡圣伟. 刑法问题研究：一［M］. 台北：元照出版有限公司，2008：189-190.

是未消灭既有风险为标准来判定作为或不作为。

问题是，当行为人意外地或者过失地创设了侵犯法益的紧迫危险，且行为人未保护或救助法益时，似乎无法以行为人是否创设危险来区分作为和不作为，因为行为人既有创设危险的一面，又有后来不去扭转之前自己创造的因果进程以保护法益的一面。如果认为一行为中作为与不作为具有排他性，则此时有必要进一步探讨作为与不作为的区分问题。但是，在行为的两面性均符合法益关系说的判断标准时，承认一个行为同时具有作为与不作为的双重属性，才是明智且务实的态度。如果承认在一个行为中作为与不作为可以竞合，则下面所要进行的就不是作为与不作为的区分问题，而是对该行为以作为犯论处还是以不作为犯论处的问题。

竞合问题与区分问题，两者并不存在矛盾。区分作为与不作为的各种学说，似乎都有对行为人的举止只能做出唯一评价的倾向，即要么评价为作为，要么评价为不作为。例如，有学者认为，作为与不作为是 A 与非 A 的关系，二者不存在任何交集，一旦被规范地判断为作为的话，那么就不会再成为不作为，反之亦然。[①] 还有学者指出，只发生一个行为事实时，对该行为事实本身以及对该行为事实所做出的"应该"或"不应该"的价值评价，是不能构造出作为与不作为的竞合的。[②] 但是，作为与不作为并不是完全相互排斥的。的确，作为不可能被同时评价为不作为，只发生一个行为事实时也不应将其正反两面夸大为竞合关系。但是这也并不意味着任何一个行为都只能具有唯一评价。同一时间点之行为可能同时违背一个作为期待与一个不作为期待，即可以同时是作为犯与不作为犯。至于同时构成的犯罪之间在法律效果上要如何竞合，是另一个问题。具体而言，就行为的定性来说，应该以自然的、社会的判断为基础，同时加以构成要件的观点进行规范的判断。[③] 而这涉及构成要件的重合问题。根据主要部分合致说，符合数个构成要件的各自然行为（行为事实）在其主要部分重合，就应在规范上评价为一个行为。如非法持有枪支后又持枪抢劫，应认为是基于一个行为实施的。回到文章中提到的"过失作为+故意不作为"的情形，如"不小心将他人推下水又不救助"这样的场合也应认为是一个行为实施的。即便从自然意义上看应属于两个行为，但是"推人"与"因推人而产生作为义务却不履行义务的不救助"之间具有

---

① 熊选国. 论作为与不作为的区别[J]. 法学评论, 1991 (5): 11.
② 马荣春. 刑法学中作为与不作为竞合之辨：兼与张明楷教授商榷[J]. 东方法学, 2014 (2): 21.
③ 山中敬一. 刑法総論Ⅰ[M]. 東京：成文堂, 1999: 923.

相当紧密的内在关联,其主要部分应是重合的。这样,在规范上一个行为同时符合作为犯与不作为犯的构成要件,应当按照竞合的规则处理。[①]

另外,作为与不作为的区分与刑事归责是不同层次的问题,不能因为行为人的举止属于作为(不作为)就直接认定行为人构成作为犯(不作为犯)。作为与不作为的区分仅能解决行为人的行为属性判断问题,这之后还要进行构成要件、违法性和责任的判断才能确定犯罪。从这点来看,其意义是有限的。举例来说,流浪汉进入一所废弃的危房(附近有住家),在没熄灭烟头的情况下倒头大睡,导致点燃了床垫。流浪汉醒来发现床垫着火,却没有将火扑灭,而是换到另一个房间睡觉,最后整个房子被烧毁。根据我国刑法的规定,即便认定用烟头点燃床垫进而导致火势蔓延是行为人过失创设的能够侵害法益的紧迫危险,属于作为,但由于尚未出现刑法第115条失火罪所要求的"致人重伤、死亡或者使公私财产遭受重大损失"这一条件,不符合失火罪的构成要件。但是烟头点燃床垫导致起火足以危害公共安全,行为人负有灭火的义务(先行行为产生的义务)却不灭火,对不灭火会产生何种后果存在认识,故行为人的行为符合放火罪的构成要件,应以不作为的放火罪追究刑事责任。

二、人际风险关系说

人际风险关系说由我国台湾地区学者周漾沂提出,他认为作为与不作为的区分问题实际上可以转化为给作为和不作为下定义的问题,并就此展开论述。

刑法所要处理的是有多数人并存的社会应该按照何种方式被组织的问题,而这种组织形态最后将会反映在人与人相互对待的模式上。从抽象的角度来看,人与人相互对待的模式有两种:一种是干涉他人,即改变他人现有状态;另一种是不理会他人,即放任他人既有状态的进行。因为这个世界上的一切事物都是受到因果法则支配的,所以一个人若要改变他人的既有状态,只能通过开启一个导向改变因果流程的方式为之,即对世界投入引起改变的必要条件。然而,由于改变是发生在未来,因此在当下所能掌握的也只有导致改变的部分条件,其他条件只能随着因果流程的进行而逐渐确定和出现,而此部分条件即形成导向改变的可能性。至于放任他人既有状态的进行,则是不开启一个会改变他人状态进行的因果流程,或者说是听由他人状态改变的可能性继续发展。在刑法的脉络中,他人既存的人身状态是指法益状态,而要改变他人的

[①] 故意作为加故意/过失不作为的场合较为复杂,将在第三章第三节中论述。

既存状态则要创造改变的可能性,即创造风险。因此,我们可以重新叙述以上看法:干涉他人,即是创造一个针对他人法益的风险;不理会他人,则是放任他人既存的法益风险进行。

如果干涉他人与不理会他人都可以是刑事不法行为,那么就等于认为,一个人在刑法上有不干涉他人的消极义务与理会他人的积极义务。首先,就消极义务所要求的不干涉他人而言,是可以理解的,一个根植于个人自由与权利的刑法,所要求的不外乎是不侵害他人。具体而言,基于抽象主体性的设想,每个人都以自我为目的,具有绝对的尊严。然而个人并非仅仅是理念的存有者,而且是现实地存在于这个世界,因此此一尊严须具体化为对抗他人的各种权利,诸如生命权、隐私权、名誉权等,此诸多权利构成一个形式框架,即法权领域,个人可以通过自由意愿在此领域内任意形成具体的自我。[1] 这些权利之所以是权利,是因为其同时反映出他人的义务,亦即尊重个人任意形成自我状态的义务。由于个人的权利即是他人的义务,他人的权利即是个人的义务,所以每个人之间都存在一种相互关系,因此可以说不法即是法权关系的破坏,在抽象层次上是否认他人的主体性,在具体层次上则是侵犯他人的法权领域而变动他人的人身状态。

个人在这个世界上的所有活动,从法律的视角来看都是一种权利的行使。而自由地行使个人权利以实现自己所欲之状态时,必然也会附带实现自己不欲之状态的风险,就如同吃饭也可能被噎着,走路也可能掉沟里一样。风险是自由的成本,也是权利的代价。如果风险落在行使权利者自己的法权领域内,并不会有什么问题,因为行使权利实现自我的人,原本就应该自己承担其成本和代价。然而,如果行使权利所带来的风险从自己的法权领域输出到他人的法权领域,在他人非自愿的情况下变动他人的状态,那么就实现了不法。[2] 简言之,不法在于以他人的权利为代价而成就自己的自由。

基于以上的理解,可以得出更为规范的作为的定义:作为,即是个人在行使权利的时候,从自己的法权领域输出风险到他人的法权领域之中。既然作为是个人输出风险到他人的法权领域中,而且所有输出风险到他人法权领域中的人都只能被考虑违反消极义务,那么在逻辑上,不作为与积极义务只能是作为与消极义务以外者,从而不

---

[1] 周漾沂. 从实质法概念重新定义法益:以法主体性论述为基础 [J]. 台大法学论丛,2012,41(3):1016. 这里要说明的是,刑法上的个人法益,即是抽象法权领域的具体化条件,亦即上述各种权利。

[2] 这里需要补充的是,周漾沂认为输出风险到他人的法权领域,就实现不法而言并不充分,还需要容许与否的判断。

作为所涉的情况，必定是个人未输出风险到他人法权领域中，但他人的法权领域中却存在风险。因此不作为，即是个人未消除他人因行使权利而落入他人法权领域内的、非个人所输出的风险。[①]

积极义务也可以从实质不法概念中导出，和消极义务的不同之处在于，后者是一般性义务，而积极义务必须在特定条件下才能产生，这个条件就是保证人地位。积极义务与消极义务的不同在于，它原则上和以法权为基础的法概念相抵触。在一般情况下，自己的风险不得强制转移给他人。他人既无义务承担风险实现结果，也无义务付出劳动来抑制风险。然而，积极义务的内容，即是命令个人管辖发生于他人法权领域内的风险，亦即要求个人改变他人状态恶化的历程。如此反而是容许他人的法权领域内的风险输出到个人的法权领域，正好符合消极义务所要排斥的情况。因此，若要在以法权领域为基础的法概念内肯定积极义务，那么势必要说明在什么样的情况下才可以一反风险自我管辖原则的预设而建立人际风险连带性。周漾沂认为只限于两种情况：建立针对自我负责能力欠缺者的补充性扶助体制，以及当事人通过合意转移风险管辖。[②]

相对于传统描述性标准先预设作为与不作为的存有形态，再让它反过来牵制刑法规范性，人际风险关系说采取的进路是纯刑法规范性的。之所以这么说，是因为定义作为与不作为的观点纯粹来自刑法内部的实质不法概念，这和社会意义说以及非难重点说等存有容纳刑法外部观点疑虑的看法有所不同。

三、观点评析

无论是法益关系说还是人际风险关系说，在大方向上都选择了规范的观察视角，所提出的具体判断也都围绕着危险/风险概念进行，具有一定的相似性。这里拟对两种观点一起进行评析与比较。

两种观点分别使用危险/风险的概念，所指涉者，都是发生某种不利后果的可能性。我国台湾地区的不少文献受到德国刑法典第13条的用语（犯罪结果）影响，主张

---

① 周漾沂. 风险承担作为阻却不法事由：重构容许风险的实质理由 [J]. 中研院法学期刊，2014（14）：195.
② 周漾沂. 刑法上作为与不作为之区分 [C] //公益信托东吴法学基金. 不作为犯的现状与难题. 台北：元照出版有限公司，2015：68.

不纯正不作为犯本质上是结果犯。①依此种看法，则此处的不利后果就是构成要件结果。然而，无论作为还是不作为，都只是实现犯罪构成要件的方式，至于所实现的犯罪构成要件究竟是行为犯还是结果犯，则仅取决于所涉及的构成要件本身的设计，而与作为和不作为无关。即便是行为犯的构成要件，也还是可以通过不作为的方式（如不作为的非法拘禁）来实现。易言之，不纯正不作为犯与结果犯是分别从两个不同的分类范畴得出的概念，就像"好人"和"女人"一样，两者之间没有任何逻辑上的必然关联。因此，笔者认为在不作为犯的脉络下，危险/风险所涉及的不利后果应作广义的理解，不限于构成要件结果，也不限于法益实害，而应该是指分则个别条文中所描述的构成要件该当事实。

接下来我们评析两种观点所提出的具体判断内容。

首先，依据法益关系说，作为是创设危险。依照这样的定义，倘若不法事实发生的危险原本就已经存在，而非行为人所创设，就不应该被认定为作为。在现象上，作为固然多半是制造了原本所没有的新危险，但在逻辑上则非必然限于此。有时危险虽已存在，但行为人的介入强化了该危险，亦应归入作为的范畴。例如，甲乙两人一起攀岩，并用绳索相连，途中乙失足滑落，导致甲也被拉了下来。两人仅靠一条绳索悬在半空中，眼看绳索无法承受两人的重量，位于上方的甲便割断了绳索，导致乙坠崖死亡。这样的情形中，一般都会认定为作为。但乙所面临的危险（坠崖死亡）并非甲所创设，甲割断绳索只是增强了该危险。因此，笔者认为比较周全的说法是：作为乃行为人招致或提升了危险，不作为则是没有降低危险。我国曾发生过这样的案件，被告人李某约江某到家中卖淫，但在此过程中江某身体越来越不舒服。李某逐渐认识到江某可能有生命危险，他在江某病情加重的过程中既未拨打120急救电话也未送其去附近的医院，而是直到江某昏迷后，将其转移到山上丢弃，江某于次日死亡。后经法医鉴定，江某系左心功能不全，并发室性心律失常死亡。另李某在转移江某时造成江某头部、肋骨处碰伤，虽非主要致死原因但应视为加速死亡的因素。②对于本案中李某的保证人地位，理论上存在争议，即有的人认为嫖娼关系不足以成为李某具有保证人

---

① 张丽卿. 刑法总则理论与运用 [M]. 台北：五南图书出版公司，2007：408.
② 郝艳兵. 不纯正不作为犯作为义务适用论 [M]. 北京：法律出版社，2015：147. 本案一审法院经审理认为，李某和江某在自己家中实施卖淫嫖娼行为，在江某有生命危险之际，李某有实施救助的义务。但李某因为怕事情败露，并未采取有效措施进行救助，反而将江某转移到山上，构成不作为的故意杀人罪，判处有期徒刑四年六个月。宣判后，被告人未上诉，检察机关未抗诉。

地位的依据。但笔者认为，在讨论保证人地位之前还是要明确本案中李某的行为性质，即到底是作为还是不作为。虽然江某的病情发作是自发的，与李某无关，但李某在意识到江某存在生命危险的情形下，不但不救助，反而将江某转移到荒山野岭。单是丢弃荒山这一行为就意味着其通过积极的方式将一个原本有生命危险的人置于一种不可能得到救助的绝境之中，该转移行为无疑增加了被害人死亡的危险，对此应评价为作为的杀人，而非不作为。本案一审判决仅从表面现象入手，认定行为的性质为不作为，而在作为义务的论述上却又说理不清，不得不说存在疑问。

其次，两种学说在定义不作为时都或多或少夹杂着作为义务的内容。法益关系说认为不作为是指负有保护法益义务的人利用偶然的因果流程不去救助法益，致使法益受损；人际风险关系说同样指出，积极义务必须在特定条件下才能产生，这个条件就是保证人地位。可是，不作为属性的判定和作为义务的认定是两个不同层次的问题，如此定义不作为，是否会变成提前考量作为义务的问题？利用义务形态来区分作为与不作为可能体现了学者们的良苦用心。单在行为论中探究作为与不作为并非不可能，但是探究作为与不作为的区别不是为了满足学者们的自娱自乐，探讨与构成要件无关的作为与不作为，缺乏刑法学意义。比如说，某大学教授成天打麻将不进行学术研究，这种情况是作为还是不作为不是刑法关心的对象，而是教师职业伦理关注的对象。因此，应当在构成要件中研究作为与不作为的区分。可是笔者认为，"路人见死不救"和"教授不进行学术研究"是存在区别的，只有后者才属于裸的行为，而前者仍然与"危险"这个概念挂钩，与结果的发生存在假定的因果关系，需要进行刑法评价。也许有的人会认为，既然路人没有作为义务，自然不属于刑法所要关注的举动，可这种认识是想当然地将作为义务要件置于已知的状态，也就是说在现实事件中、在刑法评价前，又有谁知道行为人有没有作为义务呢？再者，无论如何可以确定的是，不作为的属性确认必须放在行为主体的审查之前，只有确定了行为是不作为，才能展开作为义务的判断。既然作为与不作为的区分问题是构成要件符合性审查中的首要问题，那么笔者认为将之称为构成要件的前提还是要素，就只是形式上的差异而已。故此，只要是对他人既存的风险放任不管，就应当评价为不作为，而保证人义务则是之后要考察的要素。

再次，依照两种观点的看法，不作为所涉及的危险，除了必须是原本即已存在，还必须是独立于行为人或和自己无关的危险。然而，由于这个限制，在危险前行为的情形中，就不再有不作为，整个事件就只能针对前行为（作为）来追究责任。对此，持法益关系说的部分学者承认作为和不作为的竞合关系，据此来解决"过失＋故意"

型的先行行为场合的评价不充分的问题。我国的司法实践以及通说均肯定危险前行为的保证人类型。对于上述情形，应构成过失的作为犯和故意的不作为犯，两者形成竞合关系。但是这仍然以承认危险前行为之后的不作为的存在为前提，故法益关系说应当将"独立"二字去掉。而持人际风险关系说的周漾沂则是有意识地导向上述结论，因为他本来就反对危险前行为这种保证人类型。为解决处罚不充分的问题，周漾沂主张故意只需要存在于整体事件过程中的任一时点即可满足同时性原则（行为与责任同时存在）的要求，借此得以在否定危险前行为保证人类型的同时，在"过失＋故意"型的先行行为场合构成故意的作为犯。[①] 这种颇具创意的诠释方法，似乎也解决了概括故意型的犯罪，但为什么 A 时点的动作加上 B 时点的故意可以成为一个故意的既遂犯呢？盖故意犯的不法并非仅仅是过失不法与未遂不法相加的总和，把不同时点的主客观凑在一起，是否还能将客观上的结果称作是故意的实现，不无疑问。[②] 我们还可以延伸追问，这样对"故意"所进行的思考方法是否会颠覆之前学者对原因自由行为的激烈争论？同时性原则不仅适用于主观要件，也同样适用于责任能力。如果我们把欠缺的犯罪要件从故意换成责任能力，那么是否亦可援用同样的方式，只要行为人在整体事件中的任一时点具备责任能力，即可认定罪责？果真如此的话，原因自由行为也就不再是一个问题了。但如此理解下的责任能力，在罪责原则下是否仍具有意义，是否仍能够担负起规范罪责概念中赋予责任能力要素的任务不无疑问。

最后，笔者拟对作为与不作为的竞合问题作稍许的说明。我国刑法学界很久之前就提出过这个问题，如今仍有学者对此问题进行论述。作为与不作为的竞合确实存在，但是有的学者过分夸大竞合的适用。比如，牙医在未检查患者牙齿是否发炎的情况下就实施拔牙手术，致患者术后反应强烈。又比如，医生本应当去病房为病人做检查，却偷懒在办公室打游戏，导致病人的病情恶化。在判断这种平常的例子时却存在着行为两面性所带来的干扰。牙医在拔牙的同一时点也就产生了没有检查发炎状况的不作为，医生在没去查房的同时就存在着诸如打游戏等替代性的作为，因此在通常的思维中，就难以排除是替代措施令结果发生的。对此，有些学者肯定了行为的两面性，并认为应优先认定为作为犯。但是这种分析是有问题的。上例所存在的仅仅是"实施拔

---

① 周漾沂. 重新建构刑法上保证人地位的法理基础 [J]. 台湾大学法学论丛，2014，43（1）：253.
② 另有学者认为，即便是同一时点，同一罪名的客观构成要件该当事实与故意都未必结合成一个故意既遂犯的不法，如具体符合说立场下对打击错误的处理，就只构成过失犯与未遂犯的竞合。蔡圣伟. 刑法上的对应原则 [J]. 月旦法学杂志，2014（277）：20-21.

牙手术"这一个事实,即使从自然、社会的观念来看,这也没有什么不妥。而有些人却构造了"应仔细检查发炎情况而未检查"和"不应实施拔牙却实施"这两个行为事实。对此,有学者指出,"应检查而不检查"是"不应实施却实施"这一行为事实的性质评价,而不是这一行为事实之外的又一行为事实。[1] 两个行为事实的虚构必然陷入一种自找麻烦的境地。也有学者用因果关系来表述上述"两个行为"的关系,之所以将其中一个行为排除,不是因为它的性质是行为事实评价,而是因为它作为法律所关注行为的内部原因,在因果链条上已经有点远了。[2] 笔者认为,上述学者的论述是有道理的,倘若连上述两个例子都属于竞合的范畴,那么现实中几乎所有情况都存在这一问题(甚至可以说任何作为都可以理解为"我未保持原来的姿势")。只有出现两个以上的行为事实,即法益侵害结果是由作为与不作为共同造成时,才可能构成竞合关系。

笔者认为,法益关系说和人际风险关系说采取了相同的路径,都选择了规范性、价值论的观察视角。虽然前者以客观归责理论为基础而后者立足人际关系,但结论可谓殊途同归。但是,人际风险关系说将"不法"定义为"以他人的权利为代价而成就自己的自由",认为不法就是对法权关系的破坏,可能稍有突兀感。如前文所述,在此观点下,作为是个人在行使权利的时候,从自己的法权领域输出风险到他人的法权领域,违反的是消极义务;而不作为是个人未消除他人因行使权利而落入法权领域内的风险,违反的是积极义务。消极义务强调风险的自我管辖,而积极义务要求个人管辖他人法权领域的风险。但是这样的理解是否可以说人际风险关系说是法益关系说与义务违反说的结合,抑或是否可以将该说理解为行为无价值二元论甚或义务犯论在作为与不作为区分这一具体问题上的展开。笔者认为,从结果无价值论、行为支配说的视角来看,以人际关系的视角来解读刑法有待商榷。与此相对,法益关系说首先旗帜鲜明地提出了究竟应在行为论还是在构成要件论抑或其他不法层面研究作为与不作为的区分问题,并主张在构成要件论中研究,这一点与人际风险关系说的结论完全相同,也是采纳规范论标准的合乎逻辑的结论。该说结合客观归责理论,主张以行为人是否创设危险为标准区分作为与不作为,通过既存的刑法理论解决具体问题,这一点值得肯定。所以笔者还是认为,法益关系说是目前较为合理的学说,只不过经过上述评析,应当作适当的修正,即行为人创设或增加危险的行为是作为;面对一个偶然的侵犯法

---

[1] 马荣春. 刑法学中作为与不作为竞合之辨:兼与张明楷教授商榷[J]. 东方法学,2014(2):22.
[2] 许桂敏,司顺鑫. 作为与不作为竞合的真相[J]. 河南警察学院学报,2015(6):110.

益的因果流程，利用这一机会不去救助法益，致使法益受损的行为，则可评价为不作为。通过这样的修正，法益关系说在判断具体的行为事实时得出的结论会更加精确，可减少不合理的逻辑推论，从而使其与社会通念和刑法理论通说更加吻合。

第四节 疑难案件类型的检验

无论是刑法理论还是司法实践，重要的不仅是作为与不作为的区分，将案件按作为犯处理还是按不作为犯处理才是最重要的问题。而这一问题的重要性，主要体现在一些特定的案件类型上。然而，可能不仅于此，一些普通案件之所以不会引起人们产生疑问，或许是因为我们的思维没有做到追根究底。接下来的任务就是以上文所总结的作为与不作为的区分标准来一一检验这些案件类型，并与以往学说的适用结果相互比较。

一、现象上的作为/不作为所反射出的不作为/作为

本书的区分标准可以充分发挥决定作用，尤其是不会被现象上的作为所反射出的不作为以及现象上的不作为所反射出的作为干扰思考。这样的干扰，会广泛地出现在最基本的作为犯以及不作为犯的事实形态之中。就现象上的作为所反射出的不作为而言，例如，甲向乙开枪射击，除了扣动扳机的现象上的作为，同时也有未采取扣动扳机之替代措施的现象上的不作为（如没有放下枪）。因此在思维上不能排除，是替代措施的不作为让死亡结果发生。但在本书的规范性标准下，这个基本案件只有作为，因为这里明显不涉及甲未消除乙自身既存的生命危险的情形，而是甲主动创出了对乙的生命的威胁。

至于现象上的不作为所反映出的作为，比如说，应该照顾生病儿子丁的母亲丙，在丁生病的时候不作任何处置，而是在一旁打游戏，导致丁的病情恶化。由于打游戏是一个投入能量的现象上的作为，所以人们容易倾向于认为是丙玩游戏的行为导致丁的病情恶化。不过，既然在现象上的不作为的时间点行为人仍存在于这个世界上，那么他永远都会有替代性的作为，比如丙也可能睡觉、出门甚至站在一旁干瞪眼等。然而，这些替代性的作为都不具有刑法上的重要性，因为无论如何，这些替代性行为并

不构成危险创出的条件,相反,丁病情恶化的危险自始来自其自身的脆弱,从来不是丙创出的,因而此处所涉及的仅仅是未抑制他人自身既有危险的不作为。

二、行止形式的重合

行止形式的重合,是指作为中蕴含着不作为要素的行止类型。行为人的举止具有作为与不作为的复合构造,当作为与不作为都是导致结果发生的条件时,就要考虑到底是以作为处理还是以不作为处理。比如说,夜间开车应该开车灯,行为人却未开,撞上了对面的行人,致行人死亡,是应以开车撞人为考察重点还是以未开车灯为考察重点?又如,狙击手认为是好时机,未等上级下命令就瞄准绑匪开枪,结果打中人质,狙击手是构成擅自开枪的作为犯还是构成没有得到上级许可而开枪的不作为犯?

对于上述案件的判断,关键还是考察法益所面临的紧迫危险是怎么产生的。在未开车灯案中,被害人被撞的危险是行为人创设的,是行为人启动了侵害法益的因果流程,故对行为人应以过失的作为犯论处。狙击手误伤案亦是如此,人质受伤的危险是狙击手创设的,并非放任一个早已开启的因果流程(被绑匪伤害的危险虽可认为已开启,却和此处的危险不是同一的),故对狙击手也应按过失的作为犯论处。

三、行止形式的接续

行止形式的接续是指行为人先有一个创造危险的现象上的作为,之后又有一个未管控危险的现象上的不作为,并导致侵害结果发生。例如,行为人以狩猎为目的在草丛中挖了一个深坑,之后躲在旁边守株待兔,在路人走近时没有出声制止,导致路人掉进坑中受伤。在这个例子中,尽管有"挖坑"的作为,也有"对路人不予制止"的不作为,但学界通常选取后者构成不作为犯的条件,理由是在挖坑时欠缺作为的构成要件事实,即当时并没有人在场,没有死伤结果出现的非容许危险,故而刑法在彼时彼刻还缺少进行干涉的理由。直到有路人走近,并因此存在掉入坑中受伤的紧迫危险时,刑法才能出面对行为人予以否定评价,而此时要求的正好是以制止路人继续前行来消除危险,而行为人却怠于履行,这自然属于不作为。

但是,在笔者看来,挖坑案中具有刑法上重要性的作为。相当明显的是,掉落坑中受伤的危险,是行为人创设的。具体来说,行为人在草丛中挖坑是在行使自己的自由,借此实现狩猎的目的,但同时创造了可能使他人掉入坑中的危险,并在现实中实现了这一危险。无论路人存在怎样的过失,他所遭受的伤亡危险也是行为人创出的这一点不可否认。至于像有些人所讲的,在挖完坑后还不存在危险、该如何评价作为这一问题,笔者认为,类似的情况还有很多。比如甲事先在乙的杯中下毒,导致乙之后喝了有毒的水而死亡,我们不会认为甲是不作为犯,而肯定会认为甲构成故意杀人罪。同理,在挖坑案中,行为人创出了危险属于作为,而着手的时间点是在路人走近时,因为此时才出现紧迫的危险。①虽然从过程分解来看,着手时行为人属于利用自己制造的法益侵害流程不去救助他人,但是实行的着手只是规范判断未遂成立的时间点,作为犯罪成立基础的是实行行为,即之前的挖坑行为。据此,笔者认为,应根据行为人的主观心理态度来认定其构成何罪。如果行为人自始出于过失,则构成过失作为犯罪;如果自始出于故意,则构成故意作为犯罪;如果行为人出于过失挖坑,而看到有人走近后故意不出面制止,则会产生过失作为与故意不作为的竞合,因为行为人是在着手时而不是在实施实行行为时产生的故意,构成故意作为犯不符合行为与责任同时存在原则,故只能构成故意的不作为犯。

与挖坑案相似但又不同的是停车轧脚案这样的案件。警察在公路上执勤,示意司机将车停在路边接受检查。司机在停车时不小心将车轮轧在警察的脚上。警察反复让司机把车移开,但司机就是不移动汽车。本案的司机存在两个行为事实,即开车轧脚的行为和不移动车轮的行为。这是因为前一行为已经创出了危险,而单独考察后一行为即不作为的时点,此时的危险属于警察自身的既存危险。与挖坑案不同的是,本案不存在实行与着手的分离,应当适用作为与不作为的竞合理论进行解决。司机不小心将车轧到警察脚上的行为是创出危险的行为,故属于作为;而轧到脚上后故意不移动车轮的行为是对既存的危险不进行消除,属于不作为,竞合后应当认定司机构成不作为的故意伤害罪。对此有学者认为,实施一个非故意的作为后又以一个故意的不作为来调整它,这种情况在整体上可以被认为是一个故意的行为。②这个基本原理在美国的

---

① 根据日本刑法典第43条的规定以及将客观危险说作为未遂犯的处罚依据,实行的着手是区分未遂犯与预备犯的标准,未遂的处罚依据在于法益受到紧迫的危险。以此为标准并结合隔离犯的场合,就会得出实行的着手等于未遂的成立,但将实行行为与实行的着手相分离的结论。实行行为讨论的是行为时的危险,也即实行行为性的判断是立足事前的判断,只要达到一定程度的危险就可以肯定实行行为性,其是既遂犯的固有要件。而实行的着手讨论的则是紧迫的危险这一事后的危险,乃是未遂犯的固有要件。金光旭. 日本刑法中的实行行为 [J]. 中外法学, 2008 (2): 239. 但这会导致实施了实行行为(从事前看具有一定危险的行为)的场合也可能构成预备犯,造成概念上的混乱,在此场合只能将实行行为就低评价为预备行为。

② GLANVILLE WILLIAMS. Criminal assault: parking on a copper's foot [J]. The cambridge law journal, 1969, 27: 16.

侵权法领域中得到了支持，一些侵权法的权威把这些案件中的被告人的行为描述为"假过失"（pseudo-misfeasance）[1]。笔者虽然认为作为和不作为可以是基于一个行为实施的，但是应当通过竞合原理来处理，观念竞合中的"一个行为"毕竟不是自然意义的，不能以事后的故意结合事前的作为来合成一个故意的作为。

与行止形式的接续相似的是不作为在先、作为在后型。典型的案件是山羊毛案。作为工厂主的行为人订购了一批山羊毛用于制造毛笔，供货商在交付时叮嘱行为人需要对山羊毛进行杀菌处理，但行为人未对受到炭疽菌污染的山羊毛消毒，就把山羊毛发给工人进行加工，结果导致一些工人因感染病菌死亡。在此案中，行为人未对山羊毛消毒在先，将有毒的山羊毛交给工人在后，两者都是导致工人死亡的条件，缺一不可。那么，是以行为人将未经消毒的山羊毛交给工人为对象，认定其举止为作为，还是以行为人未对山羊毛进行消毒为对象，认定其举止为不作为呢？同挖坑案相同，学者们多不认为构成不作为犯，理由是欠缺不作为犯的构成要件事实，即缺乏构成要件结果发生的危险。如黄荣坚认为，必须要达到危险失控的时间点，法秩序才有权期待行为人为应为的作为，而在那个时间点的不作为才会是构成犯罪的不作为。[2] 单独看"未对山羊毛进行消毒"这一行为，尚不能对工人的生命造成任何危险，该行为不具有实行行为性，故工厂主的举止不属于不作为。山羊毛案中所存在的死亡危险，是带有细菌的山羊毛所承载，而不是工人自身既存的危险，自然谈不上不作为，本案只有工厂主交付山羊毛进而创出工人死亡危险的作为。事实上，山羊毛案所显示出的问题，会普遍地出现在过失犯的案件中，或者说，这种现象是过失犯的一般特征，因为按照通常的看法，过失犯的过失即在于为履行客观注意义务的要求，因此所有的过失犯都蕴含着不作为的成分。

不过，山羊毛案可能并不是理想的区分作为与不作为的案例。这是因为，本案在审判时认定，即便事先进行了常规的消毒，山羊毛上的细菌也无法被杀死，还是会导致工人感染。这样，从客观归责的角度来看，既然工人的死亡是不可避免的，那么对于死亡结果就不能归责于工厂主，因此应宣告工厂主无罪，既不构成作为犯，也不构成不作为犯。山羊毛案再次证明了作为与不作为的区别与行为人是否应负刑事责任，是完全不同的问题。

---

[1] HAROLD F MCNIECE, JOHN V THORNTON. Affirmative duties in tort [J]. The yale law journal, 1948—1949, 58: 1272.
[2] 黄荣坚. 基础刑法学：下 [M]. 北京：中国人民大学出版社, 2008: 467.

四、中断救助

中断救助的情况,是指对于侵害法益的事态,试图避免法益侵害的因果流程已经开始,行为人却中断了这一因果流程。具体来说还存在诸多不同的情况。

一种情况是第三人(或被害人自己)正在着手救助被害法益时,行为人介入并阻止了第三人(或被害人)的救助行为。这种类型的事例如第三人(不会游泳)发现有人落水,想用岸边仅有的一条小船去救人,行为人却将小船的绳栓固定,使得第三人无法利用小船去救人,以致落水者死亡。再如,被害人被毒蛇咬伤后就医,就在医生要给被害人注射血清之际,行为人将血清抢走并打碎瓶子,导致被害人错过抢救时机而死亡。行为人通过固定船只、打碎血清瓶的举止,达到了不救助法益以致法益受损的目的,是以将船只固定、打破装有血清的瓶子为对象,认定行为人的举止是作为,应追究作为犯的刑事责任,还是以没有救助被害人为对象,认定行为人的举止是不作为,应追究不作为犯的责任?

在这种情况下,虽然被害人落水或者中毒与行为人无关,法益所面临的危险依然客观存在,但这并不表明被害人必死无疑,被害人完全具有被他人救助的可能。行为人将船只固定、打碎血清瓶子,使得他人无法使用船只和血清去救助被害人,彻底断绝了被害人被救助的机会。在此意义上,应当认为被害人死亡的紧迫危险是行为人造成的,或者更准确地说是行为人增加了法益侵害的危险,故对行为人应以作为犯论处。

与这种情况相同,我国台湾地区曾经发生过一起真实案件。已婚的甲为台北荣民总医院家庭科医生。甲妻乙罹患类风湿性关节炎,1995年7月发现右胸部出现硬块及不正常分泌物,甲诊断后,称其仅仅是内分泌失调或精神过度紧张所致,乙信而未再向其他医院求诊治疗。至1996年初,乙的症状仍然未见好转,反而有恶化的倾向,遂打算去医院求诊。甲表示自己是家庭科医生,再看别的医生也是一样,乙因而未就医。1997年3月,乙突然晕倒被家人送医,这才发现已经罹患晚期乳腺癌,只能以轮椅代步,遂将甲告上法庭。本案官司缠讼多年,被害人最后于2009年病逝。行为人遭到起诉后,一审判处杀人未遂,但二审撤销了杀人未遂部分的判决,改判重伤罪。[①] 该判决最后又遭到三审撤销,并予以驳回。该案最后则以无法证明杀人故意为由,判决无罪,

---

① 由于甲是医生,能够判断出乳腺癌的相关症状,而且本案还存在一个细节,就是甲打算和乙离婚并与丙已经在1997年初订婚,故法院认为甲存在故意。

并且由于被害人表示自己已原谅被告人而全案到此落幕。① 本案中，除了故意的认定，也包含了作为与不作为的区分争议。有学者认为行为人所为属于作为，如许玉秀认为，被告人并不是单纯的懈怠，而是积极劝阻被害人就医，等同于将身陷火海的人锁在火海中，而不仅仅是没有积极将其救出火海②；黄荣坚认为，虽然被害人本来就存有乳腺癌的风险，本来对于该症状已经有所怀疑并且有意就诊，行为人告之其不必担心也不必就诊，本身就是增加风险的行为，应就作为的角度来论罪③。相反的观点如林东茂认为，不告知乙罹患乳腺癌，欺骗乙胸部并无大碍，基本上只是隐瞒病情，皆为消极的不救助④。笔者认为，这个案件判断的关键在于一般人是否能够判断出乳腺癌的相关症状，应据此来判断甲的不告知病情的行为是否属于增加危险。就好比一个人通常都是知道自己是否患有重感冒或是否发烧的，对此即使家人说不用去就诊导致被害人身体遭受严重损伤，也不应认为是在创造危险，充其量应考察是否构成不作为的伤害。而像乳腺癌这样的疾病，既是重病，又少有人有患过这种病的经历，故是否要医治，怎么去医治，患者一般会全听医生的建议。故笔者认为，本案的医生甲谎报病情，几乎是断绝了乙被治疗的机会，与上文列举的中断救助的情况无异，应认定为作为。

中断救助的另一种情况是，行为人已经着手救助处于危险之中的法益，但在取得救助法益的实效前，中止了救助行为或消除了救助效果，使法益恢复到未被救助前所面临的状态。行为人放弃救助并未断绝被害人被第三人救助的机会，行为人仅是消除了自己的救助效果。一般常举的例子如：甲自行下水游泳，不料腿部抽筋大声呼救，路人乙见状朝甲扔去一个游泳圈，但在甲还没抓到时又把游泳圈拉回来了。如果行为人原本就有作为义务，则至少能够按不作为犯处理。但是对于没有作为义务的人，由于我国刑法没有类似德国刑法典第323条c（不进行救助）那样的条文，因此面对像上文那样的情况要想对乙进行处罚，就得研究一下乙的行为性质。

显然，甲溺水而产生的生命危险并非乙所创出，而是甲自己导致的，如果乙从来就没有进行过任何救助，那么就是标准的不作为。不过关键的问题在于，乙已经扔出游泳圈，而且游泳圈也朝着甲漂过去，当我们在界定甲的既有危险状态时，是否要将

---

① 许玉秀. 夫妻间之保证人地位：兼论通奸罪 [J]. 台湾本土法学杂志，2002（39）：79.
② 许玉秀. 累积的因果关系与危险升高理论 [J]. 台湾本土法学杂志，2002（32）：169.
③ 黄荣坚. 基础刑法学：下册 [M]. 北京：中国人民大学出版社，2008：447.
④ 林东茂. 当爱已成往事：评台北地院87年第1565号不纯正不作为犯判决 [J]. 月旦法学杂志，2000（63）：153.

甲本可能得到救生圈的生存机会提升也考虑进去？如果不考虑的话，那么就算乙拉回游泳圈，也未提升甲的生命危险，因为甲本来就处于同样的危险之中。而如果考虑进去的话，则意味着承认甲当时的生命危险正在缓和，拉回游泳圈的行为是在升高甲的既有危险。到底采取哪一种界定就取决于要用什么样的观点来认定被害人的既有危险状态。

笔者认为，我们不仅要关注被害人周边的背景事实，还要进一步确认被害人在当下的背景中、在己身的危险状态考量上是否享有一定的权利。在本案例中，路人乙朝甲扔出游泳圈，是乙个人权利的行使，是其个人形式的延伸，不会因为扔出游泳圈对甲有利，也不会因为乙原先想要救助甲，就变成甲的权利。[①] 这就说明在考量甲的既存危险时，不应该考虑乙扔出游泳圈的事实。基于此，乙拉回游泳圈，仅仅是未改变甲的既存状态，故乙的行为在性质上属于不作为。然而，如果甲已经抓到游泳圈，乙却将游泳圈拉回，则学说上几乎一致认为，这种情况属于作为。[②] 理由在于，尽管救助与否是行为人的自由，但如果救援措施的作用已经进入被害人的实际掌握范围，而能够终局性地改善被害人的不利状态，则应认为被害人已经稳固地取得主张有利状态的权利。这是一种类似于权利转移的观念：因权利人单方意思启动的权利转移，在相对人尚未实际取得权利之前，权利人仍可任意支配。然而相对人一旦实际取得权利，权利人即失去权利。[③] 依此，如果游泳圈已经到达甲的掌控范围，此一事实就应当成为甲有权主张的有利事实，亦即甲有权主张当时的降低危险的状态为其既有状态，应纳入背景事实之中（此时的情况就与阻碍第三人救助很相似了）。如果此时乙再拉回游泳圈，就是恶化甲的既有状态，因而属于作为。

五、技术性中断治疗

医生中断对没有救治希望的病人的治疗，其举止是作为还是不作为，这几乎是各国刑法学都会讨论的问题。英国曾经发生过一起案件：病人三年来一直是植物人状态，从当时的医学角度来看，没有恢复或改进的希望。在病人父母的支持下，信托公司申

[①] 通俗的说法就是，乙本来就不欠甲什么，只要乙不增加甲的危险，乙要走要留或救不救、怎么救都是乙的自由。
[②] 黄惠婷. 作为与不作为之区别[J]. 台湾本土法学杂志，2004 (57): 138.
[③] 用一个比喻的说法就是：要不要送别人东西，在赠送之前仍取决于赠予人，不过一旦东西交付对方之手，赠予人就不能直接要回来了。

请宣布同意医生停止继续给病人输液，从而使病人安静地死去。地方法院批准了该申请，病人因被撤除了生命维持装置而死亡。但是最高法院为病人指定的临时监护人却不同意该申请，引起诉讼。[①] 对于这类情况，多数观点认为医生的举止属于放弃继续救治的不作为。英美刑法将这种情况解释为不作为，是为了免除医生的刑事责任，因为英美刑法不承认安乐死的辩护理由。通过将医生的行为当作不作为对待，英美刑法巧妙地将要不要承认安乐死这样的敏感话题转变成了医生有没有作为义务的问题，并最终实现了不处罚的目的。[②] 不难想象，假如法律正面肯定了安乐死的辩护理由，英美刑法可能就不会再取道不作为的弯路了。

笔者认为，无论是医生善意地撤除生命维持装置还是第三人撤除装置，其举止都创设了断绝他人生命的危险，故均属于作为。认为撤除生命维持装置的举止是作为还是不作为要因人而异，这是不可接受的。[③] 如果撤除装置的是被害人的遗产继承人，则无疑会被论以创造他人生命危险的作为，那么在同样情况下，医生的行为也不应有什么差异。当然，我们会认为遗产继承人和医生的行为存在不同的意义，至少后者比前者多了一些正面价值，因此就像上文所说的，刑法会想方设法地提高医生的入罪门槛，试图合理地限缩医生的刑事责任。不过必须注意的是，在作为与不作为的区分问题上，并不是在进行刑法的整体评价，所得出的也不是最终结果，没有必要把接下来在犯罪判断层面中才要考虑的问题预先置入作为与不作为的区分问题中。因此，即使将医生终止维生设备的举止诠释为作为，也不代表执行的医生没有减轻、免除处罚甚或无罪的空间。确实，如果不承认（积极的）安乐死的话，通过目前的违法阻却事由体系很难将医生作为的情况视为阻却违法，因为被害人同意这一违法阻却事由在这种情形中成了受嘱托杀人罪的构成要件要素。但作为与不作为的场合本就不同，所以存在不同的处理（减轻刑罚或不处罚），也不应被认为存在过分的不协调。[④] 总之，终止维生设备的运作应属于作为。将其认定为不作为的看法，过度执着于事实现象和目的性思考，欠缺对危险概念的把握。

---

① 史密斯, 霍根. 英国刑法 [M]. 李贵方, 等译. 北京：法律出版社, 2000：60.
② 伊曼纽尔. 刑法 [M]. 影印本. 北京：中信出版社, 2003：5.
③ 塔德洛斯. 刑事责任论 [M]. 谭淦, 译. 北京：中国人民大学出版社, 2009：232.
④ 当然，如果将上文的案件改变一下情况，医生要每天早上为病人开启维生装置，而在中断治疗的那一天没有开启，则这种情况应属于不作为，因为此时医生没有创出危险，危险既存于病人自身。但是在本案中，即使存在地方法院的授权，医生作为保证人这一点也是有争议的，所以此时仍未必能在构成要件阶段就脱罪，仍然要在之后的违法和责任层面予以考虑。

六、法益关系说的例外——监督管理过失中不作为的认定

凡有原则必有例外，本书虽明确将法益关系说作为判断作为与不作为的标准，但该说也并非适用于所有具体情况。譬如在监督管理过失的场合，即便按照法益关系说的演绎应得出行为属于作为的结论，但考虑到其他因素，还是可能会按照不作为来处理。

20世纪80年代的日本，由于频繁出现大规模火灾事故，以追究事故中经营者的刑事责任为契机，监督管理过失理论被日本刑法学界深入讨论[1]。虽然判例的态度一向是对经营者持处罚立场，但是一些学者对这一做法存有疑问甚至反对。之所以出现争论，主要是由于该类案件存在突发性火灾的事实。构成要件层面，火灾的发生与经营者的行为之间没有必然的联系，通常肇始于第三人的故意、过失或自然现象，故经营者的实行行为性成为问题，即在火灾不是其主动导致的情况下，究竟是何种行为具有实行性；另外在预见性方面，除非有特别的事实（如纵火犯下达了犯罪预告等），经营者在日常经营过程中几乎不会时刻注意防火问题，也就不会对突发性火灾产生高度的预见，进而难以对最终结果即造成的人员伤亡存在具体的预见。这里，我们重点要讨论实行行为性的问题。

因为直接引起火灾的放火、失火行为并非出自监督管理者之手，从表面上看，他们什么都没有做。出于这样的考虑，一段时间内理论界主张上述案件要从过失不作为角度来处理，将"未配置合理的消防系统"这样的不作为理解为具有实行性。但是，根据法益关系说，经营者"在安全体制存在缺陷的状态下还继续营业、接待顾客"的行为，无疑是创出危险的行为，这与挖坑案是同样的道理，因此将其认定为作为才是合理的。这里我们首先要了解当时学者主张适用不作为的理由，进而明确其可取与不足之处。

芝原邦尔认为，采取不作为犯的构成，是因为接待顾客的行为本身引起结果发生的类型性的危险程度低。即使宾馆的防火管理存在缺陷，通常也不会认为就应该立刻

---

[1] 这里仅以新日本饭店火灾案为例，对案情进行简要概述。本案的经过大致如下：1982年2月8日凌晨，饭店9层客房的客人在床上吸烟，不慎引起火灾，火势迅速蔓延。由于没有安装足够的灭火装置和防火门，紧急广播设备也疏于维修，工作人员没有有效地对客人进行火灾通报和采取引导措施，结果导致34人丧生24人被烧伤。该事件中，新日本饭店的董事长和饭店经理兼总务部长（防火管理人）均以业务上过失致死罪被起诉。参见最决平成5·11·25刑集47卷9号。

禁止接待客人，因为与接收客人住进天花板随时可能塌下来的房间相比，接收客人入住防火管理不完善的房间的行为引起死伤结果的可能性要低得多。① 林干人认为，不能将接待顾客的行为作为过失犯的实行行为，因为接待顾客的行为具有社会有用性。考虑到危险是由安全体制确立义务违反的不作为引发的，在安全体制未确立的场所接待顾客，就不能说危险性低。尽管如此，接待顾客的行为包含一定程度危险的同时，具有凌驾于这种危险的社会有用性。故此，不能在事前就对宾馆课以停止接受客人的义务，而只能将实行行为定位为违反安全体制确立义务的不作为。②

对此，井田良认为，一方面承认怠于确立安全体制的不作为是具有实质危险的实行行为，另一方面又说与其存在表里关系的继续营业接待顾客的作为并不危险、具有社会有用性，这在逻辑上是自相矛盾的。③ 另外，有学者认为，从危险程度上看，宾馆的营业活动与希望有人被雷电击中而让其在森林中行走、期待飞机坠落而让其乘坐飞机的事例中的危险不相上下。④ 但是笔者认为这种观点是偷换了条件，因为正常的（安全体制完善）宾馆营业时如果发生火灾，确实其危险性与让人坐飞机、在森林里散步等行为相同，而在安全体制不完善的情况下继续营业的行为类似于"机长明知飞机有瑕疵而继续执行航班"或"在电闪雷鸣的夜晚，让朋友在之前有数起雷击事件发生的森林里散步"这样的情况，其危险性不能否定。

本书认为，之所以对监督管理过失要以不作为的构造来把握，主要是出于责任主体限定的需要。将宾馆、商场整体的经营活动视为背后的经营者的个人行为，确定为作为犯的处罚对象，多少有一种团体责任的感觉，属于民法上的思维方式，与以个人责任为根本的刑法思考存在不相容的一面。为了将整体经营活动中个人的责任明确化，需要采取不作为的判断构造，考察"在整体中每个人都做了什么，哪些事他该做而没有做"，以确定刑事责任的主体。否则的话，具体来看，经营者整天坐在办公室里什么也没干，甚至根本就不来宾馆，接待客人的工作都是服务人员和各部门负责人完成的。而如果发生火灾导致伤亡，既不能将所有员工定罪，又不能将员工的作为转嫁到经营者身上。监督管理过失有时会排除法益关系说的使用，采取不作为犯的构造，这是为

---

① 芝原邦爾ほか. 刑法理論の現代的展開：総論2 [M]. 東京：日本評論社，1988：101-102.
② 林幹人. 監督過失の基礎 [C] //平野龍一先生古稀祝賀論文集：上卷. 東京：有斐閣，1990：329.
③ 井田良. 大規模火災事故における管理・監督責任と刑事過失論 [J]. 慶応義塾大学法学研究会，1993，66 (11)：5.
④ 大山徹. 论监督过失中的作为与不作为 [J]. 余秋莉，译. 中国刑事法杂志，2015 (1)：139.

了避免陷入民法的思考方式，从组织中特定出个人的刑事责任。

笔者需要说明的是，一般情况下当然还是应当以法益关系说为准则。类似上述的案件中，如果能够明确地限定责任主体，那么就没必要适用不作为犯。例如，管理者不是未配备防火设施，而是误将水弄成了酒精并命令下属将其放置在各个防火点。酒精挥发导致火灾发生。对此，管理者与下属属于作为的过失竞合。管理者无疑创出了发生火灾的危险，且其对下属的指示具有命令性，作为过失正犯当无疑问。下属也存在未察觉出任何异样的过失，不过是成立正犯还是过失共犯（不罚），端视情况而定。

再比如，我国发生的齐齐哈尔第二制药有限公司（简称"齐二药"）假药案①中，是主管药品质量的副总经理朱传华主动授意检验员出具虚假的检验合格报告书，导致假药被生产并投入市场，造成病人中毒死亡的严重后果。对此，应认为是作为监督者的被告人朱传华创出了危险，因为其对于是否要重新检验、是否允许相关药品成分投入生产都具有决定性作用。在其不同意、不授意的情况下，相关危险就不能说是既存的。法院判处其与被监督者们构成重大责任事故罪是正确的。

本章小结

本章论述的是关于作为与不作为的区分问题。这个问题之所以重要，是因为它决定着下一步要走入的是作为还是不作为的犯罪判断体系。在解决这一问题之前，我们不知道是否有必要检视行为人的保证人地位，更不用说等价性的判断了。作为与不作为的问题，在体系上应被归入构成要件该当性审查中优先处理的首要问题。既然在构

---

① 本案的具体案情：被告人齐二药采购员钮忠仁于2004年底至2005年9月通过江苏供货商王桂平（另案处理）先后购入假冒的"药用丙二醇"。被告人齐二药检验室主任陈桂芬在检验时发现药用丙二醇的相对密度超标，遂向本案被告人齐二药主管生产和质量管理的副总经理朱传华汇报。朱传华两次授意陈桂芬等人出具虚假的检验合格报告书，导致假的药用丙二醇被投入药品生产。因为上述三人以及本案中其他两名被告人（齐二药主管采购的副总经理郭兴平和总经理尹家德）在工作中违规操作，严重失职，2006年3月一批药用丙二醇注射液假药被投入市场。2006年4月，该批假药被广州中山大学附属第三医院用于临床治疗，致使该院15名患者中毒，其中13人死亡。法院最终判决5名被告人分别构成重大责任事故罪。曲新久.论缺陷产品过失责任 [C] //梁根林，希尔根多夫.刑法体系与客观归责：中德刑法学者的对话.北京：北京大学出版社，2015：141.

成要件层面研究作为与不作为的区别，在具体评判上就不可能完全超脱于任何刑法评价的观点；但无论如何可以确定的是，该问题是作为犯审查和不作为犯审查共同的前理解阶段。

具体到区分方法上，作为与不作为的区分，并不仅仅是"作为是什么，不作为是什么"的纯粹描述性问题，即使在普通案件中，对行为也存在多重诠释的可能性。对此，仅从存在论的视角分析是不够的，应结合法益的观点，即行为人创设或增加危险的行为是作为；面对一个侵犯法益的因果流程，利用这一机会不去救助法益，致使法益受损的行为，则可评价为不作为。

本书在赞成以法益为判断视角的法益关系说的基础上，以该说对疑难情况进行检验，并认为在监督管理过失类案件中该说存在例外情况。一些情况下对监督管理过失要以不作为的构造来把握，这主要是为了避免陷入民法的思考方式，从组织中特定出个人的刑事责任，即是出于责任主体限定的需要。

另外，作为与不作为的区分和作为与不作为的竞合以及刑事归责是不同的问题，同一事件中的行为可能同时违背一个作为期待与一个不作为期待，即可以同时是作为犯与不作为犯，至于同时构成的犯罪之间在法律效果上要如何竞合，是另一个问题。作为与不作为的区分仅能解决行为人的行为属性判断问题，这之后还要进行构成要件、违法性和责任的判断才能确定究竟构成何种犯罪。

第二章
等价性问题的基础理论

第一节 等价性问题的含义、由来与发展

日本学者西原春夫将作为犯与不作为犯定义如下：作为犯，就是以作为的方式犯罪；不作为犯，就是以不作为的方式犯罪。[①] 单看这个定义可能认为什么也没有说，但是结合前一章关于作为与不作为区分的论述，也就会认为西原春夫的定义是最没有破绽的。不作为犯又分为纯正不作为犯和不纯正不作为犯，前者是规范的犯罪形态，在刑法分则条文中有专门的犯罪构成要件和法定刑，因此在认定和处罚中一般不会发生问题；后者则是事实的犯罪形态，在刑法分则中缺乏明确的构成要件，在司法中如何划定其处罚范围成为问题。

如果说处罚作为犯是迫使行为人抑制一定的行为，消极地不侵害法益，则处罚不纯正不作为犯就是迫使行为人实施一定的行为，从而积极地保护法益免受其他原因的侵害。现代社会中，社会分工日益细密，成员之间只有团结互助才能达成法律的整体目的。明确不纯正不作为犯的直接价值就是以强化社会互助的方式保护法益，对不纯正不作为犯进行处罚也几乎是各国刑法的普遍现象。

不纯正不作为犯最为特别之处，在于其是以不作为的方式触犯了以作为形式规定

[①] 西原春夫. 刑法総論：上卷 [M]. 改訂版. 東京：成文堂，1998：295.

的分则条文,也就是说它以通过违反命令规范的不作为符合了违反禁止规范的作为犯的构成要件,这是否符合罪刑法定原则不无疑问。不仅在规范层面,从存在论角度来看,二者也存在难以填补的鸿沟。19世纪初,刑法学受自然科学的分析方法的影响,对不纯正不作为犯的研究才真正开始,其标志就是"无中不能生有"这一思想被引用到不作为犯的研究中。作为对结果的发生具有原因力毋庸置疑,而不作为则没有这种原因力,因而就产生了这样的疑问:怎样才能评价是由不作为导致结果的发生呢?

不纯正不作为犯理论到底能否克服不作为犯与作为犯在规范结构与存在结构上的不同?当时提出的这个问题在今天也没有失去其意义。

一、等价性的含义

研究不作为犯的等价性问题,首先要明确等价性的含义,这是研究的前提。也正是由于对不作为与作为的等价性定义的不同理解,学者们在认识等价性以及其他相关问题时出现了不同的观点与主张。

在阐释定义前,首先要辨明等价性与等置的关系。日本学者日高义博在论述不纯正不作为犯时提到了等置问题,它具体是指不纯正不作为犯和作为犯究竟是否可以等置于同一犯罪构成要件的问题。[①] 可以看出,等置并不是不同于等价性的其他理论,而正是为解决不作为能否相当于作为这一问题而提出的。等置和等价性所要解决的是同一问题,只是叫法不同而已。就好比陷阱教唆和未遂的教唆、因果共犯论和惹起说等的关系一样,前者所讨论的都是教唆他人去实施一个基本上不可能既遂的行为,后者所要说明的都是因介入正犯或其他参加人的行为而间接引起法益侵害。只不过作为日本刑法学者中等价性问题的权威与集大成者的日高义博教授的提法更为当时的人们所熟知,并使得一些人对等置问题与国外所提的等价性问题产生二者是不同理论的误解。

作为犯与不纯正不作为犯的存在结构具有差异性。作为是在行为人的意志下直接创出了起因,并由因发展到果;不作为则没有这样的主动过程,只能附着在既存的其他因果关系上。既然存在论方向是一条死路,那么能否找到方法让二者在价值方面相等就是研究等价性理论时要努力的方向,这也是决定能否处罚不纯正不作为犯的重要因素。也就是说等价性研究的目的就是要使不作为构成犯罪这一点得到现行理论的认可。虽然有观点认为等置问题的称谓侧重于不作为在构成要件上与作为的重合,而等

[①] 何荣功. 不真正不作为犯的构造与等价值的判断[J]. 法学评论, 2010 (1): 94.

价性的说法则给人以一种仅通过社会观念或伦理进行定罪的意思①，但是笔者认为这只是名称上的不同而已，等置性或等价性所包含的内容是相同的，虽然持不同立场的学者得出的观点和结论会有差异。就好比讨论构成要件该当性与构成要件符合性和结果无价值与结果反价值中哪个术语更恰当一样毫无意义，因为学界与实务界都知道这些理论说的是什么。故此，笔者遵循通常的提法，在后文中仍用"等价性"这一术语进行论述。

对于等价性的定义，除了日高义博的经典论述，其他学者也多在论著中有所表述。如德国学者耶塞克认为，不阻止构成要件该当结果的发生到底在何种条件下能够与积极作为引起的结果等而视之。② 我国台湾地区学者韩忠谟认为，对作为与不作为所致相同之结果，能够为同一犯罪构成要件所评价。③ 日本学者内藤谦认为，违反作为义务所生侵害在法定构成犯罪事实所导致的危害结果上与以作为手段所引起者具有同等价值。④ 我国学者刘士心在其论述中提到，不纯正不作为犯的等价性即是以不作为方式构成的犯罪事实与通过作为方式构成的犯罪事实在违法价值上相等。⑤ 以上定义均是从犯罪构成要件的角度出发，在肯定作为与不作为的存在结构差异的基础上，从构成要件事实的违法价值上对不作为犯的等价性进行评价。但是这里需要注意的是，我们并不能直接以实质违法性（社会危害性）为由将不作为入罪，而是要通过价值上的等价将不作为扩大解释为相当于作为，以此维护构成要件的定型性和罪刑法定原则。

定义的阐释是必要的，是进行展开研究的前提，但其也只是所有研究前提的一小部分而已，只有在了解等价性的由来过程、肯定其存在的必要性和可能性、明确其在犯罪论体系中的定位等之后，对等价性的基本立场才会形成。故在定义之后，紧接着就应当了解等价性问题的历史发展，即这一理论学说的演进过程。这对当前的研究仍具有一定程度的借鉴和反思意义。

二、等价性理论的历史发展

早在启蒙运动之前，具有今天所说的不纯正不作为犯含义的犯罪行为在罗马法中

---

① 袁国何. 不纯正不作为犯的等置性问题研究 [C] // 陈兴良. 刑事法评论：第27卷. 北京：中国政法大学出版社，2010：324.
② 耶赛克，魏根特. 德国刑法教科书：总论 [M]. 徐久生，译. 北京：中国法制出版社，2001：710.
③ 韩忠谟. 刑法原理 [M]. 北京：中国政法大学出版社，2002：79.
④ 内藤謙. 刑法講義総論：上 [M]. 東京：有斐閣，1983：234.
⑤ 刘士心. 不纯正不作为犯研究 [M]. 北京：人民出版社，2008：180.

就可以看到。例如，故意让亲人饿死和因未履行做完外科手术的义务而导致病人死亡等，都会被处罚。这是今天以不作为的杀人罪予以处罚的典例。但在罗马法中，处罚的是各个具体的不作为，尚没有一般原则的支撑，即没有出现不作为犯的概念和可罚性标准。另外，在中世纪的教会法时代，阿奎那提出不作为犯可罚性的原因在于不作为存在精神上的反抗这一意志要素，而且罪的轻重依存于脱离善的程度。其据此认为，因为作为比不作为脱离善的程度要高，所以对作为应处以更重的刑罚。这种理论夹杂着当时宗教的思想理念，与近代刑法思想不甚相符。

近代刑法源于启蒙运动时代，随着当时自然科学的发展，刑法界逐渐认识到了作为与不作为的存在差异，开始转变之前处罚不作为犯是不言自明的观点，开始真正研究不作为犯理论。随着理论研究的深入发展，如果以法的作为义务在犯罪论体系中处于怎样的地位为标准来区分的话，不作为犯罪论大致可以分为因果关系说、违法性说和保证人说[①]。

直到 19 世纪，不作为因果关系都被认为理所当然地成立，对此没有论证的必要，故而当时的刑法学对此鲜有提及。如当时的法学家威斯特法尔根据经验和感觉认为以不作为的方式也可以进行犯罪，但其提前是行为人负有某种特定义务；费尔巴哈基于法治国思想，将作为义务限定为法律义务和契约义务[②]。19 世纪中叶，随着科学的进步和法律实证主义的抬头，不作为因果关系问题才被提上讨论日程。人们开始反思之前认为理所当然的结论能否经得住物理上、存在论上的检验。结果我们也都知道，不作为在物理上并不能成为结果产生的原因，要想构成不作为犯除了保证人地位这一必要因素，因果关系也是要考虑的要素。在因果关系说的体系里，保证人要件是放在因果关系中讨论的，即在论证不作为的因果关系时，指出行为人的不作为虽然只是利用既存的因果流程，但只要其履行了义务结果就存在不发生的盖然性，就能得出肯定结论。虽然这只是一种规范的、假定的因果关系，却也足以为不作为的构成奠定基础。只不过因果关系说的关注点是不作为的原因力，对于作为义务本身还没有从不作为构成的一般条件上加以确认。[③] 作为义务只是成为不作为因果关系的一个判断要素。然

[①] 在现在的理论中，判断因果关系是在构成要件阶段进行的，所以因果关系说和构成要件符合性说（保证人说）在犯罪体系中处于相同地位。但是因果关系说的目的在于解决刑法上如何评价不作为的因果关系，而构成要件符合性说是在已经确定不作为的因果关系的基础上把问题的重点放在其他构成要素上。
[②] 邱威. 不纯正不作为犯的基本问题 [D]. 武汉：武汉大学，2012：5.
[③] 陈兴良. 作为义务——从形式的义务论到实质的义务论 [J]. 国家检察官学院学报，2010（3）：72.

而，认为只限于有作为义务的人的不作为才与结果之间有因果关系，这是不妥当的。

在因果关系说之后，规范思想逐渐取代自然主义成为刑法学的主要研究方法，理论界开始认识到作为义务与因果关系之间并无必然联系，而与违法阶层具有亲和性。违法性说认为，在阶层论的体系中，第一阶层只讨论因果关系等问题，而若是肯定假定的、规范的因果关系，那么任何一个行为人的不作为都会与既定结果具有因果关系，这才是因果关系说的逻辑结论。因此，该说将作为义务置于第二阶层即违法阶层来讨论，以此来限制不作为犯的成立范围。由于作为义务从因果关系中脱离成为独立的要素，对作为义务的来源这一问题成为学界探讨的热点。在这一领域，之前的因果关系说并没有进行深入的研究，所以违法性说使不作为犯的理论有了进一步的发展，这是应予积极评价之处。违法性说得到了迈耶和贝林等学者的支持。迈耶认为，符合构成要件的作为，只要根据法规或法秩序不被认为是正当的，就是违法的；与此相对，符合构成要件的不作为，只要不是法规或法秩序所禁止的，就不是违法的。[①] 由此可见，不纯正不作为犯的领域，构成要件符合性与违法性之间的原则与例外关系是倒过来的。贝林也指出，以不作为方式实施的作为犯即使未采取措施引起了结果，充足了实害犯的构成要件，也只在特殊条件下才有违法性，此特殊条件即行为人具有作为义务。[②] 但是违法性说的缺陷也是极为明显的。首先，虽然没有作为义务人的不作为也与结果之间存在因果关系，但是却不应认为其不作为是实行行为。换言之，只有具有作为义务人的不作为才具有实行性。在第一阶层放弃作为义务的考察将使得几乎所有在场者的"不作为"都是实行行为，导致实行行为丧失了限定犯罪的作用；其次，该说将使构成要件丧失违法推定机能，这对构成要件乃至不法理论而言是致命的。为了说明不作为犯这一问题而放弃整个教义学体系，实属得不偿失。

由于违法性说的上述缺陷，故构成要件符合性说把作为义务解释成构成要件要素，以此专门在构成要件阶段解决不纯正不作为犯的问题。提出这种观点的是德国学者那格拉，他所提倡的学说被称为保证人说。该说把必须防止发生构成要件结果的法定义务叫作保证义务，负有保证义务的人叫作保证人，认为只有保证人的不作为才是不纯正不作为犯的对象。那格拉进一步认为，只要国民必须负有保护法的重大利益的任务，禁止惹起危害结果的规范之中所包含的（二次）命令便具有将符合构成要件的行为向

---

① 张明楷. 外国刑法纲要 [M]. 北京：清华大学出版社，2007：96.
② 贝林. 构成要件理论 [M]. 王安异，译. 北京：中国人民公安大学出版社，2006：88-89.

不作为扩张的强烈意义。在此场合，禁止也包括了不作为，应促使保障的义务便使不作为在法律上与作为同置。这时候的不作为是间接地符合构成要件。① 保证人说在把不纯正不作为犯的问题从违法性阶段转移到构成要件阶段这一方面是有意义的，但是该说将保证人这一要素作为进行等价性判断的方法与途径恐怕失之片面。

时间来到20世纪50年代，德国学者考夫曼和魏采尔打破保证人说的见解，提出新保证人说，即重视不作为与作为存在结构上的不同并要求二者在不法及责任内容上要几乎相等。虽然该说也受到来自罪刑法定等方面的批判，但却使等价性成为此后的研究重点。考夫曼认为，法律规范分为禁止规范和命令规范，作为侵害了禁止规范，不作为侵害了命令规范。不纯正不作为犯和纯正不作为犯应作相同的解释，即它们都是没有实施一定作为，违反了命令性规范。结论就是，不纯正不作为犯是违反命令规范的真正的不作为犯，不是违反禁止规范的作为犯。将不纯正不作为犯适用于作为犯的构成要件，就违反了法无明文规定不为罪的原则。所以，不纯正不作为犯实现的并不是作为犯的构成要件，而是没有被写出来的不作为犯的构成要件。为了确定不作为犯的构成要件，不得不考察以下三个方面的问题：一是存在作为的构成要件，这是不纯正不作为犯得以成立的前提条件；二是存在防止结果发生的命令，这是不作为能够成立犯罪的关键；三是存在等价性，即不作为在违法性质和责任内容上与作为构成要件的作为相等，这是不作为构成犯罪的一个限制条件，也是不作为构成犯罪的一个独立构成要件。② 倘若不作为满足以上条件，则符合其构成要件，处罚它就不会与刑法基本原则相违背。

笔者认为，与保证人说相比，新保证人说在解决不纯正不作为犯与罪刑法定原则的关系上存在着缺陷。既以禁止规范来把握作为犯的构成要件，又要让它包含命令构成要件，这就不得不承认不纯正不作为犯的处罚是在适用类推。但是这并不能掩盖新保证人说的历史贡献。如同保证人说将作为义务理论提到了一个新高度，新保证人说将不作为等价性问题从幕后带到了台前。虽然该学说本身存在缺陷，却抛砖引玉式地促使学界对等价性问题展开了热烈探讨，使得不作为犯的理论日趋完善。等价性问题在如今的各国刑法理论中得到普遍承认，处罚不作为犯的国家自不必说，像刑法否定不纯正作为犯的法国那样的国家也是因为认为无法承认等价性才得出的结论。

---

① 大谷实. 论保证人说：上 [J]. 黎宏，译. 法学评论，1994 (3)：26.
② 赵秉志，王鹏祥. 不纯正不作为犯的等价性探析 [J]. 河北法学，2012 (10)：29.

三、等价性判断的必要性与可能性

在进行不纯正不作为与作为等价性判断的过程中，到底不作为与作为能否等价？要是根本不可能等价，处罚不作为必须符合等价性要求就是一个伪命题。结局是，要么通过立法明确地指出不纯正不作为犯的可罚性，要么放弃对其的处罚，寻求其他的理论为可罚性奠定基础。第一种做法就现实而言显然是不可能在短时间内实现的，而如上文所讲，法国等国家确实因为等价性的缘故放弃对不纯正不作为犯的处罚。另外，学术界也不乏有否定等价性而肯定可罚性的观点。

认为不作为不可能等价于作为的观点的核心论据在于，二者在存在论上自不必说，在规范论甚至价值论上也不可能等而视之。只不过在该观点内部，能否等价与能否处罚又被区分开来讨论。

法国的现行刑法中否认不纯正不作为与作为具有等价性，在法院看来"放弃不为"在任何情况下都不等于"实行而为"。因此不纯正不作为犯不具有可罚性，对不作为犯的处罚有悖于罪刑法定原则。这主要和法国盛行自由主义的思想有关，法国的理论界与实务界普遍认为，人们的行动具有充足的自由，特别是具有不作为的自由，任何法律不能禁止人们的不作为。也有学者将考夫曼和魏采尔的不作为犯理论作为出发点，并使该理论更为彻底，主张两种犯罪在存在结构与规范结构方面具有显而易见的差异，而且此种差异具有不可替代性，并根据其差异否定两者的等价性，进一步彻底否认在同一构成要件上评价二者的等价[①]。

与之相对，我国台湾地区学者许玉秀同样否认等价的可能，但同时认为这并不会影响可罚性问题，并从三方面阐述了其理由。首先，作为与不作为的因果构造上的差异导致二者不可能等价。作为者自己创造出危险或结果并掌控着因果进程，无论是通过条件说还是合法则的条件说，因果关系基本上能够得到经验的、科学的证明；而由不作为导致的法益侵害流程，除了此前行为保证人类型的情形外，都是由第三人或受害人自己引起的，保证人如果介入因果流程，结果是否真的就不会发生是无法证实的。因此，不作为犯对法益侵害的因果作用是假设出来的。其次，刑法的社会目的在于保护法益，以保障公民和平自由地生活。虽然处罚不作为犯会在一定程度上限制人们的行动自由，但在法益保护的背景下，赋予保证人作为义务，认为其不履行义务的不作

[①] 斯特法尼. 法国刑法总论精义 [M]. 罗结珍，译. 北京：中国政法大学出版社，1998：217.

为侵害了法益，具有社会危害性和应罚性，这样理解才符合刑法的任务。刑法可以不作为本身具有实质的违法性为由，直接对其进行处罚，而不用像通常那样借用作为犯的条文。其进一步解释道，不作为违反保证义务导致结果发生，便具备了实质违法性或社会危险性，是受到处罚的根本原因。另外，现实中要想处罚不纯正不作为犯就必然得适用以作为犯为蓝本设计的分则条文，但这并不代表不作为和作为是等价的。这么做完全是立法技术上的便宜之策，因为刑法不可能为所有不作为犯单独设计条文，这样立法成本过大，立法技术上的困难也不易克服，目前的立法形式是最合理的选择。① 再次，无论从因果关系上还是从实质违法性上，作为较之不作为对法益侵害的危险性更大，并且对其进行处罚的必要性也更明确，这可以说是不言自明的道理。德国刑法典明文规定，不纯正不作为犯可以处比作为犯轻的刑罚。日本和我国刑法虽没有类似规定，但司法实践中也借鉴德国的做法来处理不作为犯。那么问题就出现了：既然不作为符合了等价性的要求，为何又可以减轻刑罚？这也从侧面说明不作为犯与作为犯是不等价的。②

许玉秀所提出的三点理由均存在问题。第一，其观点与上述法国学者的表述相似，是站在了自然主义的立场上，而忽视了规范主义相关的解读。确实，绝大部分不作为犯的因果关系都是假定的，即先假设保证人履行了作为义务，再判断结果是否就不会发生。这种判断与作为的场合相比，会掺杂过多的假定因素，导致因果关系缺乏客观真实性。这也正是二者之间存在结构上的差异所造成的当然结果。但仅凭因果性上的差异并不足以否定等价的可能。从规范的立场来看，不作为违反的是命令性规范，作为违反的是禁止性规范，二者在违反刑法规范这点上是相同的，有进行同等评价的可能。另外，假定的成分不仅蕴含于不作为的因果关系当中，也存在于过失犯场合。过失的本质在于不注意，其可罚性在于行为人如果履行了注意义务，结果就能够避免，因此对过失犯因果关系的判断也只能建立在假设之上。过失犯关注的不是不为，而是应该做什么，如果按照没有行为就没有结果的自然主义因果关系来判断过失犯的话，就会出现荒唐的一幕。比如，交通肇事罪无疑是作为犯，但在考察因果关系时不能说

---

① 例如要规定不作为杀人罪的构成要件，可能必须把所有可能的保证人类型都列举出来，详细规定什么人在什么情况下不救助什么人的生命，才能被处罚。德国学者格鲁恩瓦尔德（Grunwald）曾经尝试拟订立法建议，但仅杀人罪一条就已够骇人。许玉秀.当代刑法思潮［M］.北京：中国民主法制出版社，2005：734.
② 许玉秀.刑法的问题与对策［M］.台北：春风煦日编辑小组，1999：94.

如果行为人不实施开车行为,而是要考察如果实施了遵章驾驶行为,结果是否会发生。即使在不纯正不作为犯中,也并不是所有的因果关系都是假设的,有些情况完全可以在事实上得到确认。① 总之,单纯从不作为犯与作为犯因果流程的差别角度,并不能得出两者不能等价的结论。第二,许玉秀一方面认为不纯正不作为犯并不能完全符合以作为犯为蓝本的分则条文,另一方面又承认得通过现有分则条文来处罚(这就应当是表明不纯正不作为犯符合作为犯的构成要件),由此引起了混乱,对此仅仅以立法便宜为由来解释实在是难以服众。况且,基于法益保护的大原则仅仅以行为具有刑事违法性为由进行处罚,忽视了构成要件的定型性和人权保障机能,违反了罪刑法定原则,有处罚冲动之嫌。第三,笔者认为,对不纯正不作为犯减轻处罚与肯定不纯正不作为犯的等价性并不矛盾,这里的关键是要准确理解等价性的规范含义。刑法按照作为犯的构成要件处罚不纯正不作为犯,是基于二者在价值层面上的相当性而对作为犯的构成要件进行扩张适用。等价性要件是合理划定不纯正不作为犯的处罚范围、保障公民权利并维护刑法基本原则的一道防线。一旦否定了等价性的存在,便从理论上完全否定了不纯正不作为犯的处罚根据,在司法实践中必然会造成对不纯正不作为犯的处罚漫无边际。但是,承认不纯正不作为犯的等价性,只是解决其定罪根据问题,而不是最终解决其量刑问题。现代刑法都为犯罪规定了相对确定的法定刑,根据罪刑均衡的原理,每一个具体罪名的构成要件都适用于符合一定形式特征的一类行为,其中每一个具体行为的违法程度只要在法律规定的范围内即可,并不要求完全相同。况且,有些犯罪的构成要件明文规定了不同的行为方式,虽然它们具体的违法程度存在差异,但立法上既然这么设计,就表明可以将它们作同等的评价。② 等价性是指其违法程度进入了相应的作为犯构成要件的涵盖范围,并不意味着与作为犯的违法性的绝对相等。这便为在作为犯的法定刑范围内减轻处罚不纯正不作为犯留下了足够的空间。

肯定说则是目前德国和我国台湾地区的通说。德国刑法典第13条中的"相当"一词明显地表明了德国刑法对等价性的肯定态度。与德国刑法典的规定稍有不同,日本

---

① 例如工厂的负责人甲在下班时意外地将一名员工乙锁在了厂房内,甲还未走远即接到了乙打来的求救电话,但因甲与乙有仇,表面答应开门却径直而去,致乙被关了一整晚。在此例中,如果甲及时开门,则肯定能够避免结果的发生。在见死不救的不作为杀人案中,危险已经朝着结果发挥作用,履行了作为义务与结果发生之间存在着诸多不确定因素(如即使把人救上岸,是不是因为缺氧过多而救不过来)。但在非法拘禁案中,危险的消除完全依赖于作为义务的履行。

② 同是杀人,要根据杀人的方式手段、目的动机等各种酌定量刑情节来判处刑罚。又比如同是构成抢劫罪,暴力方式和用麻药使被害人晕倒的方式(其他方法)明显不同,但这最终也是体现在量刑上。

改正刑法草案直接认为，负有作为义务的人的不作为就与作为等价，可见其将等价性寓于作为义务之中。虽然这种见解的合理性值得商榷，但是该条无疑也是承认等价性的。① 从以上的法条表述中可以看出，立法者明显是在传达这样一个信息，即保证人的不作为要处罚，且只有在其不作为相当于作为时才能处罚，明确了等价性存在的必要性。而且如前文所述，从不作为犯的发展历程上来看，无论是因果关系说、违法性说还是保证人说和新保证人说，这些学说都是在讨论等价性在犯罪论体系中的地位以及判断标准问题。

笔者认为对于不作为是否能与作为等价的问题，首先应该明确的是不作为是否有必要和作为等价，即应先肯定必要性，然后再论证可行性，这才是思考问题的一般逻辑顺序。否则，即便花费了大量精力论证了不作为能够和作为等价，之后却发现处罚不纯正不作为犯无须等价性的帮助的话，之前的论证就成了无用功。

首先，笔者要明确的前提是，基于刑法保护法益的任务，对不纯正不作为犯进行处罚是必要的。堀内捷三曾言，不真正不作为犯，不问古今东西，都是基于国民的朴素的法感情中所具有的经验的——刑事政策的要求而被肯定。② 尤其对于我国来说，像法国刑法那样放任此种法益侵害类型是不可想象的。其次，既然作为与不作为存在论上的差异不可能消除，就必须考虑价值论方面的影响，但也不能像许玉秀那样，以实质违法性、社会危害性为由进行任意的处罚，必须与成文法主义相协调。从现象上看，不同的行为适用同一构成要件说明在法的非难评价上具有同价性，反过来也可以说，之所以认为不同具体情形可以或需要适用同一构成要件，就是因为在立法者看来它们具有同样的非难价值。由于不纯正不作为犯与作为犯结构差异明显，最好的方法就是对不作为单独立法，在分则设计具体的不作为犯的构成要件类型。这样做当然会使处罚没有任何问题，但是从法律文本的抽象性、简洁性和成本、技术等方面来看，上述做法显然不切实际。可以说，仅不作为杀人这一项所要规定的东西就已经很多了，更别提将绝大部分罪名分别立法。因此，通过解释使现有条文包含不作为行为类型对不作为进行处罚是比较明智的选择。而如何将它顺利地置于作为犯的构成要件中就是等

---

① 德国刑法典第13条第1款规定："依法有义务防止构成要件的结果的发生而不防止其发生，且当其不作为与因作为而使法定构成要件相当时，才依法受处罚。"日本改正刑法草案第12条规定："负有义务防止犯罪事实发生的人，虽然能够防止其发生但特意不防止该事实发生的，与因作为而导致的犯罪事实相同。"
② 堀内捷三. 不作為犯論：作為義務論の再構成［M］. 東京：青林書院新社，1978：1.

价性的使命。

本节之前的论述重在批判等价性可能性否定说，而对于肯定说的论据多是一些国家的立法和学说史的罗列，缺乏详细的理论论证。在肯定等价性必要性的基础上，就必须正面论述不作为在理论上与作为能够等价，而这首先要解决的就是调和好等价性理论与罪刑法定原则之间的关系。

第二节 等价性与罪刑法定原则的关系

从肯定等价性问题的角度出发，我们首先要解决的就是以作为的构成要件处罚不作为犯是否违反罪刑法定原则的问题。正是由于解决不好二者之间的紧张关系，一些学者倒向了不处罚不纯正不作为犯的阵营，还有一些学者不愿放弃处罚，进而主张正面肯定类推解释，或主张对不纯正不作为犯在刑法总则抑或分则之中单独立法。但是，现行刑法对不纯正不作为犯进行处罚是必要的，而且从立法技术和维护罪刑法定原则的角度来看，否定说论述的各种主张都是不足取的。作为处罚不纯正不作为犯道路上的第一步，妥善处理其与类推解释以及明确性原则之间的紧张关系是必须解决的问题。

一、等价性与类推解释

罪刑法定是刑法最基本的原则性要求，对其含义已无须多言。在探讨罪刑法定原则与处罚不纯正不作为犯的关系时，我们首先要面对的就是"禁止类推解释"这一要求的考验。

刑法分则对纯正不作为犯单独设立了罪名与构成要件，对其的处罚直接适用相关条文即可，无须理论上的过多阐释。但在不纯正不作为犯的场合，它与作为犯存在显著的不同，又没有独立的分则条文规定，只能适用与之相对应的作为犯的构成要件。就是这一点使得不纯正不作为犯在适用刑法进行处罚时存在诸多问题。

前文已经提及，等价性问题不能只从存在论的角度出发（否则不作为和作为肯定不等价），更多的要考虑价值层面，考虑在满足什么条件下，不作为可以相当于作为。虽然不作为违反的是命令规范，而作为违反的是禁止规范，但是二者在违反刑法规范这点上却是相同的，有进行同等评价的可能。① 这里的关键在于怎样才能实现这种可能。举一个常见情形的例子，对受伤倒地的亲属不予救助而致使其流血过多死亡的场合，行为人首先肯定符合保护责任者遗弃罪的加重构成要件，可构成杀人罪却并非理所当然。因为在适用杀人罪对行为人进行处罚之前，我们必须考虑的是：杀人罪可以由不作为实现吗？为什么不作为的行为能够用作为犯的构成要件进行定罪处罚？早在19世纪末期，德国学者奥斯卡就提出由于作为义务没有在构成要件中规定，故以作为犯的构成要件进行处罚是类推适用刑法。日本学者金泽文雄也认为，对不纯正不作为犯根据以禁止规范为内容的作为犯的构成要件予以处罚，属于不能容许的类推。② 与之相反，日本学者小野清一郎认为，由不作为而认定杀人罪、放火罪时，必须适用构成要件的观念形象。对杀人罪、放火罪的构成要件本身，应认为是在作为行为之外包含着不作为。这应是构成要件的解释论并且是扩张的解释，把相同的事按事物的实体去考虑的结果。③ 而且，从刑法保护法益的立场出发，必须肯定不纯正不作为犯的可罚性，但关键在于如何解释处罚不纯正不作为犯与罪刑法定原则相兼容的问题。

二、大陆法系刑法理论中的代表性解决方法

研究不纯正不作为犯与禁止类推之间的关系应当从不作为犯的规范结构这一角度进行。规范结构是指不纯正不作为犯违反的法规范性质，这决定着其与分则规定的构成要件之间的关系。大陆法系刑法理论对于不纯正不作为犯的规范结构一直存在争议，下面笔者会依次进行介绍。

第一种观点认为，不纯正不作为犯适用的并非现有的、表面上以作为犯为蓝本规定的分则构成要件，而是适用内涵于分则条文中的自己的构成要件。例如德国学者格

---

① 不纯正不作为犯是以不作为的方式实现了作为犯的构成要件。在区分作为犯与不作为犯的问题上，一种观点以实际情况下实施犯罪的形态为标准来区分，另一种观点以法规的规定形式为标准来区分。不纯正不作为犯这一名称中的"不作为犯"是依据第一种区分方法得来的，而"不纯正"则是由第二种区分方法得出的。按照第二种区分方法来看，刑法典只规定了作为犯和纯正不作为犯，而要肯定不纯正不作为犯只能让其去符合作为犯的构成要件，这要通过解释论来说明。日高义博. 不作为犯的理论 [M]. 王树平, 译. 北京：中国人民公安大学出版社, 1992：84.
② 野村稔. 刑法总论 [M]. 全理其, 何力, 译. 北京：法律出版社, 2001：189.
③ 小野清一郎. 犯罪构成要件理论 [M]. 王泰, 译. 北京：中国人民公安大学出版社, 2004：92.

林瓦尔德认为，一切法定构成要件皆系作为之构成要件，[①] 虽然处罚不作为皆依法定之构成要件为之，然实质上所使用者，乃未明文之不作为构成要件。不作为之构成要件包含两项要素：其一乃保证人地位，其二乃改造作为构成要件之形式。例如将"杀人者，处……"改成"不防止他人死亡者，处……"。主张新保证人说的考夫曼进一步指出，既然不纯正不作为犯也是不作为犯，且其构成要件符合性增加了作为义务这一作为犯中不要求的要件，则二者的构成要件应单独设立并要体现出本质的不同。[②] 这种学说在日本也得到过一些人的认同。如大塚仁指出，不纯正不作为犯是违反命令规范的不作为犯，可就命令规范而言，分则仅规定了极少数的纯正不作为犯，从成文法主义来看的话，就会得出不能处罚的结论，这显然不合适。[③] 为了实现可罚性，此类场合只能适用分则相应的条文进行类推达到处罚目的。这种观点明确承认了类推的适用，但只要不打破既有原则，就不能承认其正确性。最终该观点还是没有解决承认类推、处罚与罪刑法定、不处罚之间的矛盾。

第二种观点认为，除了纯正不作为犯以外，刑法分则规定的构成要件中的实行行为并不限于积极的作为，也包括对特定义务的不履行，是禁止规范和命令规范的复合体。如那格拉认为，在一般社会现象中，必然同时存在着引起特定结果的积极条件和阻止结果发生的消极条件，刑法在包含禁止引起一定结果的禁止规范的同时也包含禁止对一定结果的不防止，即禁止规范包含命令规范，构成要件包含了积极的作为和保证人的不作为。[④] 日本学者野村稔同样认为，不应当认为在杀人罪的构成要件背后仅仅存在禁止规范，日本刑法典第199条中存在的生命保护规范，根据生命所处的状况，同时作为禁止规范和命令规范才能显示出其机能。即在没有生命危险的场合，作为禁止规范禁止对生命的侵害行为；在生命有危险的场合，作为命令规范而显示出其机能。[⑤] 这种观点在我国也很有市场。如张明楷指出，如果说刑法规定的故意杀人仅限于

[①] 此处应指除了纯正作为犯以外的法定构成要件，其意在表明法律只规定了作为犯和纯正不作为犯，而没有不纯正不作为犯。

[②] 许玉秀. 当代刑法思潮 [M]. 北京：中国民主法制出版社，2005：627.

[③] 福田平，大塚仁. 日本刑法总论讲义 [M]. 李乔，等译. 沈阳：辽宁人民出版社，1986：59-60. 需要指出的是，大塚仁现在改变了观点，认为不作为当然被包括在形式上被看成作为犯的处罚规定中，法律本身预定着其处罚。大塚仁. 犯罪论的基本问题 [M]. 冯军，译. 北京：中国政法大学出版社，1993：83.

[④] 大谷实. 论保证人说：上 [J]. 黎宏，译. 法学评论，1994（3）：26.

[⑤] 野村稔. 刑法总论 [M]. 全理其，何力，译，北京：法律出版社，2001：189.

以作为方式的杀人，那么，将不作为认定为故意杀人罪，确实存在违反罪刑法定的问题。但是即使是通常由作为来实施的犯罪，我们也没有理由认为规定该罪的刑法条文仅将作为规定为构成要件要素。① 李金明在指出不作为犯是在违反命令规范的基础上，强调分则设立的条文并非仅适用于作为，也同样适用于不作为，认为条文规定是以作为为蓝本设立的见解，从法益保护的见地来说是不合适的。② 总之，上述学者均认为，不作为也是行为的一种，本就包含在各分则条文之中，对其进行处罚不会存在任何的障碍。

第三种观点与第二种观点相似，由日高义博提出。他从刑法规范是行为规范和裁判规范统一体的角度解释不纯正不作为犯的规范结构和处罚依据，认为命令规范和禁止规范是从行为规范的意义对刑法规范进行的划分，在裁判规范意义上都包含于作为犯的构成要件之中，不纯正不作为犯是违反作为行为规范的命令规范，而在裁判上按照作为犯的构成要件处罚。具体来说，裁判规范约束的是法官，而行为规范约束的是一般人。裁判规范白纸黑字地显示在刑法典中，行为规范却没有，故长久以来学术界也在讨论行为规范的确定方法。无论是宾丁认为的"作为第一次规范的行为规范必须在刑法典之外寻找，可以从刑罚法规的构成要件的规定中推知行为规范"，还是希佩尔和弗兰克主张的"在刑法分则相应条文的规定中包含有成为刑罚前提的道德行为规范"，都表明行为规范同样蕴含于刑法典之中。刑法典中的每个罪名都可以被概括地表述为"为……的，处以……"，从行为会被处罚的角度来看就是裁判规范，而在"实施……行为"这一构成要件中就蕴含着行为规范。对于不纯正不作为犯违反的命令规范，并不能实现以违反禁止规范为标准的作为犯的构成要件这样的观点，日高义博指出作为犯违反禁止规范，不作为犯违反命令规范，这一论断中的作为犯和不作为犯是以实际的犯罪形态为标准来区分的。如果以刑法条文的规定形式为标准来区分的话，上面的论断就是不正确的。这是因为以刑法条文的规定形式为标准区分的作为犯的裁判规范表现为"为……"这样的作为，但在这里却包含了为保护一定的法益而把一般人作为约束对象并禁止或命令一般人为一定行为的行为规范。在规定"为……"这一作为的裁判规范中，存在以保护该法益为目的的禁止性行为规范和命令性行为规范。③

---

① 张明楷. 刑法学 [M]. 北京：法律出版社，2011：152.
② 李金明. 不真正不作为犯研究 [M]. 北京：中国人民公安大学出版社，2008：236.
③ 日高义博. 不作为犯的理论 [M]. 王树平，译. 北京：中国人民公安大学出版社，1992：90-91.

第四种观点认为，刑法分则的绝大多数条文确实仅预定了作为的情况，而要想将不纯正不作为犯也纳入其中，就必须解释为其违反了双重规范。具体而言，触犯命令规范是当然的，但同时认为触犯命令规范相当于也是在触犯禁止规范。如日本学者川端博指出，受雇的保姆在家里人不在时无视嗷嗷待哺的孩子任由其饿死的情况，并非直接违反了禁止规范。[1] 保姆负有悉心照料的义务，其不管不顾的行为首先违反了命令规范，而其结果引起婴儿死亡间接地违反了禁止规范。结果就是，不纯正不作为犯亦以规定作为犯之禁止规范加以规制。韩国学者李在祥指出，规定为作为形式的构成要件是以禁止规范而不是命令规范为前提的，认为作为犯的构成要件是以命令规范为前提而不纯正不作为犯也不过是违反命令规范的看法是不正确的。[2] 我国台湾地区也有学者主张此观点，认为纯正不作为犯是违反命令规范，而不纯正不作为犯是以不作为的消极态度达到作为所达到的相同效果。[3] 概括上述观点，即处罚不纯正不作为犯的直接法规范根据是以禁止规范为内容的作为犯的构成要件自身。

三、处罚不纯正不作为犯的法规范根据

在笔者看来，第一种观点无疑是主张处罚不纯正不作为犯违反禁止类推的原则。若此的话，由于我国刑法第3条明文规定了罪刑法定原则而没有规定可以处罚不纯正不作为犯，那么司法实践中便不能对其进行处罚。这显然不符合当前实际，也不利于保护法益。还有的学者为了使处罚不纯正不作为犯名正言顺，提出了在刑法分则中个别地规定各种类型的不作为犯的主张。但是如此不负责任的主张非立法技术和立法投资所能负荷。笔者以为，刑法学的核心在于解释论而非立法论，学者在遇到难题时首先应当在现有法律的框架下尽最大可能将其解释为符合现行法律，而不能动辄要求立法予以解决，否则不仅极大地浪费国家资源，也有损法的安定性和权威性。第二种和第三种观点没有本质的差别，都认为刑法分则的各构成要件同时包含了积极的作为和消极的不作为两种行为形态。二者的差别仅仅在于第二种观点没有区分行为规范和裁判规范。按照这样的观点，不作为所违反的只不过是构成要件中所预定的命令规范，对其进行处罚原本就包括在法定构成要件之中，既不是对原构成要件的类推，也不属

---

[1] 川端博. 刑法总论二十五讲 [M]. 余振华，译. 北京：中国政法大学出版社，2003：19.
[2] 李在祥. 韩国刑法总论 [M]. 韩相敦，译. 北京：中国人民大学出版社，2005：108.
[3] 叶志刚. 作为犯与不作为犯之比较研究 [C] // 蔡墩铭. 刑法总则论文选辑：上. 台北：五南图书出版公司，1984：293.

于合理扩张，而是"为……处……"这一裁判规范中的应有之意。从维护罪刑法定原则的立场来看，这种观点在解释论上彻底地解决了处罚不纯正不作为犯与罪刑法定原则之间的冲突问题，因而得到不少学者的赞同。但是这种观点的缺陷也非常明显。首先，该观点颠覆了通说所主张的分则条文仅预定作为情况的结论，强行将触犯命令规范的不作为塞入其中，这是否合适不无疑问。而且在同一构成要件中包含两种异质形态的行为方式是否合适也不无疑问。因为这似乎意味着作为犯和不作为犯无论在价值上还是在存在论上都是相等的，忽视了二者之间的结构差异。与之相应的问题是，既然绝大多数的分则条文都包含作为和不作为两个构成要件，可以直接适用于不作为行为，那为什么还要在不作为中加入作为义务的要件呢？一些国家的刑法总则中明确规定了作为义务或保证人，我国刑法总则虽然没有这样的规定，但司法实践在判断不作为犯成立时无疑也要求作为义务要件。既然肯定作为犯和不作为犯共同适用同一个刑法分则的条文，那么不作为的场合也应该与作为的场合适用同样的判断。这就使得总论与分论的规定出现矛盾。以杀人罪来说，见死不救的路人同样符合行为、结果和因果关系要件，但将其认定为杀人罪是不可想象的，应通过作为义务要件来限定处罚范围。当然，持该种观点的人会说，分则条文包含的是作为和保证人的不作为，而非所有的不作为。虽然对于刑法分则的许多用语都要进行限缩解释，但是对于同一条文的同一词语如"杀人"，在作为时进行平义解释而在不作为时进行限缩解释，难说没有问题。

本书认为最后一种见解更妥当，即是说，将无视命令规范理解为在一定程度上也无视了禁止规范，因而受到处罚。

处罚不作为犯比处罚作为犯更多地侵害了个人自由。因为在作为犯的判定中，人们要避免受到刑罚，只要不实施一种行为即可，而在不作为犯的判定中，要避免受到刑罚，就只能实施一种行为，其他的什么也不能做。① 所以，除了刑法明文规定的例外情况（纯正的不作为犯）外，刑法分则规定的构成要件原本仅包括作为犯。在不纯正不作为犯中，作为义务的内容与纯正不作为犯不同，不是直接来源于刑法规范自身，而是来源于刑法之外的其他规范。行为人正是由于违反前刑法的命令规范而达到了刑法禁止规范所要求的法益侵害效果。对不纯正不作为犯的处罚并不是原本就属于作为犯构成要件的涵盖范围，它是在保护法益的立场下，通过解释被纳入其中的，即不作

---

① 赫林. 刑法 [M]. 影印版. 北京：法律出版社，2003：45.

为的场合相当于作为。这也是将不纯正不作为犯称为以不作为实施的作为犯的原因所在。

在笔者看来，这样做的好处在于，将条文中的杀人（这里仍以杀人罪为例）仅限定于作为的情况，在此基础上认为，以不作为形式致人死亡的，只要符合等价性要求，就相当于是在以作为方式杀人，其结果就是"不作为＝作为"，符合以作为方式规定的分则条文，这样解释仍然维持着杀人罪的条文仅预定了作为场合这一论断，不存在任何矛盾。而若从上述第二、三种观点的角度展开，那么一种可能就是将杀人的外延扩展至作为与不作为两种形式。到此为止是可以的。但是为了不过度限制人们的自由，在此基础上又对不作为进行限定，即只有保证人的不作为才是杀人。这无疑使设定的条件之间互相矛盾（杀人可以由不作为进行——杀人只能由保证人的不作为进行）。另一种可能是将杀人的外延直接扩展为作为与保证人不作为两种形式，这样做确实可以解决条件之间矛盾的问题，但是就如上文所讲，对同一条文中的同一词语不应进行不同的解释。笔者认为，若是想使这种想法顺利付诸实践，一个条文是不够的，应当分别对作为杀人和不作为杀人进行规定，而这又因立法层面的问题难以实现。故一方面，考虑到不纯正不作为犯在保证人场合的当罚性，必须通过现有条文，在不违反罪刑法定原则的前提下对其进行处罚；另一方面，考虑到刑法条文的解释问题和立法技术问题，也不能进行过度的解释，以免造成条文之间、逻辑之间的矛盾，将不纯正不作为犯理解为通过违反命令规范而触犯禁止规范的扩张解释进路能够同时满足这两方面的要求。

按照此种观点，构成不纯正不作为犯，除了行为具有不作为犯的存在论特征，还必须在价值上与作为犯相同，这也是将可由不纯正不作为犯对应得到的分则条文理解为禁止规范的必然要求。离开了等价性条件的约束，对不纯正不作为犯的处罚就没有了分则条文的依托，其处罚范围无疑被过分扩大，超越了扩张解释所允许的范围。等价性理论就是为了划清扩张解释和类推解释的界限，将对不纯正不作为犯的处罚规制在罪刑法定原则所允许的范围内。

四、不纯正不作为犯与明确性原则

明确性作为罪刑法定主义的实质性规则之一，其基本要求是：规定犯罪的法律条文必须清楚明确，使人们能确切地了解违法行为的内容，准确地确定犯罪行为与非犯罪行为的范围，以确保没有被该规范明文规定的行为类型不会成为该规范规制的对象。

不纯正不作为犯在刑法分则中没有表述，在总则中的说明也相当模糊（我国连说明都没有），对其进行处罚是否会使公民丧失预期，违反法治国的基本要求，是要进行讨论的问题。

之所以说总则规定得模糊，主要就是因为作为义务这一要件缺失。且不说我国没有在总则中明确规定不纯正不作为犯，即便是在总则中规定了不纯正不作为犯一般成立条件的德国等国，由于不能具体地规定作为义务的来源，也还是存在不明确的问题。

在笔者看来，明确性原则的提出，目的在于保证公民对自己的行为有正确的预期，知道哪些行为可为，哪些行为不可为。故对于保证人地位的考察，只要存在客观的既定的判断标准，就不能说违背了明确性原则的要求。而受到客观原因的制约，某些犯罪类型无论如何也不能完全明确地被立法化。

明确性原则具有绝对和相对之分。贝卡利亚认为，既然随意解释法是一种弊害，那么可以说，法律的含混不清同样是弊害。当法律不是用大众的语言书写的时候，这种弊害就达到了极点。相反，当万人能够读懂、理解神圣的法律时，犯罪就会因此而减少。① 可见，贝卡利亚要求法律必须明确到不需要解释的程度。但是随着近代刑事立法活动的展开，人们逐渐认识到，启蒙时期关于法律必须绝对明确的要求只是一种不切实际的幻想。我们要正视明确性的局限，看到模糊性的相对独立价值。法律只能订立一些通则，不可能完备无疑地把所有细节都包含进来。刑法典作为立法者认识、预测犯罪行为并进行处罚的逻辑体系，很难穷尽所有的犯罪行为，人类深谋远虑的程度和文字处理能力不足以为社会上错综复杂的情形作详尽的规定。无论从法律的性质、法律所面对的社会生活抑或法律语言来看，刑事立法都被证明不可能对犯罪构成要件规定得近似于数学算式，模糊性和不确定性有时不可避免地成为犯罪构成要件的特点，构成要件的使用也无法离开法官的解释补充。

故此，刑法对犯罪构成要件的规定在有些情况下只能做到相对明确。在法律条文表述不具体、存在模糊的情况下，应由法官从中归结出这些犯罪的成立条件。在此情况下，将行为认定为犯罪仍属合法。这是因为，在相对的明确性原则下，只要刑法对指导人们补充构成要件内容的标准做出了明确规定，就能实现其目的，即保证公民对自己的行为有正确的预期，使人们知道哪些行为可为、哪些行为不可为。具体到保证人地位的考察，只要存在客观的既定的判断标准，就不能说违背了明确性原则的要求。

---

① 贝卡利亚. 论犯罪与刑罚 [M]. 黄风, 译. 北京：北京大学出版社, 2008：36.

受到客观原因的制约，保证人类型这种由前刑法规范所决定的要素不可能完全明确地予以立法化，这时就有必要由法官来补充构成要件。只有在构成要件规定得不明确甚至连法官补充构成要件的标准都模棱两可的情况下，才能认为是违反罪刑法定原则。

关于不纯正不作为犯等价性要求的明确性问题也是一样。在日本改正刑法草案的制定过程中，就不作为犯的条文曾拟两种参考案。方案一即是后来通过的第12条，而方案二被否决的理由之一在于，无法规定在哪种情形下可与作为之实行行为同视。① 但正如无法详细列举作为义务的种类一样，不应过度要求等价性的类型化，而应关心其判断标准上的明确性。只要明确等价性的判断步骤，就不会存在处罚恣意的忧虑。因此，在与构成要件的明确性原则的关系上，成为问题的是解决作为义务和等价性的认定方法。如果能够提出合理的认定方法，就可以说处罚不作为犯是有法可依、有章可循的。

另外，就处罚方面而言，从司法实践来看，并非如理论上所说的几乎绝大多数犯罪都能由不作为实现，不纯正不作为犯并不是遍布于刑法分则的各章之中。从我国和日本的判例来看，它主要集中在杀人罪、放火罪、诈骗罪等场合。而这几类犯罪，就以不作为方式实施的场合而言，往往也并没有超出国民的预测可能范围，反而为社会通常所承认。这一事实虽然只能进行辅助性说明，但也揭示出司法实践中处罚不纯正不作为犯并不会影响明确性原则的核心思想即国民的预期。

总而言之，无论是从罪刑法定的形式层面还是实质层面，都会对不作为犯这一特殊的犯罪形式进行检验。为保证处罚的合理性，就必须将不作为解释为处于刑法可处罚的范围之内。而等价性理论正是为提供此种解释力而生的。这是研究不作为犯的重点，并融入不作为犯认定的方方面面。

第三节 等价性问题的独立性

在肯定了等价性存在的必要性与可能性的基础上，剩下的一个基本点就是明确其

---

① 方案二的规定表述为："负有防止发生可成为罪之事实之责任者，不顾可能防止其发生而敢然未予防止时，限于可与由于作为而使发生事实同视之情形，则认定为使发生此可成为罪之事实者。"洪福增. 刑法理论之基础 [M]. 台北：刑事法杂志社，1977：225.

定位。虽然也有不同观点，但是通说还是认为等价性指的是不作为与作为在构成要件上的等价。不过即使采用通说的观点，问题也还没有完全解决。理论上，等价性在第一层级究竟处于什么地位和位置，特别是等价性是否寓于作为义务当中，也是争议很大的问题。

在德日的教义学中，关于上面的争议问题存在正反两方面的观点。正方观点是将等价性与作为义务区隔开来。比如我国台湾地区有学者指出，不纯正不作为犯的客观不法包括六个方面，并将等价性单独作为一个方面，置于最后。[①] 反方观点认为等价性不是不作为的独立要件，如大谷实认为不纯正不作为犯的成立要件只有两个，即作为义务和违反作为义务（实行行为）。需要指出的是，反方观点对等价性也是给予肯定性评价的，其仅仅是认为没有必要将它单独拿出来作为判断的一步。只要严格把握保证人地位这一概念，将等价的思想寓于其中，就同样能够合理划定不作为犯的范畴，达到与正方观点相同的效果。

总之，关于等价性究竟是属于作为义务的内容还是与作为义务并列的成立不纯正不作为犯的独立要素，这是一个需要进一步阐述的问题。

一、非独立性说

在作为义务中实质地考虑等价性的观点，首先需要考虑的就是保证人说。与在处理类推解释时采取的第二种观点一样，该说将既有分则条文理解成包含双重规范，故作为犯的构成要件对于不作为犯同样适用。并且该说主张仅通过保证义务来判断实现作为与不作为的等价，只有达到一定层级的作为义务才能成为等价的依据，否则便得出否定结论。那格拉认为，在一定的社会关系中，经常是引起一定结果发生的积极条件和与此相对的消极条件并存，特别是负有防止急迫危险的特别任务之人，更具有阻止机能。这样的防卫地位，是社会机构中不可缺少的构成部分，可以算是作为与不作为的等价根据。[②] 该说的首要问题在于，既然认为分则条文同时也包含命令规范，处罚不作为犯就是顺理成章的事，没有必要再讨论等价性，否则就存在矛盾。其次，具有保证人地位只能说明行为人的不作为进入了刑事评价的范畴，并未说明不作为与作为

---

① 黄常仁. 刑法总论：下册. 台北：汉兴出版有限公司，1995：5. 这六个方面是：发生构成要件该当的结果；不作为期待行为；不作为与结果之间具有因果关系；保证人地位；防止结果发生的事实可能性；不作为必须与作为等价。
② 大谷实. 论保证人说：上 [J]. 黎宏，译. 法学评论，1994（3）：26.

同等评价的根据。所以，保证人说尽管解决了作为义务与犯罪论体系之间的矛盾，但是并未处理好等价性问题。司法机关在认定不作为犯时，绝不能仅仅根据行为人违反作为义务这一点来处罚不纯正不作为犯。

从日本学者的既有论述来看，多数学者是将等价性作为不纯正不作为犯的独立构成要件来看待的。少数学者如福田平、曾根威彦等则将等价性作为作为义务的内容进行把握。曾根威彦指出，不纯正不作为犯中的作为义务，必须是能够使违反该作为义务的不作为和作为而引起结果的场合受到同等评价的东西。① 福田平对此解释道，将等价性这种不明确的价值判断直接放入构成要件中，则法的明确性和安定性无从谈起。以此看来，与其将作为义务作为一个独立的要件来把握，倒不如将其作为对作为义务进行类型化的一个要素来把握，这样或许更能维护法的安定性。② 但是福田平的理由缺乏说服力，因为如果认为等价性具有不明确的特性，那么无论是将其作为独立的构成要件还是视为作为义务的内容，其不明确性都同样存在。而且对那格拉保证人说的批判也同样适用于此。

我国也有持这种观点的学者。如张明楷在论证杀人罪与遗弃罪的区别时指出，对作为义务的程度这一概念虽然难以下定义，但可以肯定的是，即使作为义务来源于相同的法律规定或法律事实，但如果程度不同，就可能构成不同的犯罪，③ 即作为义务强的构成重罪，反之则构成轻罪。但是，作为义务的强度如何判断也是一个棘手的问题。对此，张明楷为了维持其理论见解，提出了一些确定义务强度的基本要素，即合法权益所面临的危险是否紧迫，作为义务人与合法权益或合法权益主体之间的关系以及履行作为义务的容易程度。但是按照这些要素来判断的话，恐怕会得出不合理的结论。比如说，妻子在家上吊自杀，在其他条件不变的情况下，丈夫在刚上吊时离家就构成遗弃罪，而一直看着妻子咽气的话则构成杀人罪。丈夫无论是离家出走还是待在家里什么也不干，都属于不履行保证义务的不作为。为什么刑法评价会如此不同？更为实质的问题在于，其把等价性和保证义务杂糅成一个点进行考察，不无疑问。作为义务应当是特定的，并不存在作为义务程度的强弱之差。义务人具体应负什么样的作为义

---

① 曾根威彦. 刑法学基础 [M]. 黎宏, 译. 北京：法律出版社, 2005：124.
② 福田平, 大塚仁. 对談刑法総論：上 [M]. 東京：有斐閣, 1986：135. 转引自：何荣功. 实行行为研究 [M]. 武汉：武汉大学出版社, 2007：101.
③ 张明楷. 论不作为的杀人罪 [C] //陈兴良. 刑事法评论：第3卷. 北京：中国政法大学出版社, 1999：265.

务，只与刑法规范对作为义务的规定以及符合该规定的条件事实有关，而与其他人能否干涉等无关。比如说父母无论是看到自己的孩子被放在医院旁还是深山里，其所负有的救助义务都是一样的。所不同的只是不履行作为义务的不作为对法益的侵害程度不同。所以此观点所说的保证义务的强弱，实际上是指法益侵害程度的强弱。不作为的杀人与遗弃的区分，也不在于作为义务，而在于不作为时法益面临的危险是否紧迫，是否处于高度的危险中。总之，仅通过保证人地位不可能推导出等价，不作为对法益的侵害性属于判断等价性的要素。

冯军认为，应该从不纯正不作为犯的作为义务同与其对应的作为犯的不作为义务具有等价性的原则出发，用更实质的标准来确定不纯正不作为犯的作为义务来源。该实质标准是：行为人为防止结果的发生自愿地实施了具有支配力的行为。首先，需要行为人实施了一个自愿行为；其次，需要行为人自愿实施的行为具有防止结果发生的目的性；最后，需要行为人自愿实施的行为具有支配力，即行为人控制了结果发生的进程。[①] 他进而举例认为，诸如交通肇事逃逸的场合，构成何种罪名要视具体情况而定。如果行为人主动对被害人进行帮助以挽回其生命，但在此过程中又放弃继续履行，且掌握着结果发生的因果性，则杀人罪成立（如搭载被害人前往急救中心，但不一会儿就改变主意折返行驶，导致被害人最终死在车中）。反之，倘若行为人未采取任何措施就离开现场，则触犯的是交通肇事罪。[②] 如果驾驶者撞伤行人后下车看了一下情况或者仅仅给伤者擦擦血就走了，因为不具有防止死亡结果发生的目的性，也不构成不作为的杀人。但是笔者认为该观点并不可行。第一，自愿行为和目的性的要求会不当地缩小不纯正不作为犯的处罚范围。正是因为肇事的先行行为产生了作为义务，不履行义务导致危险增加，才成为法定刑升格的依据。倘若认为单纯逃逸没有产生作为义务，则法定刑升格的根据就丧失了，只能处以基本刑，这与法律的规定相矛盾。该观点还混淆了作为义务和等价性之间的关系，作为义务是判断等价性的前提，不能颠倒。总之，按此观点，只有肇事者开始抢救被害人之时才属于自愿行为、具有目的性和支配力，才符合其所说的作为义务与作为犯的不作为义务具有等价性，才能肯定行为人具有作为义务，而直接逃逸的则没有作为义务。显然这一结论是不合理的。事实上，只

---

① 冯军. 刑事责任论 [M]. 北京：法律出版社，1996：47-48.
② 德国刑法典规定了不救助罪，其第323条c规定：意外事故，公共危险或困境发生时，需要救助且根据行为人当时的情况可期待其予以救助，尤其对自己无重大危险且又不违背其他重要义务而不进行救助的，处一年以下自由刑或罚金刑。我国和日本的刑法没有规定此罪。

要肇事者撞伤了行人，从肇事的那一刻起，肇事者就具有了救助义务。

二、独立性说

与上述观点尤其是保证人说不同，新保证人说主张将等价性作为保证义务之外的要素，得到了理论界的部分支持。如内藤谦批评了把一切违反作为义务的不作为解释为不作为犯的实行行为做法，指出只有能和作为视为同价值的不作为才是实行行为。他认为，不可否认保证人的地位是认定构成不纯正不作为犯的重要条件之一，但是在此之外，也应当认为，考虑各种情况，该不作为同与该不作为相对应的作为犯是在构成要件实现上具有同等价值的。在此意义上，该不作为就作为实行行为才被定型化。[①] 我国学者熊选国认为，不纯正不作为犯的成立除了具备作为义务、作为可能性、不履行义务，还必须具备不作为与作为等价的条件。既然法律把作为和不作为都规定在同一法条之内，规定了同一法定刑，则表明不作为犯和作为犯在社会危害性质及程度上应该是等价的和相当的。只有这样，才能保证定罪的准确性，并且符合罪刑相适应的原则。如果是两个性质完全不同的犯罪，则明显不能按同一法条进行处罚。[②] 另外，德国刑法典第 13 条的规定是以 1962 年刑法典草案第 13 条的规定为蓝本写成的，[③] 在 1962 年刑法典草案第 13 条中，已经将作为义务与等价性的内容分开予以规定。

三、本书观点——独立性说

笔者认为等价性无论如何是不能融入作为义务当中的。

首先，我们研究等价性的主要目的是使不作为相当于作为，是为了肯定不作为的实行性，但是准确地说，等价性是指二者在构成要件层面上的等价。这就包含了行为和其他诸多方面，决定了等价性判断不可能仅通过一个方面就完成。故从宏观层面着眼，保证义务不可能完全包含等价性。

其次，将等价性寓于保证义务要件中，其就会成为保证义务而非不作为犯的成立要素，也就被降了一个层级。那么就可以理解为只有肯定等价性才能肯定保证人地位，好比因果关系说中只有存在作为义务才能承认因果性一样。这种结论无论如何都是不

[①] 内藤謙. 刑法講義総論：上 [M]. 東京：有斐閣，1983：235.
[②] 熊选国. 刑法中的行为论 [M]. 北京：人民法院出版社，1992：163.
[③] 1962 年德国刑法典草案第 13 条规定："依法必须保证不发生结果，而其行为状况有与由作为构成的法定构成要件同价值时，如未防止符合刑法法规的构成要件之结果者，则作为共犯或正犯罚之。"

科学的。保证人的不作为才有可能等价于作为，而不能作相反理解。

再次，在作为义务中考虑等价性的观点可以说根本没有解决等价性问题。有作为义务的人的不作为和没有作为义务的人的不作为从表面上看都是没有原因力的，这是不可改变的事实，无论是保证人还是一般人都不能创造出不作为本身的原因力。比如说，同样在雪山上遇难，父亲对受伤的儿子见死不救和对陌生人如深山住户见死不救，二者对结果的原因力是相同的。所不同的只是作为义务的有无，而作为义务只能起到限定犯罪主体的作用，对于构成犯罪与否以及构成何种犯罪都缺乏解释力。又比如，同样是父亲不救助受伤的儿子，在深山里不救助和在医院门口不救助，所得出的结论可能并不相同。这就说明，作为义务对等价性的判断并无影响，是其他因素在影响等价性的判断。

在笔者看来，等价性并不是作为不纯正不作为犯的独立构成要件，而是对不纯正不作为犯形态下各种构成事实特征的综合判断。不纯正不作为犯与作为犯的等价是一种价值判断，它是以不作为事实结构要素齐备为前提，即以事实判断为基础，把一些具备形式特征但不符合实质条件的不作为排除在处罚范围之外，最终决定是否符合以相应的作为犯为蓝本的分则条文，等价性理论的提出的用意正是在此。前文已经提到，构成要件的违法等价性是通过其中的各个构成要件要素共同决定的，而非仅仅是通过限制某一事实要素的方法而取得整体案件的等价。即并不是符合了行为、结果或因果关系中的一项就等价，更不是满足了通常的构成要件要素以外的某某条件就等价，况且也难以想象这样的条件是什么。等价性判断的提出更重要的是对不作为犯罪的整体构成要件所进行的整体的评价，在方法论上具有重要的作用，它是判断某一不作为行为能否构成犯罪的重要的方法。

违反保证义务是构成不纯正不作为犯的要件之一，没有保证义务就不存在不作为。因此，不作为与作为的等价性判断，必须考虑保证义务。但是仅靠其程度上的差别是不行的，即使是高度义务也无法弥补作为与不作为之间的结构差异。规范结构的差异是可能消除的，这在本章已经作了说明，而怎么消除就得从价值层面入手。保证义务自不必说，但也要明确其实质来源依据，以做到准确判断，这是下一章的内容。而第四、五、六章要重点论述的内容，是在保证义务判断完成后如何继续判断等价性问题。

本章小结

本章是对等价性理论做基本性、前提性的论述，以明确本研究的基本立场。

首先，通过介绍不作为学说的历史发展以及各国的立法，并结合法益保护与立法技术的问题，从事实和理论两个方面明确等价性存在的必要性。之后再从与罪刑法定原则的关系出发，得出不纯正不作为犯是"以违反命令规范的方式，间接违反了作为犯构成要件规定的禁止规范"的结论，解决以作为犯的构成要件处罚不作为犯是否与类推解释相抵触的问题，肯定了作为与不作为有同等评价的可能性。

尤其在处理不纯正不作为犯与罪刑法定原则之间的关系上，本章首先明确的前提是：处罚不作为犯比处罚作为犯更多地侵害了个人自由，所以除了刑法明文规定的例外情况（纯正的不作为犯）外，刑法分则规定的构成要件原本仅包括作为犯。在此基础上，本章认为之所以能够处罚不纯正不作为犯，是因为行为人违反前刑法的命令规范而达到了刑法禁止规范所要求的法益侵害效果。对不纯正不作为犯的处罚并不是原本就属于作为犯构成要件的涵盖范围，其是在保护法益的立场下，通过解释被纳入其中的，即不作为的场合相当于作为。这也是将不纯正不作为犯称为以不作为实施的作为犯的原因所在。

其次是对等价性在犯罪论体系中进行定位，主要澄清和阐明两个问题：①应该在何种事实要素的范围内判断等价性；②等价性是不是不纯正不作为犯的独立构成要件，特别是等价性是否寓于作为义务当中。一方面，等价性要解决的是以不作为方式实现的整个危害事实的构成要件符合性问题。实行行为与结果、因果关系、行为主体等要素构成一个相互联系的有机整体，共同决定着犯罪的成立与否以及法益侵害程度。因此，等价性在内容上应当是以行为为中心的整个构成事实的等价。另一方面，不作为与作为的等价性判断，必须考虑保证人地位。但是后者关注的是"应不应当做"的问题，而前者关注的是"不做是否相当于做"的问题，单靠作为义务的程度无法弥补作为与不作为之间的结构差异。据此，作为义务是等价性判断的重要组成部分而不是全部，但对其的判断在司法实践中是至关重要的，因为有无作为义务可能会直接决定行为是否构成犯罪。

第三章
作为等价性判断要素的保证人地位

上一章结尾笔者提到，等价性实际上是对不纯正不作为犯形态下各种构成事实特征的综合判断，它为不纯正不作为犯的判断提供方法论上的指导。可以说，整个不纯正不作为犯的判断就是对其与作为的等价性的判断，只有在不作为能够等价于作为时，才能用刑法分则中以作为犯为蓝本设立的条文对不作为进行处罚。如此看来，保证人地位的判断既然是不纯正不作为犯成立的必要条件，也就自然是等价性判断中的一环，是在肯定行为属于不作为后，紧接着要判断的要素。保证人地位是构成不作为犯的重要因素之一，在判断行为属于不作为后，最重要的就是审查行为人是否具有作为义务，如果答案是否定的，则无须继续审查下去。

不作为犯中的保证人地位问题，是不作为犯理论中众说纷纭、观点林立因而比较混乱的一环。不作为犯之所以能成为刑法学三大绝望之章中的一章，一定程度上就是保证人地位这一问题导致的。各国刑法中，无论总则还是分则，均很少对保证人有相关规定。不过，名虽不在，实则有之。保证人地位在不作为犯领域中不仅无法回避，还是核心问题。也正因为如此，尽管没有立法根据，我国刑法学界在研究不作为犯论时，也总是以作为义务为中心，实质地探讨保证人地位的问题。

对于保证人地位的来源，早期学说从形式法律义务出发，提出形式三分说，即法律、契约和先行行为。这三种保证人类型之所以被认为是形式的，是因为它们只有形式的依据，而从这些形式的依据中难以有说服力地解释为什么这些人才具有保证人地位，这也促使学者们继续探寻实质性的理由。直到1959年，德国学者考夫曼从功能的角度出发，主张从义务的实质内容出发来说明保证人义务，将保证人区分为保证类型和监督类型两大类。目前我国部分学者也采用这样的分类①。不过该种分类归根结底也只是一种分类,与实质性并无太多联系。到底是什么人在什么情况下才有防止结果发生的义务,功能说只字未提。

另外,英美法系至今仍普遍采用形式说,而且,英国和美国的一些地方规定了见危不救罪,使得道德义务不能产生保证人地位的做法有所松动,存在作为义务扩大化的趋势。但是形式说无论如何增加与细化作为义务的来源根据,始终与实质说存在质的差异,无法解释生活中的所有保证人类型。

对于保证人地位的实质法理依据,迄今为止还没有一个受到普遍认可的见解。尤其是我国,由于没有相关立法,实务界在相关判例中也没有达成共识,该问题留给了理论研究很大的发挥空间。

第一节 实质义务论的诸说分析

一、因果论模式

因果论的逻辑基础,基本上仍然没有摆脱自然科学和实证主义的束缚。笔者在第二章中提到,不作为理论最开始关注的是因果关系,随后将重点转移到违法性,又转移到构成要件。自此之后,保证人地位与因果关系成为并列的要素。但是,以因果论为基础的先行行为,一直作为最稳定的保证人类型之一延续下来,甚至一些学说认为先行行为不仅是保证人地位的来源之一,而且是作为一个统一的上位概念,为所有的保证人地位提供实质根据。笔者接下来拟对这种因果论的进路进行讨论。

因果论的最初形式,带有原始的因因相循的色彩,催生了先行行为的作为义务。德国早期的理论并没有对其根据做出明确的解释,文献上的依据主要是习惯法。这种习惯法的内容是一种朴素的正义直觉,即所谓的因恶生恶、恶恶相循。② 前面有恶的行

---

① 张明楷. 刑法学 [M]. 北京:法律出版社,2011:155-156. 张丽卿. 刑法总则理论与运用 [M] 台北:五南图书出版公司,2015:425-427. 林钰雄. 新刑法总则 [M]. 北京:中国人民大学出版社,2009:536-539.

② 耶赛克,魏根特. 德国刑法教科书:总论 [M]. 徐久生,译. 北京:中国法制出版社,2001:721.

为，后续的不作为也是恶。这种自然的因果循环的思想，被德国学者卢登（Luden）进一步发挥，引申出不纯正不作为犯的可罚性依据：不作为与作为是否具有相同的行为无价值，要看不作为是否具有原因力。[①] 而以原因力这一标准来衡量，显然，只有先行行为最符合标准，它是导向最后的损害结果的因果链条上必不可少的一环。相反，因法律规定、契约等产生的义务，与损害之间缺乏自然的因果性。根据这种因果论的视角，只有先行行为引导出的作为义务类型才是最可靠的，而其他保证人类型由于不具有因果链条，反而被认为缺乏法理依据。应当认为，自卢登开始，以因果论为基础的先行行为说就已经表现出统一作为义务来源的雄心。虽然这种见解在当今的刑法学界并没有多大市场，但确实有学者有此主张，包括日高义博、黄荣坚和何荣功。

根据日高义博的主张，只有先行行为可以成为作为义务的来源。作为具有原因力，而不作为只不过是利用了既存的因果流程。为了消除二者构造上的差异，使不作为犯与作为犯具有构成要件上的等价性，要求不作为人在其不作为以前，自己设定向侵害法益方向发展的因果关系。[②] 黄荣坚也将危险前行为视为构成保证人地位的唯一理由。他认为，不作为如果要和作为构成相同的犯罪，那么行为人所欠缺的作为可以依赖另外一个作为来弥补。[③] 具体而言，黄荣坚的看法是，先行行为的场合下，不管评价行为的时间早一点还是晚一点，行为人都曾经积极介入自然世界而制造法益损害的危险，而且这个危险的制造最后也导致了法益损害结果的发生。认为此时不作为等价于作为没有问题，考虑的就是二者同出于一个行为人且在时间和内容上都具有紧密联系。质言之，制造危险的人必须控制危险。制造危险的人对于危险的控制处于保证人地位。而通说所承认的其他形式的保证人地位的理由与标准，实质上无法弥补不作为与作为因果原因上的差距，对保证人地位的判断也流于形式。何荣功认为，从因果关系的角度来看，等价性实际上是由于二者在因果进程中原因力相当。当法益侵害的结果是行为人利用自然现象、被害人的故意、过失或者第三人的故意、过失行为产生的危险所导致的时候，由于其分担了现实法益侵害结果的原因力，该种情况下的不作为就不能和作为等价。而只有基于自己故意或过失的行为使保护法益面临危险的不作为才可能

---

① Luden, Ueber den Tatbestand des verbrechens, 1840, S. 219ff. 转引自：车浩. 保证人地位的实质根据 [C] //公益信托东吴法学基金. 不作为犯的现状与难题. 台北：元照出版有限公司, 2015：207.
② 日高义博. 不作为犯的理论 [M]. 王树平, 译. 北京：中国人民公安大学出版社, 1992：111.
③ 黄荣坚. 刑罚的极限 [M]. 台北：元照出版有限公司, 1998：33.

作为等价值判断的资料。①

关于先行行为是保证人地位的统一性的实质根据，上述几位学者是少见的明确主张者。他们论证的纰漏之处在于，既没有为保证人的根据问题提供有说服力的答案，又混淆了保证人地位与等价性的问题。

首先，也是最主要的问题，是先行行为说本身难以完美地解释保证人地位。哪些是保证人，为什么只有这些人才具有阻止结果发生的防卫能力？顺着这个提问的方向去看，会发现先行行为说作为答案的说服力太弱。其中最大的问题就是这个答案的范围有时候太窄。理论和实践上都已经得到公认的众多保证人类型无法被划入一个先行行为的概念中进行解释。例如，警察与普通市民的救助义务、医生护士对住院病患的救助义务、配偶子女之间的救助义务等，在具体的场合下，很难说警察、医生和父母有什么先行行为，但是这些主体的保证人地位基本上不会被否定。另外，在大型单位或企业的不作为案件中，先行行为与之后的不作为经常会出现主体分离的问题，导致处罚困难。比如说，汽车生产公司在发现已出售的汽车存在安全隐患的情况下企图隐瞒真相，并未采取召回措施，也未告知消费者。这种行为当然要受到处罚。关键是处罚的主体要确定。现今的职场环境下，不仅是普通员工，即便是高级管理层也经常出现人事变动。由于时间间隔过长，项目启动实施的负责人与坚持不予召回缺陷产品的负责人经常不是同一个人。现实中处罚的当然是后者，但是后者却并没有先行行为，因为先行行为是由前者实施的。这样，按照因果论模式，就谁也处罚不了。② 在如今要求处罚位高权重者而非避重就轻的呼声愈发强烈的背景下，先行行为说无法满足这一要求。③ 同时，该理论有时又导致保证人地位的认定范围过宽。当把所有情形都归入先行行为的名下时，先行行为的概念也就无所不包了。于是，父母生育子女的行为是先行行为，警察上岗的行为是先行行为，护士入职的行为也是先行行为。这样一来，先行行为就成为一个包罗万象的概念，彻底失去了甄别功能。例如，司机刹车或者鸣笛

---

① 何荣功. 不真正不作为犯的构造与等价值的判断［J］. 法学评论，2010（1）：111.
② 岩間康夫. 製造物責任と不作為犯論［M］. 東京：成文堂，2010：95－96.
③ 也有学者认为，缺陷产品召回并不是直接负责人就产品的安全性对消费者承担的个人责任。生产销售是作为企业活动的一环实施的，是企业的先行行为。首先应明确企业的义务，然后再根据企业内部的实际情况来决定董事长及相关人员的义务。神例康博. ドイツにおける刑事製造物責任［J］. 松山大学論集，第15卷第5号：147. 但是这种企业组织体责任论存在以企业整体的责任代替个人责任的问题，本身是不值得提倡的。

的声音导致路边的行人受到惊吓,路人心脏病突发而倒地不起。司机有没有先行行为,有没有救助义务呢?如果答案是肯定的,那么公民的行动自由将极大地萎缩;如果答案是否定的,则为什么连生孩子和上班这样的行为都能成为先行行为,而与损害后果连接得更为紧密的刹车和鸣笛却不是呢?因此,仅仅就先行行为这一概念本身来看,它属于"一抓就死,一放就乱"的概念。有了严格的边界,则能够解释的类型就极为有限;边界一旦放松,则范围就无边无际再也难以控制。因此,先行行为这个概念充其量只能解释一种保证人类型,而无法成为保证人地位来源的统一解释。

其次,先行行为说的论者认为,先行行为本身就是一个蕴含了因果关系内容的等价物,有了它,不作为就能够与作为等价了。但是,这种观点是含混不清的。第一,以杀人罪为例,为什么一个不作为加上一个不限形式的先行行为就能够等价于杀人罪的作为形式呢?先行行为说只是反复陈述一个结论,而没有提供一个真正的理由。第二,笔者在第二章已经论述过,等价性是不能融入作为义务当中的。而先行行为说将先行行为不仅当作作为义务的来源,更将其作为等价的依据,混淆了作为义务与等价性这两个问题,不得不说存在疑问。

二、道德论模式

以道德来解释作为义务的发生根据,在我国这样的传统观念盛行的国家具有一定的市场。即使在理论界,也有学者认为,在特殊场合下,公共秩序和社会公德要求履行的社会义务也是作为义务的发生根据。[①] 不过,囿于法与道德相分离的命题,明确主张用道德主义来解释保证人地位的学者还是比较少见的,但这并不妨碍道德主义进路曾经的辉煌。在理论的发展过程中,很多学说都或多或少蕴含着道德论证的成分。仅仅依据法与道德要分离这个理由就否定道德主义进路这种做法是不明智的,也缺少充分理由,我们需要在对相关学说进行考察之后,才能最终判断道德这一实定法之外的重要规范能否成为作为义务来源的实质根据。相关学说包括基尔学派的整体考察法、信赖理论和危险共同体理论等。

(一)基尔学派的整体考察法

被认为开启了作为义务实质化浪潮的基尔学派,在整体性考察的方法论中无疑带

---

① 马克昌. 犯罪通论[M]. 武汉:武汉大学出版社,1999:172.

有道德伦理的色彩。其代表人物达姆（Dahm）和沙夫斯坦（Schaffstein）认为，法律素材绝非毫无规则、毫无定型的集合体，而是包含着可以提炼出各种规则、法规的生活规范，各种形成法律的前提事实本身就具有存在论的、伦理的以及社会的规范性和价值，并非完全价值中立。换言之，对各种法律概念而言，其前提事实并非仅仅是单纯的原料，而是隐隐地提供各种法律概念形成的方式，法律概念的形成原则上不过是照葫芦画瓢。基尔学派这种对法之素材及法之概念形成的观点，导致其舍弃形式的法律概念而在法之素材中寻求实质的法律概念，因而提倡本质且具体的考察，欲从社会的内部秩序或国家的风俗秩序中求取刑法的原理。[1]

具体到作为义务的来源这一问题，以上主张是如何具体操作的呢？对此，基尔学派提出了健全的国民情感这一判断标准。"健全的国民情感"这一概念，意味着解释者应当努力去理解和捕捉社会中一般国民对于犯罪人形象的通常想象，且这种想象必须是类型化的，能够常见于一般人的日常生活经验中。[2] 也就是说，就算按照实体法的规定，某人的某一行为完全符合某一犯罪的构成要件，但倘若无法确证这一行为符合依照健全的国民情感予以承认的典型的犯罪人形象，就仍然不能适用该条文。举一个不恰当的例子来说（这一理论本就与现行刑法观念多少有些不同），亲生儿子为使身患绝症的老父亲安详地离世而对其实施了安乐死，就算该国不承认安乐死合法，甚至在老父亲的承诺无效的场合，也可能不会认定儿子杀人，基本考虑就是儿子不属于一般人印象中杀人犯的形象。可以看出，此一学说的关键是在判断一个行为之前，要先在脑海中形成"哪些类型行为属于哪种构成要件"的观念，然后再将此观念代入具体情境中，对号入座。而且解释者心目中的典型行为人形象并不是依据个人喜好臆断的，而是要将自己代入社会中具有"健全的国民情感"的一般人身上，从一般人的立场进行判断。

至此，我们可以清楚地看出，健全的国民情感按照今天常用的概念来看，就是指社会的一般观念。在我国的司法审判中，虽然对规范的构成要件要素要由法官来进行解释与认定，但法官也要根据社会的一般观念进行判断。正如有学者指出的，规范的

---

[1] 许玉秀. 当代刑法思潮 [M]. 北京：中国民主法制出版社，2005：637-638.
[2] Dahm, Bemerkungen zum Unterlassungsproblem, ZStW59（1940），S. 173f. 转引自：车浩. 保证人地位的实质根据 [C] //公益信托东吴法学基金. 不作为犯的现状与难题. 台北：元照出版有限公司，2015：242.

构成要件要素的确定,虽然在终局上由裁判官判断,但不可忽视的是,裁判官应当将证人、鉴定人等的判断作为资料,代表一般市民对之进行确认,绝不是通过裁判官自己的恣意判断来创设它。① 这种观点与基尔学派的主张具有一致性。

接下来的问题在于,即使是具有健全的国民情感或社会一般观念的普通人,他对事物的判断也会有多个角度和思路,例如是否符合利益最大化的功利主义角度、是否符合某个目标的功能主义角度、是否符合正义观念的道德伦理角度等。在各种能被健全的国民情感所容纳的思考角度中,哪一种才是合适的? 此处便与前文提到的基尔学派的基本立场连接起来,即刑法的原理原则上应当自社会的内部秩序或者国家的道德风俗秩序中求取。总之,基尔学派的思想可以归结为解释者要依据社会一般观念进行思考,即像一个具有健全国民情感的社会一般人那样去观察,从是否合乎其眼中的社会内部秩序或国家的道德风俗秩序的角度,来决定一个人是否具有保证人地位。救助子女的父母、抢救落水者的救生员、看管自己宠物的主人等,这些人是否对受害法益具有救助义务,关键要看其是否满足社会中的道德期待和风俗秩序。显然,在这种针对保证人地位的"道德风俗秩序/健全的国民情感"的整体考察法中,特定社会中的一般国民所认同的道德伦理处于整个思考过程的核心。

(二) 信赖理论

信赖理论也是由基尔学派创始人之一达姆提出的。达姆认为合同并不是保证人地位的直接根据,合同背后的信赖和忠诚关系才是奠定保证人地位的基础。这一看法在当时得到学界和实务界的赞同,被延续下来并被一般化,即被害人与行为人之间存在一个信赖关系,它是构成保证人地位的理由。②

信赖原则受到了不少质疑之声,其中最有影响的当属许乃曼的批评。许乃曼认为,信赖原则混乱了因果关系,因为信赖关系的建立需要信赖基础,而能够提供有效基础的,只能是法律上的要求或禁止。所以,是先有了法律义务之后才能产生信赖,而不是因为有信赖才产生法律义务。③ 从许乃曼的论述中可以看出,他批判信赖理论的基本逻辑是:信赖关系的基础和前提是法律规范,信赖关系只能从法律规范及其强制力中

---

① 内田文昭. 刑法概要:上卷[M]. 東京:青林書院,1995:162.
② 唐子艳. 论不纯正不作为保证人的实质义务来源[J]. 湖北社会科学,2015(8):150.
③ 许玉秀. 主观与客观之间:主观理论与客观归责[M]. 北京:法律出版社,2008:315.

产生。一个从法律义务中引申出来的信赖关系，本身就是法律的衍生品和派生物，不可能再反过来为保证人地位提供实质根据。

但是，对信赖理论的这种批评是值得商榷的。探求保证人地位的根据，就是为那些在刑法上得到承认的作为义务进一步寻找实定法之外的实质性来源。如果当真如上述批评的那样，人与人之间的信赖关系的前提和基础是法律规范，那么源于实定法的信赖关系的确不能成为实定法之外的实质性根据。问题在于，信赖关系的前提和基础并非都是法律。举一个简单的例子来说，甲将自己的孩子委托给邻居乙代为看管两个小时，可两个小时过后甲没有回来。一般认为，两个小时之后，乙仍然负有看管的义务。如果按照批评的观点来解释的话，乙会担心如果抛开孩子不管会被追究责任，甲也是因为知道乙怕被追究责任而信赖乙。但是这种认为人看做是根据惩罚激励来采取行动的看法，是一种不谙世事的想象，可能并不符合实际生活经验。在绝大多数人的眼中，邻居之间相互帮忙，即使超出了约定的时间，多照顾一会儿也没什么大不了，这是一种很朴素的道德情感和交往习惯。反之，如果甲与乙一开始就订立一个严格的委托合同，那么乙可能一开始就会拒绝照管小孩，人们之间的信赖关系可能就根本不会产生。

笔者认为，法律只是信赖关系破裂后的补救或惩罚手段，它可能成为信赖关系的保障，但却不应该是信赖关系建立的基础。如美国学者尤斯拉纳所言，不能用强有力的法律武器创造出道德情操。国家的法律系统有效，或者国家的官僚机构运作良好，这些都不会使其公民更容易产生信任感。[①] 从信赖理论的视角来解释保证人地位，在涉及血缘亲情的场合比较容易理解，而对陌生人的信赖同样也是道德的信赖，这种对陌生人的信赖是一个社会最关键的基础。人们信赖与自己不熟悉的人，但是又不能把对陌生人的这种信赖建立在他们的可信性上，因为缺乏深入交往的经验，所以并不知道对方是否诚实，而只能假定对方是可以信赖的。[②] 这种信赖是一种普遍的信赖，它并不是信赖某个人或某些人，而是对社会整体的信任。

[①] 尤斯拉纳. 信任的道德基础 [M]. 张敦敏, 译. 北京: 中国社会科学出版社, 2006: 10.
[②] 更普遍的说法是，信赖的基础是乐观主义。乐观主义者相信他人与自己具有一些相同的价值观念，人与人之间虽然具有不同的政治和宗教观点，但是他们之间是相互连接着的，因而必须相互合作，同时也承担着相互的义务。因此，他们相信人们是值得信任的，至少大多数人是可信的。尤斯拉纳. 信任的道德基础 [M]. 张敦敏, 译. 北京: 中国社会科学出版社, 2006: 21.

如果人与人之间的信赖基础是道德而非法律，那么许乃曼的批评就没有命中靶心。按照信赖理论的观点，作为义务来源于社会生活中对他人实施一定行为的信赖。因为某人被他人所信赖，所以在特定场合，其有义务实施一些举措，以保护特定人的法益免受侵害。总之，信赖关系的背后是道德期待，这种道德期待塑造出了一个保证人地位，不履行保证人义务本质上就是一种背德行为。这就是从信赖主义出发，对保证人义务来源所展开的道德主义进路。

（三）危险共同体理论

在20世纪30年代，德国帝国法院首先创设了关于对危险共同体理论具有基础性意义的判决。在危险共同体中，保证人地位并不应当依赖是否存在着法律或合同中规定的保护义务（当时还是形式三分说的观点）。例如，医生对接到家里来的重病患者漠不关心，就会立即被作为不纯正不作为犯处以刑罚；又如探险队队员或登山爱好者在本队成员陷入困境时，就负有救助义务。帝国法院不仅确立了危险共同体成员具有保证人地位这一结论，而且对于为什么能够产生保证人地位列出了理由，那就是人们普遍负有对身体和生命进行照顾的道德性义务。法院在相关判例中指出，对那些面对外部世界处于一个紧密联系的生活共同体中的人们来说，就像那些处于家庭或者共同生活之共同体之中的案件所习惯的那样，道德的义务是能够成为法律义务的。①

有学者对此批评说，从道德义务引导出保证人义务，与德国刑法典第13条字面规定的在"法律"上承担责任的要求不吻合。并且德国在1962年刑法典草案的立法说明中明确写道："对于阻止一种有威胁的结果，那种单纯的道德性义务也是不够的。"在法定的义务都不能立即确立保证人地位时，一项道德义务又怎么能够做到这一点呢？②但是，这种说法是不恰当的，它是以这样一种错误的观念为前提，即法律义务与道德义务之间存在明确的界限和位阶，因此才会有类似举重以明轻的逻辑——连法律义务都不一定能引导出可罚性，道德义务就更不能了。实际上，法律义务和道德义务经常出现交叉和重叠的情形，二者之间不存在孰轻孰重的位阶差异。一个严重违法的人，可能在道德上并不会受到多大谴责；反之亦然，一个在道德上被认为是令人失望至极

---

① 罗克辛. 德国刑法学总论：第2卷：犯罪行为的特别表现形式［M］. 王世洲，等译，北京：法律出版社，2005：536.
② 罗克辛. 德国刑法学总论：第2卷：犯罪行为的特别表现形式［M］. 王世洲，等译，北京：法律出版社，2005：539.

的行为,可能在法律上无可指责。何况,在不纯正不作为犯的场合,是在没有明确规定的刑法义务的前提下去寻找根据,此时,批判者拿来与道德义务作对比的法定义务,不过是民法和行政法上的义务。这种更轻程度的义务,就更不能与道德义务之间形成什么递进式的推理关系了。

针对道德主义进路,学者们最为担心的恐怕就是法律与道德的分离这一命题。道德与法律之间的关系甚为复杂,本书不打算详细阐述,但是笔者认为,至少在保证人地位这一问题上,这一命题不能成为狙击道德主义进路的有效武器。这是因为,在纯正不作为犯场合,相关分则条文已经表述得很明确,此时当然不能也没有必要越过这些法律义务再去寻找道德义务。面对不纯正不作为犯,问题出现了,为符合明确性原则的要求,必须要找到一个统一、准确、合理的作为义务判断标准。而道德伦理无疑是一种超法律的实质性的根据,而且是最为基础的根据。

但是从其他角度来看,道德主义进路却未必能取得成功。道德主义进路要想得到认可,至少要满足一个基本前提,社会的道德体系已经形成了比较稳定的位阶结构。以信赖理论为例,落水儿童对父母和路人可能都有信任,但是这种信赖程度显然是不同的,层次上必须要作出明确的区分。只有达到这种要求,才能解释为什么父母对子女有救助义务,而路人却没有,因为对路人的不作为的道德评价,尚没有达到与父母的不作为相同的评价层级。如果一个社会没有形成这种结构稳定、层次分明的道德体系,就无法为确定保证人提供明确的根据。

处在急剧转型的我国社会并不能很好地用道德模式来作为保证人地位的实质性解释。工业化、信息化和城市化的进程导致传统的信赖模式正在逐渐失效,而新的信赖模式还在形成,加之各类社会问题凸显,阶层分化严重,信仰多种多样,在这种情况下,社会不仅缺乏一个层次分明的道德体系,就连道德内容本身,也常常难以达成共识。故此,作为一种只有在近乎理想的环境中才能发挥作用的道德主义进路,可能会在某些具有稳定结构的小国或小型社会中得到证实和运用,但尚不适用于现阶段的我国社会。

三、支配论模式

排他性支配说可以说是现在比较流行的观点。需要说明的是,该理论源自事实承担说，二者在时间轴上是一脉相承的。①

西田典之是这种模式理论的代表性学者，他认为对因果流程的排他性支配是保证人地位的发生根据。不作为者应当做到在不作为的时间点将因果流程掌握在自己手中，基于自己的意思而获得排他性支配，如基于契约关系而照顾婴儿的保姆或接收了前来看病的病人的医生等。有些情况下，获得排他性支配有可能并非基于自己的意思。比方说，别墅主人出门时发现自家院子里躺着一位昏迷的受伤者，考虑到庭院禁止他人入内的事实，也可以说主人对伤者具有排他支配。可是该支配不是源自房主的意思，而是被动承担，对此也要求作为义务是不妥当的。对此种场合应称为支配性领域，作为替代支配意思的东西，"像亲子关系、建筑物的管理人、所有人这种承担基于身份关系、社会地位而产生社会生活上的继续保护或管理义务"这一规范性要素是必要的，即只有存在安全保护等社会持续性保护关系时，才能考虑保证人，如政府工作人员在单位大厅发现弃婴的场合、对于刚刚出生的婴儿不予哺育的场合等。②

北川佳世子同样持排他的支配说，但和西田典之不同，她特别强调支配的事实性。尤其在产品责任领域，北川从此维度出发，论证了产品制造者之于流入市场甚至个人手中的缺陷产品仍具有相关义务。制造者一旦将商品投入市场，比如交易给零售商或下游行业，表面上看确实丧失了时空维度层面的管控，但完全否定其作为义务又不妥。为解决这一不合理结论，一种观点转向规范角度，认为只要存在对应的法律或行业惯例，同样可以肯定生产者具有保证人地位。对此，北川佳世子认为，从规范的观点来看行为人对某一法益负有保护义务，这不过是"规范的"支配性而已，无法为保证人地位奠定基础。即使从事实层面来看，支配性也并未完全丧失。在现代的生产制造业

---

① 事实的承担说主张，为了将伦理的要素排除出作为义务，应当重视的不是不作为者与被害人之间的关系，而是不作为者与遭受危险的法益之间的关系。只有当不作为者对法益保护存在事实上的承担、不作为者与法益存在紧密联系的时候，才能肯定行为人具有保证人地位。而是否存在事实上的承担取决于以下三个条件：第一，为了实现法益的维持和存续，启动了与结果存在条件关系的行为；第二，法益维持、存续行为的反复继续性；第三，确保对法益的排他性。事实的承担说的前两点要求受到广泛批判。就第一点而言，就算行为人在设定排他性的时间点根本没有救助法益的意思，单凭法益与行为人之间的密切关系也能够肯定行为人具有保证人地位。而对于第二点，法益维持、存续行为的反复继续性的判断标准不明确，而且即使保护的承担只是一时的，也足以成为作为义务的发生根据。但事实的承担说的第三点"对法益的排他"，却成为排他性支配说展开的起点。堀内捷三. 不作為犯論：作為義務論の再構成 [M]. 東京：青林書院新社，1978：254. 西田典之. 不作為犯論 [C] // 芝原邦爾ほか. 刑法理論の現代的展開：総論 1. 東京：日本評論社，1988：88–89.

② 西田典之. 日本刑法总论 [M]. 2 版. 王昭武，刘明祥，译. 北京：法律出版社，2013：106.

中，生产者对商品进行着从设计到售后的全程监控，并且对相关市场也具有或大或小的影响力。因此，就算商品被销售单位或个人购买并交易、使用多年，也不影响生产者之于其所制造的产品的事实支配关系。当其发现产品存在的漏洞或问题时，就理应采取召回等措施。事实的支配为这种义务履行提供了更为充分的理论支持。①

除了对"支配"的认识不同以外，排他性支配说受到的最有力的批判就是排他的要求。一般认为，这一要求是以单独正犯为蓝本提出的标准，完全忽视了共犯的场合，因而失之片面。比如说，家人共谋将孩子置于家中不管，导致其饿死；又如三人共同管理的化学品出现泄漏，三人知道后谁都没有进行抢救，导致大面积污染。像这样的例子，全部行为人构成犯罪是没有疑问的，但这却不是排他支配说能够得出的当然结论。只要肯定其中一个行为人为保证人，那么剩下的人就没有了排他性，难以认定为是在犯罪。甚至说不必是共犯关系的场合，只要客观上存在数个相关主体，排他性就是不存在的。②

与以上观点不同，山口厚认为，排他的支配说将掌握结果的因果趋势作为问题，出发点是正确的。可就算是作为犯也明显不要求直到最后结果发生也一直完全地支配因果流程。因此，比起像排他的支配说那样将因果经过的支配作为问题，倒不如将有无引起结果的支配，更进一步说有无结果原因的支配作为问题更为合适。因此，应当认为，排他性并不是必须的要件，能够肯定不作为者对结果原因的支配，换言之，能够肯定不作为者对于不发生结果是有责任的、有依存关系的即可。③ 另外，其和西田典之都是将保证人的类型分为对特定法益有保护的义务和对特定的危险来源有监督的义

---

① 北川佳世子. 製造物責任をめぐる刑法上の問題点：ドイツ連邦通常裁判所の皮革用スプレー判決をめぐる議論を手掛かりに [J]. 早稻田法学, 1996, 71 (2)：200-201.
② 对此批判，林干人提出，"排他性"并不是指现场除了行为人以外客观上再没有可以实施救助的其他人存在，而是指现实上可能有救助法益意思的人，除了行为人以外别无他者。在共犯的场合，例如交通肇事后决定将被害人拖进车内逃逸的不是一个人，而是两个人共同实施的。对每一个行为人而言，他旁边的那个人并没有救助法益的意思，有的恰恰是侵害法益的意思，因此对每个人都不能否定"排他性"的存在。林幹人. 共犯と作為義務——最高裁平成1774決定を契機として [J]. 上智法学論集, 2006, 49 (3, 4)：55. 但是这里存在一个逻辑矛盾，既然以对方没有救助意思为由肯定己方具有排他性，就说明对方没有排他性。反过来看，从己方没有救助意思又推出对方有排他性，不得不说是有问题的。既然事前过失地造成事故，就应当认为二人是基于自己的意思支配着脆弱法益。我们只能说二人作为整体具有排他性，但无法将排他性分化到个人层面。
③ 山口厚. 刑法总论 [M]. 付立庆, 译. 北京：中国人民大学出版社, 2011：89.

务，这应该是受考夫曼的机能二分说的影响。① 但二分说的分界线并不完全精确，亦即会有跨越两种类型的情况。比如说工厂厂长以及相关专业人员有义务每日亲临高危车间厂房检查职员的工作环境与作业情况。这从职员的角度来看，是在履行保护义务；而从厂房容易出现危险这一点来看，则是承担了监督义务。把上述这样的行为归类为保护义务或监督义务，笔者看不出有什么区别。

笔者认为，考虑到共犯和多人不作为等场合，排他性要件的确不应当存在。但是不仅是排他性，支配概念也存在不小的问题。首先"支配"和"义务"两个词本来就是互相对立的，由其中一个难以推导出另一个。前者代表的是能力，而后者代表的是不自由。通俗地说，从"我能……"推导不出"我必须……"，平时人们经常说的"能力越大，责任越大"应属于道德要求，在法律层面没有适用的余地。其次，按照支配理论，一个不作为者之所以成为保证人，西田典之认为是由于不作为者将正在发生的因果流程掌握在自己手中。黎宏也同样认为，这是因为不作为者已经具体地掌握了结果的因果流程，即不作为者具体、现实地支配着这种能够引起结果发生的因果关系。② 可是这种表达的含义，难道不是在说这个不作为既有作为可能性，同时其不作为与结果之间的关系，也符合因果关系的判断吗？在这样一种支配论模式中，论者在宣布保证人地位成立的同时，就等于宣布了作为可能性与不作为因果关系的成立。③ 这样，在保证人地位判断之后，再判断作为可能性和因果关系，不过就是走过场而已，因为所需要判断的工作已经被保证人地位的判断完成了。

另外，与机能二分说相似的还有许玉秀所提出的开放和闭锁的关系说。开放和闭锁关系说将保证人义务分为防止犯罪的义务和保护法益或排除侵害法益来源的义务。就第一种类型而言，究竟什么人有防止犯罪人侵害法益的义务，应视义务人和犯罪人之间的关系对法益而言是否有意义而定。有意义，也就是该关系是为保护受害法益而存在。如果该关系的存在并不在于保护受害法益，则无犯罪防止义务可言。前者等于是对法益的开放关系，后者被称为闭锁关系，故应当以开放关系决定犯罪防止义务。根据这个判断标准，属于开放关系者，包括父母对未成年子女的关系、监护关系、国

---

① 山口厚认为，在与不作为的关系上理解法益侵害的过程，可以分为两种情况，即"由于不适当的措施而导致因潜在的危险源产生或增加了危险，并且危险向结果现实的转化"的场合，以及"使容易受侵害的法益的脆弱性表面化，使侵害的危险增大，该危险现实化为结果"的场合。
② 黎宏. 刑法总论问题思考 [M]. 北京：中国人民大学出版社，2007：148.
③ 笔者认为，作为可能性是作为义务的前提，而非并列的要素，对此后文会有论述。

家的强制关系等。至于夫妻关系，则是为各自利益而缔结的，不是为了其他法益而建立的关系，因此对于其他法益而言是闭锁关系，不能产生相互防止犯罪的义务。就第二种类型而言，对该理论必须做相反的理解。当不作为人和法益处于闭锁关系时，必须为捍卫法益而对抗来自任何一方的侵害，其中典型的就是家庭关系。可见，父母对子女的关系具有双重性质，既是开放关系也是闭锁关系。至于子女对父母的关系，则全然是闭锁的关系。因自愿承担义务而生的关系，除非所缔结的约定完全针对公益，否则也是闭锁关系。另外，在防止危险源侵害法益的场合，为寻找闭锁关系，不能在法益和行为人之间寻找，而要在危险源和行为人之间寻找。监督危险物或产品的工作，在这里应当解释为负有保护危险物或产品的义务。据此，传统二分说所承认的两种保证人类型的法理基础，都是建立在闭锁关系上的。[①]

许玉秀认为，应当以行为人与法益之间的关系以及行为人与法益侵害来源的关系来决定是否存在作为义务。当行为人和对方"发生关系的目的"就在于保护法益或抑制法益侵害来源时，存在闭锁关系或开放关系，即有作为义务。此观点从实质的角度去探寻刑法与刑法之外社会关系的整合可能，具有一定的参考价值。然而并非只要发生关系的目的在于保护法益，刑法对于该关系就必须支持。相反，必须从刑法之法义务本质的角度思考，来决定支撑该关系的正当性。换言之，应当通过一个规范性标准，在众多目的在于保护法益或防止法益侵害的关系之中筛选出刑法上的适合者。

另外，该说很明显是从考夫曼的机能二分说承袭而来。依照许玉秀的说法，机能说的分类提供了两个观察重点，即社会功能地位和法益。[②] 雅各布斯从社会功能关系的角度出发，提出了组织管辖和制度管辖的分类说，这里的"组织"可以理解为社会运作领域，而非具体的机构或空间。而该说首先则从法益观点出发，认为有两种法益，一种是针对特定人的法益，一种是针对每个人的法益。其次再选择对法益有意义的功能关系。但是该说在实质上的解释力令人质疑。按照该学说的观点，如果一种关系是为保护法益而存在的，则会产生开放关系，具有防止犯罪的义务。但是再向前推，这

[①] 许玉秀. 当代刑法思潮 [M]. 北京：中国民主法制出版社，2005：750.
[②] 许玉秀认为机能二分说中的保护法益类型体现了"法益"这个重点，而监督危险源的类型则体现了"社会功能地位"这个重点。如果从社会功能关系着眼，则保护法益类型也是建立在社会功能关系上，只不过从功能说的分类当中可以将社会功能关系归纳为两种类型，一种属于为延续人类生命这种自然事实而生的身份关系，另一种属于为了维护社会秩序、因规范的目的而建立起来的功能关系。许玉秀. 刑法的问题与对策 [M]. 台北：春风煦日编辑小组，1999：114.

种关系为什么是为保护法益而存在的，则没有说明。此外，无论是监督危险源的保证人地位还是监督人的犯罪防止义务，它们不都是与"针对每个人的法益"有关吗？故笔者认为，将犯罪防止义务独立分出来没必要。对此，许玉秀认为，犯罪行为人不是危险物，人只有在犯罪时才制造危险，在其他时点不能被看作潜在的危险源，更何况有防止义务的人并不能像支配危险物一样支配行为人。但是这种观点可能无法套用在具有持续攻击性的严重精神病患者身上。好比一只看似温顺的大型宠物狗，在没有咬伤人时也可被看作潜在的危险源，主人对其也存在支配。对于能够实施犯罪的行为人而言，这不应有所不同。而如果这一结论成立，那么行为人与法益之间以及行为人与侵害法益的来源之间的闭锁关系，完全决定了保证人地位的有无。比起对于法益无助状态的支配和对于危险来源有支配这种二分的概念，单一的闭锁关系的概念真的比机能二分说更清楚吗？

第二节　作为义务论的新晋理论

虽然排他的支配说为众多学者所主张，成为作为义务论中的显学，但是通过上述分析可知，其问题也是层出不穷，能否成为普遍适用的判断标准还有待商榷。当然，一部分学者致力修正完善该学说，而另有一些学者则放弃这一思路，转向其他新的角度来归纳保证人地位的实质来源。

一、效率性说

首先来论述一下镇目征树的效率性说。镇目征树指出，复数人都有可能避免结果发生，把复数人全都处罚，会导致过度制约国民自由。因此，有必要对主体进行选择。仅仅是可以最有效地防止法益侵害发生的人，才可能被赋予作为义务。并且，同支配性领域一样，为了不使效率者被动地强制性地接受义务，必须存在的情况是，在结果发生的危险和行为人之间存在着行为人可以让他人介入的可能性减少这种关系，且行为人基于自己的意思接受了上述关系。[①] 可见，这种观点是想提出一个具有事实性、实

---

① 鎮目征樹. 刑事製造物責任における不作為犯論の意義と展開 [J]. 本郷法政紀要, 1999 (8)：354.

质性内容的标准。

　　就与结果的因果性而言完全相同的多个不作为者中,为什么只有特定的不作为者被要求采取措施,这一点是需要解释的。本来,实施被期待的行为,结果就能被防止,这样的关系一旦确定,就完成了构成要件层面最重要的判断步骤(在大部分情况下,说这个时点客观面的判断已完了也不为过)。只有不纯正不作为犯场合,因为还要更加限定主体,使得理论上出现难题,即必须明确作为义务者被特定出来的理论依据。

　　作为义务要件是刑法谦抑主义精神与法益保护目的相平衡的产物。虽然处罚不作为犯是现实需求因而势在必行,但必须予以限制,且在认定保证人地位时必须做到以下三点:一是必须要参照平等主义这一先决条件;二是要从客观方向出发,尽可能使判断标准清晰具体;三是不考虑与刑法目的无关的要素。满足上述要求而被选定的行为者,即在法益危殆化的场合,必须遵守命令规范、负担义务的行为者,一定是行为成本最小的那一个,镇目征树称之为效率的主体。只有这样的主体才可能具备保证人地位。

　　另外,在能够肯定效率性的具体场合,从与被要求采取的行为关系出发,将其判断类型化是可能的。在譬如冲入火场救火这样只需实施物理性措施的场合,要通过与应救助法益的距离、行为人自身能力、是否具有为采取措施而必要的情报等因素来判断。与之相对,在回避措施是以社会权限的行使为内容时,要以社会的观点来判断效率性。还有就是,在上述两种情况组合出现时,效率性的判断也要综合考察。

　　虽然基于效率性这一点确实可以限定住保证人的范围,但还是留有疑问,这主要表现在对行为人自由的过度侵犯上。虽然在充斥着各种危险的现代社会,法律不得不在一些时点命令国民为特定行为,而这也确实剥夺了行为人当时对其他行为的选择自由,但这种事中被剥夺的自由至少要在行为时点以前被保障。也就是说,至少在事前,必须保证行为者在担任效率者这一点上是自由的。通俗地说,既然是行为者自愿处于效率性最高的地位,那么在发生特定情况时,其就必须心甘情愿地承担特定义务。

　　用该学说来分析社会上多发的肇事逃逸案件。首先,在单纯逃逸的场合,虽然在行为发生的时点能够肯定效率性地位的情况很多,但是"以自己的意思设定难以期待他人介入的状态"这一点在事前却得不到承认,因此应否定保证人地位。与之相对,若行为者一旦采取诸如将被害人置于自己车内或放置在人迹稀少的场所等措施,那么"使自己成为最有效率的人,从而使他人介入可能性减少"这一状态就是其自己选择的。同理,镇目征树认为,在交通事故发生之前的时间段,在能够停住车的距离段发现前方的行人，却故意不踩刹车造成结果的，构成不作为杀人。因为在认识到可能会导致结果的时点，行为人同样是自由地使自己成为效率者。①

该理论无疑摆脱了支配和排他的束缚，承认了非排他性场合多人的保证人地位。但是，作为一种新兴学说，它本身的问题也不少。

首先，"效率性"并不是刑法学中固有的用语，将其用于保证人的认定是否合适，不无疑问。将责任交给效率最高的主体承担的设想，是成本收益衡量的经济学上的主张，与刑事责任不融合。即使行为主体效率性并非最高，但从刑法上预防与因果的观点来看应当由他来承担结果回避义务，这种情况也是完全可能的。②镇目征树为了追求法律之下的平等性、明确性，排除与刑法目的无关的伦理道德，才提出以"效率性"作为判断标准。但是偏离刑法理论，以效率优先这种经济学理论为标准确定保证人地位，始终无法令人接受。③

其次，效率性说本身所追求的清晰具体的判断标准这一目标也未必能够实现。虽然镇目征树对其进行了类型化分析，但只能说其类型化得还不够，或者说在抽象层面上也只能走到这一步了。现实中的情况纷繁复杂，要考虑的事情有很多。具体案件中，究竟谁对于保护法益最有效率，可能会存在数个行为人旗鼓相当的局面，那么结论可

---

① 镇目征树教授还特别就产品刑事责任问题用效率性说进行了说明。在刑事产品责任的事例中，结果回避措施表现为产品召回，与其他主体相比可以最有效地（低成本地）采取召回措施的人就会具有保证人地位。具体来说，效率性判断主要应该考虑对产品危险性信息的掌握程度、对产品流通渠道的掌握程度，以及决定采取召回措施的具体权限。即使产品已经脱离了生产企业的物理性支配领域，到达了零售商或者消费者手中，由于后者并不了解产品的危险性，拥有最高效率性的还是生产企业的负责人。而且采取结果回避措施的最高效率性也不需要严格意义上的排他性。当存在效率性程度相同的复数主体时，可以同时肯定他们都存在保证人地位。比如说，当监督主管机关通过生产许可、技术指导等行政职能的履行，对有关产品危险性的信息有所了解时，行政机关内部掌握着产品危险信息的负责官员就和产品销售企业的内部人员一样，在危险信息的掌握程度上不存在差异，在效率性上也就不存在不同。此时如果该行政官员对发出召回命令也拥有事实上的权限，就应当肯定他具有采取结果回避措施的高效率性。而在刑事产品责任中，行为选择自由的事前保障，是指行为人基于自己的意思就任对产品安全性信息进行集中管理的地位。由于信息的集中管理，不仅外部消费者，连企业内部的一般员工也难以了解产品安全性信息，导致将来产品危险发生时，在行为人与缺陷产品之间，其他主体介入救助法益的可能性减少。行为人自愿就任安全信息的集中管理地位，就意味着他选择了在将来产品危险性显现时立于效率性最高的地位，并没有被剥夺事前选择的自由。鎮目征樹. 刑事製造物責任における不作為犯論の意義と展開[J]. 本郷法政紀要, 1999 (8): 366-367.

② 島田聡一郎. 不作為犯[J]. 法学教室, 2002 (263): 116.

③ 北川佳世子. 欠陥製品回収義務と刑事責任[C]//斉藤豊治ほか. 神山敏雄先生古稀祝賀論文集: 第1卷. 東京: 成文堂, 2006: 196.

能就见仁见智了。这样,效率性就起不到限定主体的作用。

最后,镇目征树对"行为事前选择的自由"这一点的理解过于看重行为人的主观面,可能会导致对保证人限定得过紧。就以上文提到的肇事逃逸场合来说,为什么单纯逃逸的没有保证人地位而将被害人隔离的就不同呢?二者的区别在于前者的先行行为(驾车撞人)是过失的而后者的先行行为(将被害人隔离)是故意的。但若认定过失场合就否定事前选择的自由,那恐怕所有的过失犯都不可能构成事后的不作为犯。诚如李立众所说,因逃逸致人死亡的最高刑为十五年有期徒刑,如果将此情况理解为"过失致伤+不作为"杀人,考虑到不作为的处罚应轻于作为,故其与杀人罪的法定刑还是均衡的,但是如果否定作为义务,将该情况仅理解为是过失致死,则过失致死罪(最高七年有期徒刑)与"因逃逸致人死亡"(七年以上有期徒刑)的法定刑就是不均衡的。笔者认为,只要行为人没有被欺骗或强迫以及其行为不属于无过失的情况,就不应否定其自由性。

二、依存的设定说

依存的设定说由齐藤彰子提出。在作为义务根据的一般原理上,她认为,法益保护对不作为者的依存性是不作为者承当结果阻止义务的根据;但却没有必要像事实的承担说那样,一定要存在行为人现实地承担了法益保护的事实才能肯定依存关系,也没有必要像排他的支配说那样,将事实上有可能实施结果阻止行为的主体限定为不作为者一人。[1]

一方面,事实的承担说的根本问题在于将依存和承担仅局限在事实的、现实的层面,而不承认规范层面。当然,行为人对法益维持行为的反复继续,会使他人产生行为人继续保护法益的信赖,客观上起到排除他人介入干涉的效果,于是形成了法益保护对不作为者的依存性,这是依存性产生的典型形态。但是,排除他人介入被害法益的可能性,并不一定非要以实际的法益维持行为的反复来实现。具体来说,基于不作为者与被害人之间存在的密切关系,同样可以引起其他人对不作为者实施法益维持行为的信赖。例如,母亲对刚出生的婴儿未予任何保护,即使存在多数有能力实施救助的人,基于母亲对自己婴儿的特殊关系,作为的期待也只专门指向母亲一人。不仅是

---

[1] 齊藤彰子. 進言義務と刑事責任 [J]. 金沢法学, 2002, 44 (2). 转引自:曹菲. 监督管理过失研究:多角度的审视与重构 [M]. 北京:法律出版社, 2013:177.

与法益的身份关系，对威胁法益的危险源的支配、拥有应对危险的优越的知识、伴有法益保护义务的社会地位等，也可以引起依存性。

另一方面，作为义务的前提也没有必要达到事实上的排他的支配。当应处于作为地位的人有数人存在时，对他们每一个人都没有理由否定作为义务。总之，正因为是不作为者法律才期待他作为，法益保护的依存性也可以因规范的要素产生。而只要不作为者是基于自己的意思居于法益保护依存性的地位，就应当承担相应的法益保护义务。也就是说，被害法益的依存性必须是行为人自己做出的，是行为人排除了其他主体保护法益的可能性。仅仅因为行为人是能够实现结果回避的唯一人选，还不足以形成保证人地位。

齐藤彰子在讨论公务员的不作为时指出，公务员在履行职责回避结果时需要专门的信息和特别的介入权限，而国家却没有将这样的信息与权限赋予一般国民。国家就通过自己的信息集中和权限独占，排除了其他主体保护法益的可能性。① 举例来说，警察对取缔犯罪的保证人地位来源于国家对权力的独占。由于法秩序原则上禁止私力救济，个人对自己法益的保护可能性受到相当的限制，而警察被赋予了非常广泛的介入权。国家为了填补一般国民在自我保护可能性上受到的限制，通过警察履行国家的保护任务，警察就因此获得了保证人地位。

在讨论药害艾滋病毒（HIV）案②中厚生省主管公务员（生物制剂课长）对防止药害的保证人地位时，首先可以肯定国家对确保医药品的安全负有责任，而作为被害人的一般国民无法依靠自己的力量实现法益保护目的，其对医药品的危险处于无保护的状态。而且也不是所有医生都对药品的安全性掌握着充分的信息，他们在信息缺失的情况下无法作出正确的判断。制药企业作为医药品的生产者、销售者，最早得到有关安全性的报告，对采取结果回避措施负有第一位的责任。但制药企业说到底还是以营利为目的的经济实体，与医药品的安全性相比会优先考虑如何减少企业的损失。依靠医生和制药公司回避危险是靠不住的。当无法依靠私人的保护机构实现结果回避，涉

---

① 齊藤彰子. 進言義務と刑事責任［J］. 金沢法学，2002，44（2）. 转引自：曹菲. 监督管理过失研究：多角度的审视与重构［M］. 北京：法律出版社，2013：178.
② 本案案情大致如下：20世纪80年代，日本医院普遍使用一种非加热制剂来治疗血友病患者。由于从美国进口的原料受到艾滋病毒感染，导致制造的非加热制剂中大部分都含有艾滋病病毒，造成多名患者感染。使用非加热制剂的帝京大学附属医院、制剂的生产销售企业绿十字公司和行政主管机关厚生省均被起诉。这其中，认定制药公司的负责人以及厚生省生物制剂课长的罪责都是通过不作为犯理论来完成的。井田良. 変革の時代における理論刑法学［M］. 東京：慶應義塾大学出版会，2007：159-160.

及高度专门性的危险在广大范围内发生时，国家作为最后的保护屏障，为了弥补国民的无保护性，应承担阻止危险任务。此外，国家也为阻止危险的实际履行设置了专门机关，赋予其有强制力的介入权限。这就是厚生省负责公务员的作为义务发生的根据。

笔者认为，该说将作为义务的根据从支配的观念转向依存的概念具有一定的合理之处，但是，其具体内容上尚存在一定的瑕疵。首先，确实依存性不一定非要以实际的法益维持行为的反复来实现，但是通过纯粹的规范性要素能否肯定依存性则存在疑问。比如说，倘若上例中的母亲刚刚生产完毕，身体极其虚弱，无力照顾婴儿，还能肯定其作为义务吗？笔者认为，依存性的认定应该尽量以事实为基础，即在判断依存性时应当考虑行为人究竟能否胜任具体的义务（如后所述，笔者认为作为可能性是保证人地位认定的前提）。其次，正因为是不作为者，法律才期待他作为，这一观点明显存在循环论证的嫌疑，并且依存关系并不必然会排除他人介入被害法益的可能性，只是可能使他人介入的机会减小。上例中的母亲不去救助婴儿并不会排除他人对婴儿进行救助，母亲并不是能够实现结果回避的唯一人选，之所以她会成为保证人主要还是因为她是基于自己的意思居于法益保护依存性的地位，这一点齐藤彰子也提到过。

三、法益保护依存状态的自我创出说

依曹菲的观点，作为义务的实质根据在于法益保护依存状态的自我创出。具体来说包括两个要件：法益保护对不作为者的依存状态，这种依存状态是不作为者自己形成的。[①] 笔者认为，该说较依存的设定说更为合理，理论体系也更为完善。

如前所述，主张坚持排他的支配为标准的学者为了对共犯场合以及二人以上存在支配的场合的作为义务进行合理说明，将排他性要件朝着缓和的方向解释。但这恰恰说明排他性要件本来就是不必要的。修正观点所要求的排他性都不是可以或者应该采取结果回避措施的，除了行为人之外别无他人。这种意义上的排他性，是指现实上可以指望实施法益救助的只有行为人一人，或者虽然不是一人但也非常有限，法益的命运就掌握在这非常有限的人手中。如果他们不去救助法益的话，法益主体就会陷入无保护的状态。而此时如果还存在信息的集中管理、权限的独占等情况，可以认为法益主体的无保护状态、依存状态是这些十分有限的主体自己创出的，此时就应该肯定其具有保证人地位。将这一思路概括起来就是：法益保护对不作为者的依存性及依存状

---

① 曹菲. 监督管理过失研究：多角度的审视与重构 [M]. 北京：法律出版社，2013：181.

态的自我创出，和排他性、支配等概念并没有多大关系。

另外，因为无法忍受排他性要件的苛刻性和支配概念的不明确性，上文提到的镇目征树和齐藤彰子等学者所提出的新理论，基本上都与法益保护对不作为者的依存性以及依存状态的自我创出这两点存在重合之处。

镇目征树提出以效率性和行为选择自由的事前保障作为保证人地位的发生根据。这一新标准提出后因为效率性的用语包含浓烈的非刑法色彩，成了批判的焦点，但是隐藏在扎眼用语下的判断标准的实质内容却没有受到真正的关注。效率性，是指其他主体采取结果回避措施的效率低，相比之下行为人采取结果回避措施的效率高，在此意义上"能够有效采取结果回避措施的人是相当有限的"。而"行为选择自由的事前保障"，是指行为人基于自己的意思处于承担对法益的保护的地位，由此形成了在结果实现的危险与行为人之间其他介入的可能性减少这种关系，而行为人对此也表示接受。

齐藤彰子认为，公务员的义务发生根据在于，考虑到国家对权力和信息的独占以及法益主体的脆弱性等各方面的情况，当依靠法益主体自身或其他私的保护机构难以实现保护法益的作用时，为了填补"国民的无保护性"，国家设置各种有权限的公共事务机关，来承担对法益的保护。其他主体由于信赖公共机关会妥善保护法益，自己就不再提起注意了。也就是说，国家通过公共机关的设置，制造出国民对公共机关的依存性，排除了来自其他主体的保护可能性。①

通过上述分析可以看出，无论是通过柔软的解释继续坚持"排他性支配"标准的学说，还是超越排他的支配学说所建立起来的新标准，在作为义务的发生根据上重视的其实都是一样的，即重视现实中可以指望采取结果回避措施的人非常有限这种状态，以及这种状态的自我创出。二者的差别仅仅在于是否称这种状态为排他的支配而已。②

在我国曾发生船主对游客见死不救被判故意杀人罪的案件。被告人吴某在黑龙江省宾县二龙山旅游风景区经营水上脚踏船，于1998年5月30日6时许将3条双人脚踏

---

① 笔者认为，这种思路基本上是正确的。国家通过设置有权限的公共机关制造了国民对自己的依存性，这一点固然不错，但"排除其他主体的保护可能性"却是大可不必。设置有权限的公共机关这种制度设计的本来意义就在于，在第一位的私的保护主体之外为国民提供重叠性的保护。排除第一位的责任主体的保护可能性根本就无从谈起。
② 需要补充的一点是，依存状态的存在和该状态的自我创出，看似是两个平等的要件，但作为作为义务主体的选出机能，主要发挥作用的是后者。因为"现实中可以指望采取结果回避措施的人非常有限，能否实现法益保护就依赖于他"这种状态，是任何一个不作为案件都可能出现的情况，仅靠这一点并不能起到对作为义务主体进行限定的作用，但对作为义务的发生而言却是不可或缺的。

船租给了6位游客。7时许，因风速超过脚踏船安全行驶标准，当地旅游部门通知其停业。后来，吴某发现6名游客驶出水上安全警戒线，便乘4人脚踏船追上他们。之后，吴某与其中4人换船，驶回岸边。但由于风力太大，只有4人脱险。到岸后，4个脱险的游客找到吴某，要求救同伴，但吴某没有采取营救措施。当晚7时，2名游客的尸体被发现。哈尔滨市中级人民法院认为，吴某将游船出租给游客后就产生了救助义务。而吴某明知游客遇险，却没有履行义务，其行为是一种不作为的故意犯罪。但其积极赔偿，可从轻处罚，遂做出终审判决：以故意杀人罪判处吴某有期徒刑三年，缓期三年执行。[1]

本案中，被告人作为义务的有无是审理的关键，而法院判决对此未作详细说明，从判决的表述来看，似乎是以先行行为为依据，抑或是以形式上的合同义务为依据。但作为保证人来源依据的先行行为应是违法行为，不应让先行行为成为一个无所不包的概念，这样会丧失对保证人的甄别功能。而形式上的保证人分类同样缺乏解释力，要为各形式的保证人类型提供更为实质的理由。另外，本案也无法用排他的支配说来解决保证人地位的认定问题。虽然船主对相关水域非常了解，对水上救援技能也充分掌握，但很难说船主对失踪的两名游客的生命法益存在支配，即不能说这两名游客的生命完全掌控在船主手中。该案例将作为义务与因果关系混淆的问题再次凸显出来，船主应不应该去救援是一回事，救援能否成功是另一回事。

对本案的被告人即船主应通过法益保护依存状态的自我创出说解释其保证人地位。负有社会性职能的人，由于安全性信息的独占或权力的集中等原因，使自己置于能够比他人更有效地采取结果回避措施的地位。而这一选择制造了难以期待其他主体介入救助法益的状况，导致危险发生时其他主体介入的可能性减小，而行为人对此也予以接受，即行为人是基于自己的自由选择接受这一社会地位的，是有意识地承担。从存在风速报警和安全行驶警戒线等事实来看，当地的脚踏船娱乐活动本身就存在一定的危险，对此具有明确认识并随时做好救援准备的船主在租赁船只的时点就对游客以及所有其他人宣告自己的职责，使游客对其产生依存性。而这都是船主自己选择的结果。通俗地说，既然是自己选择的，就要负责到底。

还需说明的是，到此我们仅仅解决了本案被告人的保证人地位问题，不能仅此就

---

[1] 黑龙江宾县一船主见死不救被判故意杀人罪，http://news.sina.com.cn/s/2002-05-21/1505581983.html 访问日期：2018年3月6日。

认定被告人犯杀人罪。对此还要进一步进行等价性判断，即被告人的不作为相当于什么样的作为。这是后面章节要讨论的内容。

另外，该学说尤其在产品责任领域较之支配论和其他学说具有优越性。以日本2010年发生的百乐满（Paloma）热水器事件为例。该案案情大致如下：百乐满公司于20世纪90年代生产并销售了构造基本相同的热水器7种。由于当时构造上的瑕疵，人们偶然认识到，即使集成板发生短路无法启动，热水器也可以进行加热，而且耗电较之正常运转时要小。无论是社区修理部还是一般的家电商店都可以对该种热水器进行短路设置，并且在集成板故障时也以此作为解决办法。然而，被"修缮"的热水器长时间使用时，会出现燃烧不充分的现象，产生有毒有害气体（产品为排气式煤气热水器）。百乐满在得知上述情况后未采取任何行动，放任事态的恶化，导致许多使用者的健康受损。该公司的董事长和质量管理部部长因业务上的过失致死罪被起诉。[①]

针对该案，一些学者认为，百乐满公司对众多的电器维修点没有控制权，不存在监督的权限，故不能适用监督过失的构成。而且本案产品虽有设计不合理之处，却不是劣质的，案件中产生的缺陷是消费者自己造成的，百乐满难道有必要为与自己的行为无关的危险负消除义务吗？在药害艾滋病毒案件中，非加热制剂本身属于缺陷产品，而本案则不然。本案中的危险是在加工基础上形成的，是加工行为而非生产、制造、销售等行为创出了危险。对于因短路改造而引起的事故，修理者应当承担完全的责任。就好比任何一块生铁都能被打造成管制刀具，硫黄和硝石可以被制成爆炸物等，但我们不可能要求销售者履行将卖出产品回收的义务。

笔者认为，本案中的热水器由于是通过煤气运行的，故和汽车、药品一样，在售后仍需进行监视。公司有关部门通过售后工作必然会得知许多起相似事件并掌握产品被第三人进行改造的信息，却没有向主管行政机关——经济产业省进行报告，也没有提醒用户注意。公司对短路改造危险的信息独占，外界无从知悉，导致消费者因为信息缺失而无法进行自我保护（没有理由要求消费者自行相互联系并确认相关信息，况且这也很难实现），主管机关无法介入采取措施。正是公司对危险信息的严密管控导致依存性的产生，在该学说的导引下，很容易肯定公司董事长及相关人员的保证人地位。

至此，还有观点认为，本案让公司承担召回义务过于苛刻，所以否定其作为义务。但这种观点混淆了保证人地位的判断与结果回避内容的划定。"应该做些什么"与"具

[①] 参见东京地判平成22·5·11判时1328号。

体做什么"是两码事，不能混为一谈，即不能因为"做不了"就说"不必做什么"。具体履行的行为内容当然要结合相关主体的能力和案件的现实状况。资产和实力雄厚的百乐满公司与小规模的个体经营的电器维修店看似差距显著，却是平等的经营主体，前者通过正当手段是不可能对后者发布命令的，这样就难以要求后者停止短路改造并回复原状。但百乐满公司能做的事并不是仅有这一件，其完全可以借助经济产业省（相当于我国的商务部或工商管理局）的力量来实现上述目的。具体来讲，百乐满要做的就是将案件中的热水器被危险改造的事实报告给经济产业省，另外在继续销售的同种类产品上加上相关注意事项和使用须知，这样就被认为其履行了作为义务。[①]

四、作为义务之理论补充

在本书看来，法益保护依存状态的自我创出说较之支配说确实在理论逻辑上更胜一筹，以依存性加行为事前选择自由这样的判断标准可以认定绝大部分形式三（四）分说以及习惯法中所确定的保证人类型。但是笔者认为该学说还不是尽善尽美，需要进一步完善，而问题在于如何理解行为事前选择的自由，即自我创出。

公权力部门在法律的规定下将权力、能力、资源等要素集中，并且被明确赋予了相关义务，人们自然会依赖其履行职能，此应该比较好理解；先行行为人也当然是创出了被害人对自己的依存状态，因为对不作为的处罚是自由主义的例外，因此最主要的类型就以危险创造为必要，将自己创出的危险消灭，这是当然的义务要求。但是家庭关系类型的保证人是如何创出依存状态的，恐怕并不能想当然地得出结论，即我们需要解释"为什么生下孩子（事前行为）就得在孩子依存你时履行义务"。举个简单的例子对比来看，一个卖菜刀的人在路边发现了一个恰好是被他所卖之刀砍伤的被害人。按理说，卖刀行为和生育行为并无什么不同，可为什么得出的保证人地位的结论却不同呢？通常的理由在于卖刀人在卖刀时并没有基于自己的意思对可能被这把刀砍

---

① 直接实施短路改造的修理业者，根据对短路改造引起不完全燃烧，进而导致用户发生一氧化碳中毒的认识程度，有可能构成犯罪。但无论如何，这些修理业者都要承担寻找自己改造过的热水器并将它们重新修复的义务，这属于民法上的恢复原状义务。当然，在现实履行上，由于不法修理业者对修理记录保存得不完整等因素，可能只有将百乐满公司出售的所有热水器都检查一遍，才能将短路热水器全部找到。这当然不是修理业者通过个人能力所能完成的，到头来可能还是得要经济产业省出面要求百乐满公司对用户进行售后服务，发现短路产品并予以回收。虽然这也与法益保护相关，但是从作为最终手段的刑法的谦抑性态度来看，其在性质上已经不属于刑法上的义务了。神例康博. 刑法上の製造物責任の必要性と限界[J]. 松山大学論集, 2002, 14（5）: 102.

伤的任何人承诺居于法益保护依存性的地位，这与父母对子女的自我创出是不同的。可为什么大家就断定父母一定会有意识地承担保证人地位，而卖刀人不会呢？这恐怕只有根据千百年来形成的习惯传统和道德伦理来解释了。但这能否成为刑法保证人地位的理由，恐怕存在疑问。故笔者认为，需要寻找更为现实、更具有说服力的理由，在认定保证人地位时作为自我创出说的理论补充。

要探寻家庭保证人地位成立的更为实质的理由，笔者拟从家庭对整个社会的功能入手。社会若要维持并有序地运转，就需要一定人口的容量，否则就会走向衰落。每个人的生活都依赖一个完整的社会分工结构，这种分工需要大量的人通过完成各自的工作来实现，社会必须不断地预备新人以接替死亡和退休的旧人来维持这种运转。也就是说，社会的维持必须要有足够的人口来负担分工结构所规定的各项工作。而家庭具有的生育功能，是完成社会新陈代谢所必不可少的一步。家庭的功能是多方面的，但是其核心的生育功能是没有其他任何制度可以替代的。在探求一个能够承担这些功能、足以取代核心家庭的替代物方面，没有一个社会取得成功。① 家庭这个父母子女的三角结构是人类社会中一个极为重要的创造。

生育制度中包含生和育两部分。一方面，在育的过程中，父母必须保证子女的人身安全，这是生育功能正常运转的必然要求。如果不这样，处于幼年期的子女很可能因为各种各样的危险而死亡，就成为不了人类事业发展的生力军。这是社会无法承受的。因此，由于子女具有使社会得以更新和维持（也因此能同时保证个人生存）的原始功能，在子女陷入法益无助状态时，父母就负有救助义务。另一方面，父母承担的抚育功能中还包含监督和管理的义务，如果孩子得不到教育和监督，社会让家庭承担生育功能的目的同样会落空，因为这将导致家庭生育出来的个体不是进入社会分工体系成为维持社会发展和延续的参与者，而是破坏这个社会的敌人。因此，在子女受到侵害时，父母就有义务阻止结果的发生。这是最终极的根据，不再需要其他的理由。另外，可能有人会问：如果父母的保证人依据在于生育制度对社会的影响，那么为什么不生无罪，而生了不抚养却要构成不作为，而二者在结果上是完全相同的？对此，笔者认为，这一论断的前提即"不生无罪"会随着社会环境的变化而变化。如今，各国人口均达到了相当的基数，足以维持社会的发展，多数人都持有传宗接代的观念。在这种背景下，即便有人不生育，也不会影响社会发展，国家没有必要干预此事，只

---

① 西德尔. 家庭——功能主义的观点 [J]. 费涓洪，译. 现代外国哲学社会科学文摘，1998（10）：31.

需保证生育的人群能够将新生人口抚养好。但倘若真有一天人们的观念发生了极大的转变，人口呈现出极大的负增长，则笔者认为国家就可能会采取强制手段要求公民生育了。①

在一个家庭结构中，除了父母子女的关系，还有夫妻的关系。从系统论的角度来看，这个非基于血缘关系而结合起来的个人关系是人类社会中最紧密的合作关系。为了完成对子女的抚养，夫妻之间必须相互配合，而一个良好的合作关系要求双方在情感上相互关心，在生活上相互照顾，至少在一方面对法益无助状态的危难时刻时，另一方必须加以援手。退一步讲，即使夫妻之间的感情平平淡淡，也不会影响相互救助的保证人义务。这仍然要回到夫妻关系的功能上去。夫妻关系有情感的一面，也有家庭事务上协作的一面，在难以两全的情况下，比较轻重，婚姻的主要意义在于确立对孩子的抚育责任。夫妇一方面共同享受生活的乐趣，另一方面又共同经营一件极为重要且基本的社会事业。若不能两全其美，就得牺牲一项。在中国传统社会里是牺牲前者。② 不讲感情的合作并不是感情的破裂，两人在爱恨之外，还是可以相处得颇为和睦，共同负担家庭的事业。而实现这一家庭事业的基本和前提条件，就是夫妻之间的救助。如果夫妻间见死不救，那么这个合作关系就会在事实上消失和破裂，子女的抚育乃至婚姻和生育制度就会受到极大的威胁。

这里会产生一个问题，即以生育制度来解释夫妻之间的救助义务是否会和离婚制度相矛盾。笔者初步认为，夫妻之间相互的救助义务是形成稳定家庭关系的基础，而非充分条件。也就是说，即使夫妻之间严格遵循相互救助的义务，家庭也未必稳定，会有其他原因导致婚姻破裂等。但是夫妻之间的这种合作关系作为保证生育制度的最重要手段，我们至少要求其不是因为不互相救助而瓦解（就好比抗洪时无法估计所有支流，但是干流一定要堵住）。这是法律应当做也能够做到的。当然，离婚后的大多数人会再度结婚，建立新的家庭合作关系，生育制度会重新运行起来。再极端地考虑，即便双方均未再婚，有抚养权的一方仍要履行抚养义务，且另一方要定期给予抚养费，故生育制度尚不至于处于瘫痪状态，只是功能发挥有所减损。可见，夫妻之间的合作

---

① 按照费孝通的观点，生育本是一项损己利人的行为，因为新生命的产生要靠母体的消耗和亏损。按照趋利避害的本性，人类本来有能力跳出生育的宿命，如采取避孕措施或禁欲手段，但是这样一来就不会有新的人口填充进来，社会就会逐渐瓦解。故人们不想生育和国家会强制人们生育的情况均可能出现。费孝通. 乡土中国 生育制度 乡土重建 [M]. 北京：商务印书馆，2011：154.
② 费孝通. 乡土中国 生育制度 乡土重建 [M]. 北京：商务印书馆，2011：194.

会极大地促进生育制度的运行，但即使不合作（离婚）也不会使该制度灭亡。这样看来，夫妻之间的保证人义务的理由可能没有父母子女之间的那么充分，但也足以成为义务来源的依据。

幼年子女对父母没有保证人地位，这一点很好理解。幼年子女反过来救父母，这并不是家庭婚姻制度运转的必要条件，也与生育功能无关。值得讨论的是成年子女与年老父母的关系。乍看起来，这似乎与家庭共同生活无关。因为成年子女与年老父母的关系，不再是一个纯粹意义上的为了承担生育功能而组合起来的父母子女三角结构。成年子女会自己另行组成新的家庭，自己又成为父母，承担着针对其子女的养育义务。笔者认为，要肯定成年子女对年老父母的相关义务，必须在我国社会的具体语境下展开。因为在这个问题上，中国的情况和国外的情况很不一样。在国外，人到18周岁就要努力做到经济独立，通过打工、贷款或助学基金完成大学学业，并步入社会。父母则将自己的积蓄用于自己养老。总之每一代人都相对独立，没有过多的依存关系。相反，目前的中国社会是上代养下代、上代靠下代，家庭关系相对复杂。父母基本上会一直"养"子女，而步入老年后再寄希望于由已经成长起来的子女负责养老。这也与我国当前的现实情况有关，是不得已而为之的事。放弃对于子女救助父母的保证人义务的要求，不仅仅是道德上的问题，而且从家庭的生育功能的角度来说，倘若子女连最基本的赡养义务都尽不到，那么这种现象就必然会反作用于"父母悉心养育子女"这一行为。（而且既然接受帮助，特别是成年后还要接受父母的馈赠等，也可以推导出行为事前的选择自由。）另外，在西方国家，家庭会在子女工作或结婚时进行分解，子女会组建新的家庭。而我国则是经常看到五口之家、四世同堂等局面。老年人会为大家庭买车买房、帮助照顾孙子孙女、负责全家人的日常起居，成为我国家庭关系中不可或缺的一环。在目前的社会中，很难想象父母集体性地撤出已婚子女的家庭生活会出现什么社会具体问题，但一定会极大地冲击父母子女的普遍性三角结构。所以说，单是从家庭关系的层面来看，这种作为义务在整个中国式家庭结构中也是必然要存在的。

综上，我们回到开头提出的疑问，即为什么大家就断定父母一定会有意识地承担保证人地位。根据家庭生育制度对社会的影响分析，笔者认为，家庭关系的保证人能不能自愿有意识地承担虽无法明确，但是国家对家庭就像对国家机关一样，要求其承担对家庭成员的保护监督义务，以维护生育制度对社会不可替代的作用。生育制度是家庭保证人义务的最为实质的理由,也可以理解为是对家庭成员之间自我创出的进一步解释。① 而同样是开头提到的卖刀者,要想认定其有意识的承担义务却没有相关社会制度予以支持,即其不作为不会对社会造成致命打击,故否定其保证人地位。从家庭保证人的实质理由这样的观点出发,对其他类型的保证人也可以做出实质的解释。像警察、医生等国家人员的作为义务、先行行为的作为义务、企事业单位的作为义务等,均可以从社会功能的角度做进一步说明。② 与家庭保证人不互相救助是在破坏生育制度一样,警察如果不作为的话,则国家机器的运转和公民的正常工作生活就难以维持,产品责任者如果不作为的话,则市场经济秩序就会受到影响等。

第三节　先行行为保证人地位的认定

先行行为可以说是最古老的作为义务发生根据,在结构上与其他的保证人类型存在本质上的区别。如果用法益保护依存的自我创出说套用先行行为的情况,可能会扩大先行行为保证人地位的范围。尤其在故意的作为犯场合,是否都会存在要防止因自己的故意行为所造成结果的作为义务,此时的作为义务与故意犯中止的规定又是否矛盾?故此,应当对先行行为的场合进行单独讨论。

一、反先行行为理论及其批判

在保证人地位的认定上,全世界的刑法理论基本上都肯定危险前行为这种保证人

---

① 像幼儿园、养老院、临时看管人这样的保证人,都是随着社会的分工协同用来补充家庭保证人的功能的。而危险共同体的场合,如果成员之间没有其他的特殊关系的话,只有以家庭中的救助关系为参照,当两个成员之间的信赖程度达到像父母子女或夫妻之间的信赖,以至于能够把生命安全相互托付的程度,才能够说他们是创出了他人对自己的依存,自己是有意识地承担着保证人地位。
② 在社会结构体系中,每个人都拥有自己一定的地位和角色,社会地位是人在社会关系体系中所处的位置,社会角色是处于特定社会地位的人的权利、义务和行为模式。在社会互动中,相对的社会角色一般互为客体,各自的行为相互依赖共同产生互动的效果。要使社会互动顺利进行,每个社会个体都必须适当地扮演自己的角色,发挥应有的角色功能,配合其他角色的行为。如果其中一个角色不能发挥其社会功能,就会影响社会互动的发生,无法产生应有的社会效果。青井和夫. 社会学原理 [M]. 刘振英,译. 北京:华夏出版社,2002:65.

类型。依此，一个不慎把他人撞成重伤的司机如果认识到被害人因车祸陷入生命危险的境地，却放任死亡结果的发生，不进行任何救助，理论上除了构成过失重伤，还会构成不作为的杀人罪。以此类推，我们会发现一个问题，故意的违法前行为是否也同样会引起刑法上的作为义务，即在故意作为的结果犯类型中，如果构成要件结果于行为人行为终了后并未立即出现，而是隔了一段时间才发生，此时行为人任由结果发生的这种不作为是否还会另外构成不作为犯？

对此，从学说史来看，绝大多数的学者并没有怀疑危险前行为作为保证人地位的法理依据的妥当性。前行为保证人地位类型，由德国刑法学者史杜别、鲁登、克鲁克等人提出，经过时间的考验，在学说和实务上可以说几乎成为不容置疑的确信。然而还是有部分学者采取反对的立场，不认为一个构成故意作为犯的前行为可以形成刑法上的保证人地位。此种立场又可以分为两类。第一类学者虽然承认有危险前行为这种保证人类型，但是否认了故意作为的行为人于结果发生前还负有防止结果发生的作为义务，因此只构成原来的作为犯。① 另一类学者则是根本否认危险前行为能形成刑法上的作为义务，而非单单否定故意违法前行为这一保证人类型，此种立场也被称为反先行行为理论。

当今刑法学界反先行行为理论的代表人物当属许玉秀。她认为"因为你的行为造成侵害法益的危险，所以你有防止法益受到侵害的义务"，这个前行为保证人地位的形成公式，是原始的因果归责公式。因果性当然属于犯罪判断时必须考虑的东西，但从这一角度认定作为义务过于宏观。② 事实上，也只有前行为的保证人适用了这一理论，这至少表明了两点：第一，表示前行为保证人类型在保证人理论的发展史上毫无进化，前行为保证人类型在各种保证人类型当中历史最为悠久，当其他各种类型在理论史的发展上逐渐寻得它们的实质法理依据，而演绎出更为复杂的类型时，前行为保证人类型并没有在因果律之外找到更有说服力的理论依据；第二，以一般性的法理作为依据，

---

① 蔡墩铭. 刑法总则争议问题研究 [M]. 台北：五南图书出版公司，1988：60.
② 许玉秀还认为即便依照因果一元论，也不应该得出肯定前行为保证人类型的结论。因为因果律的应用应该是"因为你的行为侵害法益，所以你应该受处罚"，而作为前行为保证人地位的法理依据的因果公式则是"因为你的行为造成侵害法益的危险，所以你有防止法益受到侵害的义务，如果你违反义务不防止法益受侵害，则你应当受到处罚"。依照这个公式，行为人的行为造成法益侵害，却没有直接得到一个处罚，而是拟制成法益受到两次侵害甚至两个法益受到侵害，而给予行为人双重处罚。这样的制裁方式，或可作为刑事政策上刑罚必要性的检讨，但在法理上已经毫无依据。

表示法理依据粗糙，因为一般性的理念犹如未脱壳的稻麦无法直接做成精细的食物一般，无法成为具体问题的根基。① 应该说，以这样的理由肯定一种保证人地位，是与刑法基本精神以及法治国理念相违背的。如果法律明确了这样一种理由不充分的处罚规定，应基于合宪性对其进行质疑。

然而，笔者认为，用法益保护依存状态的自我创出说是可以在实质上对前行为保证人地位类型做出解释的，因为在行为人有救助可能性的场合，先行行为是最典型的自我创出，故并不存在许玉秀所说的理论单薄这一问题。另外，将诸如行为人给被害人创出危险又不救助导致被害人死亡的情形解释成两个行为抑或侵害两次法益，确实有不自然的地方，但在评价上会通过竞合原理只评价一次，不会出现双重处罚的问题。

许玉秀是通过将不同案件进行归纳并逐一提出解决方案的方法来解决司法实务中的问题的。首先，在"故意+故意/过失"的场合，如果前后法益相异，则认定为结果加重犯。比方说，以烧毁房屋的故意实施点燃，并察觉到这家里还有婴儿在睡觉却不予救助的，构成放火罪的结果加重犯。但是并不是所有的罪名均存在结果加重的情形。例如，我国刑法第313条对妨害公务罪并没有"致人重伤、死亡时，处……"的规定，在出现上述情形的场合，为对法益侵害作充分的评价，恐怕有必要承认事后的不作为。其次，在"故意+故意/过失"的场合，如果侵害的法益相同，则认定为前行为的既遂。例如，行为人在追杀被害人的过程中，被害人不慎被汽车撞倒造成重伤，行为人不予救助而致其死亡。这里我们假定当时的情形下，追杀与被害人遭遇车祸之间存在相当性，那么行为人构成杀人当没有问题。再次，"过失+过失"的场合，无须考虑法益，全部构成不纯正结果加重犯。比方说，房屋失火，发现室友回来，以为火燃不起来而未予通知，结果室友被熏死。又如，不小心将他人锁在卧室中，轻信对方有钥匙而扬长而去，结果他人饿死在床上。就此两例而言，虽然认定为失火罪和过失致死罪并无不当，但并没有不纯正结果加重犯的说法。上面这两个案件只是过失犯。最后，在"过失+故意"的场合，侵犯的法益相同或不同的，通过立法途径解决。如失火后故意不救助房屋里的被害人，又如过失将他人锁在房间里，发现后为了顺便教训被害人而故意不开门。对于前一种情形，应当通过设立"过失+故意"的结果加重犯来解决；对于后一种情况，需要通过设立过失中止犯的规定来奖励过失行为人阻止结果的

---

① 许玉秀. 论西德刑法上保证人地位之实质化运动 [J]. 东海大学法学研究，1987（3）：28.

发生。然而，不在解释论上穷尽方法，一味地以增设新规定来解决具体问题，并不现实。再者，许玉秀提出的以上这两个方案，都与现行理论相矛盾，本身就得不到支持。结果加重犯的规定已经受到诸多方面的批判，不可能对此再新设条款以强化适用。① 另外，过失犯本来就只有既遂犯而没有未遂犯，所以过失中止犯的设想也不现实。

与许玉秀的观点不同，蔡圣伟指出，上述问题在理论上较少讨论，是因为有些学者认为即便肯定行为人随后的不作为构成不作为犯，但由于仅针对先行之作为论以故意作为犯便足以充分评价整个犯罪过程的不法内涵。因此，紧随故意作为之后的不作为到最后也还是会通过竞合的规则被排除，没有独立评价的意义。

蔡圣伟肯定故意的前行为的作为义务来源，并针对上述论断，列举了诸多特殊情形来说明肯定说带来的实益：①A 基于杀害的目的将被害人 B 打至重伤，之后突然良心发现，要把 B 送到附近的医院。但偶然路过的 A 的朋友 C 看到是自己的仇人 B，于是努力打消了 A 的救人念头。②行为人先无过失地陷入无责任能力的状态下故意砍杀被害人，后于清醒时故意不对陷入生命危险的被害人采取任何救助措施，最后导致被害人因未能及时就医而死亡。③恐怖分子在飞机的隐秘位置设置了爆炸物并向全机发出恐吓。乘客们由于难以发现爆炸点，便采取各种手段制服恐怖分子并迫使其开口，最终找到并拆除了爆炸装置。④行为人最初是受被害人嘱托而帮被害人注射致命的药剂，后来被害人改变了自杀的念头而要求行为人将其送往医院，遭到行为人的拒绝，致使被害人死亡。② 以上情况下，如果否定故意的危险前行为能够导出作为义务，则可能会出现不合理的结论，导致对行为人的评价不足甚或得出行为人无罪的结论。并且在理论上，既然学说上除了反先行行为阵营以外，几乎一致地认为前行为是出于过失的情形可以形成保证人地位，那么比过失非难程度更高的故意行为就没有理由与之不同。除了上述理由，从坚持行为规范效力的角度来看，也应该肯定故意前行为得以形成刑法上的作为义务，刑法是通过行为规范的宣示以及制裁规范的配合来达成保护法益的使命的。如果法秩序不想放弃通过行为规范来促成保护法益的可能性，那么对行为规范没有被遵守的情形，法秩序就更应该继续坚持这个行为规范的效用，更应该处

---

① 张明楷. 严格限制结果加重犯的范围与刑罚 [J]. 法学研究, 2005 (1)：82.
② 蔡圣伟. 刑法问题研究：一 [M]. 台北：元照出版有限公司, 2008：223.

罚侵害规范者，以促使所有的受规范调整的人在未来遵循规范。①

上文提到蔡墩铭反对故意前行为所导出的作为义务。任何人就其本身行为造成的结果都无须采取回避措施，因为他们本来就希望结果出现。也就是说，考虑到期待的问题，法律没有理由强迫行为人在故意行为完毕时去积极采取措施防果。既然是故意的前行为，就表明行为人几乎不会去履行法律要求的善后义务，否则就是自相矛盾。况且事后对故意行为会进行处置，也没必要非设定作为义务。可是，用乐于见到结果的发生来当作放弃坚持行为规范的理由，恐怕有待商榷。如果贯彻这种说法，那么不作为犯恐怕就不再可能通过直接故意构成，因为出于直接故意而不作为的行为人多半是乐于见到结果发生的。事实上，行为规范的创设以及规范的效力本来就与行为人遵循规范的意愿无关，若想要通过行为规范来维护法治的存续，那么当某个行为规范违背遵循时，法秩序就必须坚持该行为规范的效力，即通过防果义务的赋予，使用制裁规范来宣示被抵触的行为规范一如既往地有效，这才是正常的逻辑。总之，凡是侵犯行为规范的人，都是在主张法律上本无权提出的要求，如此的要求破坏了法秩序原先针对所有受规范者所划定的平等关系。行为人通过犯罪行为创造了一个依法不应该享有的权利，那么基于权利义务相统一的原则，法秩序就有正当的权限赋予其同等的义务。

但是肯定说在理论上也存在不足。首先，在部分情况下，前后发生的作为和不作为所对应的结果是同一的，只按照作为犯论处就完全可以实现定罪量刑得当，而无须考虑复杂的不作为犯构成。因为最终会通过竞合适用作为犯，故承认故意前行为会产生作为义务实乃不经济的思考方法。其次，该说的结论与中止论难以调和。在故意前行为完毕后，自愿地采取措施从而避免结果出现的，是中止未遂，这是在现行理论下得出的当然结论。而按照本学说的思考路径，故意前行为着手后的中止行为就只是未实现不作为犯的构成要件。反之，不予中止就会再构成一个不作为犯。中止理论按照政策说的解读，是法律给予行为人回头的机会，对于行为人而言可以说是一项权利。

---

① 蔡圣伟. 评 2005 年关于不能未遂的修法：兼论刑法上行为规范与制裁规范的区分 [J]. 政大法学评论，2006（91）：355. 对危险前行为是故意的情形，正意味着那些构成作为犯的行为规范未被遵循，甚至受到行为人的无视。此时法秩序如果还想通过行为规范来保护法益客体，剩下的唯一可能性就是赋予此行为人作为义务。这样便清楚地宣示了行为人不但负有停止继续行为的义务，还负有积极排除已招致危险的义务。此等义务都是从行为当时有效的行为规范导出的，没有理由只因为行为人更强烈地否定行为规范，就要在其抵触行为规范后，放弃继续坚持行为规范的效力，认为行为人无须再尊重被害人的法益。

放弃权利是行为人的自由，为此不应产生额外的义务。我们平日里可能会听到这样的话，"你做这件事的话我会给你奖励，你要是不做的话就会受到惩罚"。看似通顺的这一句话如果拆解来看就会发现问题。前半句表明"这件事不做也可以"，而后半句指出"这件事必须得做"，这就使得事情的性质模糊不定。其次，肯定说会导致所有作为的结果犯皆可能同时构成一个不作为犯，会导致共犯理论失去存在的余地。例如 B 给 A 提供了一枚炸弹，A 将炸弹安装在仇人的家中，并设置在 3 天后爆炸。此时，尽管 B 可以很容易地阻止炸弹爆炸而未去阻止。按照肯定说的说法，B 也实施了故意的前行为，按理说也有作为义务，但是将 B 认定为不作为的正犯则显然是不妥当的。而且根据学界的通说，像隔时犯、隔地犯等罪犯，从来只是构成一个作为犯，甚至连竞合问题都没有学者提到过。

二、客观归责理论对先行行为保证人地位的限制

要讨论先行行为保证人地位的问题，首先要对先行行为进行界定，在源头防止这种类型的保证人范围过大。罗克辛把客观归属论应用到这一问题当中，较为合理地限制了该类保证人地位成立的范围。

与其他保证人类型最大的差异在于，先行行为场合考虑的是与结果的纯粹因果性，故在尝试限定其范围时就要重点由此着手。好比在判断行为因果性时要考虑"归因＋归责"一样，先行行为成立与否取决于结果能否归属于它。具体来说，首先，先行行为一定要制造或强化危险，倘若在具体场合其是降低了危险或制造的是被允许的危险，就不属于先行行为（指路—车祸—不救）。其次，不作为的危险实现须在先行行为违反的规范保护目的之内，即具有危险关联（盗窃—伤心—自杀）。再次，在诸如故意自危式的共同作用以及同一他人造成危险这样的场合，考虑到危险类型中没有包含行为构成的作用范围和结果，要否定归责，也就否定先行行为的成立（索要毒品—昏迷—不救）。

从客观归责的角度来看，犯罪行为也是一种危险创设行为。与其他类型的先行行为相比，犯罪行为当然也制造了危险，只不过其制造的危险过于巨大而成了刑法调整的对象。在一些情况下，如上文否定说所主张的，只按照作为犯论处就完全可以实现定罪量刑，而无须考虑复杂的不作为犯构成。但是也当然存在单以作为犯论处不合适的情况。即犯罪行为所制造的危险随着时间的推移，到不作为阶段会愈发扩大，存在导致更严重结果的可能性。故犯罪行为是否是先行行为，要看其所创设的危险能否为

该犯罪行为本身所完全评价。若可，则说明危险已被在先犯罪行为的构成要件所"用尽"，没有必要再将其视为先行行为了。[①] 之所以说故意危险前行为的保证人地位与中止规定冲突，就是因为整体危险已被故意前行为所包含，前行为所创出的危险延续到了后面的不作为阶段，且危险在实现之前存在被阻止的可能。如果危险不能完全为前行为所包含，前行为构成要件所预定的危险在其实施后即完全被实现，没有挽回的可能，而剩余的危险需要通过不作为来继续评价。

从上述的观点来看，有必要将讨论分为故意和过失两种情况。过失前行为的场合，后续损害往往超出了过失行为的不法内涵。所以仅仅定过失犯明显是不妥当的，有必要继续考虑故意不作为，故此时应承认过失行为属于先行行为。但是，如果过失行为所创设的危险与损害结果中实现的危险不是同一种类的危险，就不能在过失行为与损害结果之间建立危险关联，不能肯定行为人的作为义务，否则会使作为义务的范围不当扩大，构成对公民自由的不当限制。例如，行为人在被害人家中吸烟，不慎将烟头扔在地毯上引起火灾，将被害人极具收藏价值的珍贵物品悉数烧毁，导致被害人因突然的心情激动而引发心脏病，行为人却因怕要求赔偿而迅速逃跑，没有救助被害人。对此，行为人无疑构成失火罪，但是见死不救是否构成不作为犯罪则有疑问。设立失火罪的目的在于保护公众的人身财产安全，而不是个别公民的生命。被害人的死亡不应归责于行为人的失火行为，故此例中失火行为不属于先行行为，行为人不构成不作为犯。与过失犯罪行为不同，故意的前行为在实施完毕后，其所创出危险的继续发展可能有两种结局。[②] 一种是该危险所实现的损害后果可以涵盖在先前犯罪行为的故意之内；另一种是该危险继续发展所实现的损害后果超出了先前的故意犯罪行为的涵盖范围。前者完全符合危险用尽理论，论以作为犯即可；后种情况下，由于单看前行为无法完整评价整个法益侵害流程，故应该再对后续增加的危险进行评价。这在现实中又要分不同情况讨论。

第一种可能性是，最终结果可以被先前犯罪的结果加重犯包含，如故意伤害或暴

[①] 王莹. 先行行为作为义务之理论谱系归整及其界定 [J]. 中外法学, 2013 (2): 335.
[②] 需要说明的是，在一般情况下，行为人故意引起某种特定的损害结果，如果该特定损害结果按照行为人预计的那样立即发生，则不存在防止该损害结果的问题（不存在作为可能性），因此不会为探讨不作为犯留下空间。此处探讨的情形主要是发生在损害结果与行为之间存在一定的时间间隔甚至发生不重要的因果偏离的情况下，行为人是否成立不作为犯的问题。王莹. 论犯罪行为人的先行行为保证人地位 [J]. 法学家, 2013 (2): 127.

力抢劫后不救助导致被害人死亡的，可以构成故意伤害致死或抢劫致人死亡。但是，想当然地仅仅认定为结果加重犯可能在理论上存在说理不足的问题，因为结果加重犯也只是针对前行为而忽视之后的不作为。① 明确要考虑不作为并不意味着就要认定不作为犯，更不是要将结果加重犯与不作为犯进行并罚。笔者认为，行为人虽然存在一个作为和一个不作为，但由于不法内容存在部分重叠，故应当根据法条竞合进行处理。竞合的结果应当是按结果加重犯处理。理由在于，如果根据特殊优于一般的原则，那么结果加重犯理应成立。即便适用重法优于轻法，只要认为不作为应相对减轻处罚，就还是会得出相同结论。

第二种可能性是，不存在先前犯罪的结果加重犯。毕竟刑法只对少数犯罪规定了结果加重犯，通常情况下，后续的损害结果无法为先前的犯罪所包含。例如，实施妨害公务罪导致被害人受重伤后故意不救助的情形，或者实施侮辱罪导致被害人情绪激动而自杀却不予救助的情形。此类情形下，如果事后不作为所导致的法益侵害结果未超出之前犯罪的规范保护目的，那么就具有防果义务，此时的故意前行为属于先行行为。例如，3楼住户A在露天楼道内暴力抗拒执法人员B等人进屋查封财产。在争执过程中，B被A猛地推向户外栏杆处，不小心翻了出去，仅单手勉力支撑以防自己掉下去。A只要伸手就能把B拉上来，可念及B等人对自身存在不利，就故意置之不理，转而与其他人发生冲突。B最终因体力不支松手掉到1楼地面，导致身体多处骨折。妨害公务罪的规范保护目的是他人的身体健康法益与公务的正常执行，上例中B在执行公务中受伤，这一结果包括在本罪的规范保护目的范围之内。虽然一般来说妨害公务行为包含的是轻度损害身体健康法益的危险，但鉴于生命有机体的特性，轻伤危险进一步发展可能是中度的身体健康权益的损害，甚至是死亡，因此可以认定危险关联的存在。本例中，由于妨害公务罪没有结果加重犯的规定，且从法定刑来看，其不法内容难以包含重伤、死亡的结果，所以应当肯定保证人地位，根据竞合理论行为人应构成妨害公务罪与不作为的伤害罪的观念竞合。如果行为人不是不作为，而是积极地故

---

① 结果加重犯场合，伤害行为与加重结果之间往往不存在清晰的时间间隔，可能行为未实施完毕加重结果就已经发生了（暴力抢劫的过程中被害人已经死了，但行为人还不知道）。此时行为人的主观心理往往是过失，但也不排除故意的可能（如就是以杀害为手段进行抢劫）。正是因为抢劫致死中伤害行为与过失致死是一种非常紧密的关系，为了减少主观方面证明上的难度，立法者将这种结合状态以结果加重犯的形式加以规定。而在一些故意的结果加重犯的情形中，行为人故意的加害行为与对死亡结果故意不救助的行为之间存在明显的界限，这种界限主要体现在加害行为结束后行为人的反应之中。此种结果加重犯有讨论不作为的必要。

意掰断护栏使公务人员摔伤的,则应当二罪并罚。①

我国肯定故意犯罪成立先行行为的观点未将客观归责理论引入先行行为的认定,不以危险创设和危险关联的标准对先行行为进行审查,倾向于扩大行为人的不作为责任范围。要求行为人对于与其行为具有联系的任何后续损害结果都承担不作为责任,显然过于苛刻。例如,一老农在高速公路临近村庄的路段铺满麦秆晾晒,不料一醉酒者钻到了麦秆下倒头大睡,导致在公路上正常行驶的汽车经过时将其轧伤。如果司机见状不予救助,是否构成不作为的杀人行为?对此,一些学者认为这种情况也应构成不作为的故意杀人罪。② 笔者认为,通过客观归责理论的检验,司机遵守交通规则正常行驶,并未创设危险(开车即使有撞上他人的危险,也属于容许的生活危险),因此要求其对于意外事件承担不作为的杀人的刑事责任有失公允。但值得注意的是,在客观归责理论发源地的德国,对此种情况也不会按无罪处理,而是要按照德国刑法典第323c条的规定处罚(处一年以下自由刑或罚金)。我国没有相关规定,对比德国刑法典中见危不救罪和我国刑法故意杀人罪的法定刑,笔者倾向于认定无罪。

根据客观归责理论,一味地肯定或否定故意的危险前行为的保证人地位来源都过于僵化。回过头来看前文蔡圣伟提出的所谓支持故意危险前行为的例子。上述情形①至③的情形都属于危险被前犯罪行为所用尽的情形,因此理论上应否定作为义务。至于如何解决结论的合理性问题,笔者认为,情形①的场合本就不应当认定丙的共犯责任。我们将情形①的案情稍加改动:甲将乙打成重伤后,路人丁路过欲救乙,却被丙劝阻。此时恐怕就没有人会说丙会被处罚了。比较两种情况,丙是否会被处罚完全取决于其是否知道对方是不是杀人者,这种做法有追究偶然责任之嫌。笔者认为,情形①中甲的不救助行为只是放弃构成中止未遂的机会,而丙也仅仅是单纯地劝甲放弃中

---

① 但是,如果先前的犯罪行为实施并造成法益侵害后,由于某种因素的介入又发生了另外一种法益侵害,如犯侮辱罪的行为人不救助羞愤之下自伤或自杀的被害人,致被害人重伤或死亡的情形,此时损害后果是被害人的生命权益和身体健康利益,而先前的侮辱行为所违反的规范保护的是他人的名誉权,二者之间不存在关联。无论是被害人是重伤还是死亡,先前的侮辱行为对此都不具有归责性。因此,行为人的侮辱行为不构成先行行为。
② 如张明楷在论述肯定故意前行为的先行行为地位时指出,如果否定故意的伤害行为可以成为先行行为,就会得出对故意伤害他人后不救助致人死亡时的刑法评价(故意伤害致死)轻于无罪责地引起他人重伤进而死亡的刑法评价(不作为的杀人)这样的结论。张明楷. 不作为犯中的先前行为[J]. 法学研究,2011(6):148-149. 但是,将无罪责的行为解释成先行行为本来就是有问题的,况且故意伤害致死与不作为的杀人的刑罚孰轻孰重也未必明确。

止行为，因此不应被认定为教唆。在情形②的场合，笔者认为既然行为人是无过失地陷入无责任能力状态，就难以适用原因自由行为的法理，只能认定行为人无罪。而且，过失不仅仅影响责任，更影响构成要件的观点逐渐为理论界所接受。无过失的行为不仅仅是没有责任，也会被否定违法性，而一个没有违法的行为恐怕难以导出作为义务。但是，笔者认为此例本身可能过于理念化（无过失地陷入精神病状态实属罕见），只要能够认定行为人存在过失，则就可以导出作为义务。在情形③的场合，因为行为人在安装完炸弹后，炸弹没有即刻爆炸，不能说"不法侵害正在进行"，故难以适用正当防卫。但是笔者认为此情况可以适用防御型紧急避险来解决。① 我们常举的例子是：偏僻小镇的老板甲在自己的餐馆内听到乙、丙商议要在夜幕时分对餐馆进行打劫，于是在乙、丙的酒中投入安眠药，趁二人昏睡之际将他们捆绑。对此，一般会认为存在现实的危险，构成紧急避险。对于情形④，则应当认为危险未被前犯罪行为所用尽，应当肯定作为义务。但是这种情况下肯定作为义务与中止犯的规定可能并不冲突。从案情来看，行为人前行为构成的是受嘱托杀人罪，其成立以被害人的承诺为前提，并且这一前提不以行为人的意志为转移，故在被害人反悔的情况下，行为人只可能构成未遂而谈不上中止，对情形④应认为构成受嘱托杀人的未遂与不作为的故意杀人。

综上所述，对先行行为这一保证人地位来源类型的认定方法，应当有别于法益保护依存状态的自我创出，单独进行认定。这种分而认定的方式固然导致保证人地位的实质理由不统一，但是笔者认为纷繁复杂的保证人理论可能本来就不是单一理论能够解释的。

本章小结

本章是对等价性判断中最为重要的保证人地位一环的论述。保证人地位是构成不

---

① 对于预先性防卫的情形，德国刑法理论一般认为，一种正在进行的危险，与正当防卫中"正在进行的不法侵害"不同，人们在一种至少以接近未遂为条件的攻击中，也可能作为正在进行的危险而进行避险。也就是说，虽然危险还没到直接面临的程度，但如果再不防卫就无法避免结果的发生或要冒着极大的危险才能防卫时，危险就已经被认为是正在进行的了。陈璇. 家庭暴力反抗案件中防御性紧急避险的适用：兼对正当防卫扩张论的否定 [J]. 政治与法律，2015（9）：20.

作为犯的重要因素之一,在判断行为属于不作为后,最重要的就是审查行为人是否具有保证人地位,如果答案是否定的,则无须继续审查下去。

本章通过对因果论模式、道德论模式和支配论模式这三种传统学说的考察以及对效率性说、依存的设定说等新晋理论的分析,得出法益保护依存状态的自我创出说是解释保证人义务来源的较为合理的依据的结论。在此基础上,为合理限制"自我创出"的外延,避免犯类似先行行为"一抓就死、一放就乱"的错误,本书从家庭对社会的主要功能入手,认为生育制度是家庭保证人义务的最为实质的理由,这也可以理解为对家庭成员之间"自我创出"的进一步解释,进而认为其他类型的保证人都可以从社会意义的角度作进一步的理解,或属于是家庭保证人类型的延伸。

另外,本书以法益保护依存状态的自我创出说为出发点,对先行行为尤其是故意的不法前行为能否导出作为义务的问题进行论述。犯罪行为是否被评价为先行行为,应看其所创设的危险是否能够为该犯罪行为本身所完全评价。若答案是肯定的,则没有必要再将其视为先行行为来评价不作为了。这也是在用法益保护依存状态的自我创出说判断保证人地位时的一个例外。

第四章
等价性判断的途径选择

首先要说明的是，本章及剩余章节中所说的等价性是指在判断完作为义务之后所进行的狭义的等价性判断，而非上文提及的相当于是对整个不纯正不作为犯进行认定的等价性判断。作为义务的判断是等价性判断中的重要一环，前者是后者的必要而非充分条件。大部分学说以及实务界往往容易将作为义务和等价性混淆，认为有作为义务的话，不作为犯的判断便大功告成，从而容易忽略对其他构成要件要素进行细致判断。但是笔者已经反复强调，保证人的不作为只能说明其违反了作为义务，应做而未做，并不能说明其不作为相当于作为。反过来说，即便是保证人，其不作为在一些情况下也不能说相当于是作为，因为从实行性的角度来看，并非任何违反义务的行为所造成的危险都达到了值得处罚的程度，仅当其能够被认为等价于作为时方可被评价为实行行为。也就是说，本章中论及的等价性就是人们一般容易忽略的不纯正不作为犯判断中的那一部分（恰恰是这一部分有很多方面需要判断），将上述缺乏实行性的情况排除在不纯正不作为犯的成立范围之外正是这部分等价性的使命所在。为此，需要寻找可以连接作为与不作为的纽带，弥补二者之间的不同。笔者在第二章结尾指出，等价性并不是作为不纯正不作为犯的独立构成要件之一，而是对不作为犯形态下各种构成事实特征的综合判断，我们很难想象满足了某一个怎样的条件就能够实现等价。但是学者们从未放弃过这种"一步到位"式判断的尝试，提出了各种各样的学说。

第一节　大陆法系传统理论中等价性的学说

20世纪五六十年代，由于不作为犯研究出现热潮，等价性判断也成了研究的重点。当时的学说虽然形形色色，但学者主要是从主观或客观这两条途径来展开论述的。这些学说都尝试一步式解决该问题，但效果并不理想。

一、主观说

主观说顾名思义是着眼于行为人的内心意思，认为保证人的不作为在客观上终究无法完美等价，只有通过主观方面进行弥补。该说主要包括以下几种学说：

（一）法敌对意思说

该说由德国学者迈耶提出。迈耶批判保证人说和新保证人说从保证人地位和法的作为义务角度解决不纯正不作为犯的等价性问题，认为阻止不纯正不作为犯与作为犯等价的障碍不在于二者客观构造上的差异，而在于它们主观上"法敌对意思力"的不同。作为，是与法敌对之"意思的努力"；与之相对，不作为，则不过是未付以"足以满足一般意思要求之努力"的薄弱意思而已。[①] 由此，迈耶的结论是：不纯正之不作为，如果具有同等程度的"与法敌对的意思力"，则此不纯正不作为在法的意义上即可谓与作为同等，从而可以将不纯正不作为犯与作为犯予以等价。迈耶的主张无外乎是以"法的敌对意思"这一主观要素为纽带，从主观方面这一途径入手。

日本学者庄子邦雄也认为，作为和不作为都是"意思的现实化"，两者在同属刑法的行为这一点上并没有区别，但是在意思的强度上则有不同。对于作为的情形而言，行为人是基于敌对法的意思要努力实施积极的行为。对于不作为而言，行为人只要不发挥使公共意思的要求得以满足的力量，并采取抑制这一意志的消极态度就可以了[②]。这种意志的强度，在不纯正不作为犯的情况下，显得极为重要，要求不纯正不作为犯的意志与采取积极行动情形中的法敌对意志程度相同。这种主张无外乎也是以"法敌

---

① 洪福增. 刑法理论之基础 [M]. 台北：刑事法杂志社, 1977: 197.
② 洪福增. 刑法理论之基础 [M]. 台北：刑事法杂志社, 1977: 199.

对的意思"这种主观要素为媒介,从主观方面解决等价问题。

(二) 积极的利用意思说

该说认为不纯正不作为犯的故意不能是未必的故意而必须是确定的故意。

藤木英雄指出,只要能认定行为人严重违反作为义务,便马上认定不作为与作为等价,这显然存在问题。这里,必须考虑怠于作为义务的形态,特别是当时不作为者的主观态度。行为人必须具有利用已经发生的事态,至少是故意放置的心态,对于结果的发生仅有放任是不够的。如果是未必的故意就可以的话,恐怕会无限地扩张不作为犯的成立范围。对于行为人而言,只要具有利用已经出现的危险的意思,并放任结果发生,而且对于这一结果有强烈的积极态度,以此就可以认定不作为与作为的违法性程度是相同的。① 可见,藤木英雄是以主观上的利用意思或确定的故意为标准来判断等价性的。

川端博在探讨单纯逃逸是否构成不作为的杀人罪时指出,在这样的场合,一般都具有先行行为的救助义务、作为可能性和容易性的要件,但是为了让不作为同基于作为的杀人在违法上等价,其主观要件必须是积极的故意,未必的故意是不充分的。因为不纯正不作为犯仅是对既存因果关系的利用,物理上不具有任何积极操控因果关系的流程,本身就具有消极性。如果其主观状态是不确定的故意,没有积极利用的意思,那么其消极性会更加显著,无法与作为同视。② 可以说这是以严格不纯正不作为犯的故意内容来解决等价问题。该说也为日本早期判例和改正刑法草案所主张。大审院关于放火罪的不纯正不作为犯的判例认为,不纯正不作为犯要成立,行为人主观上必须有"利用已发生火灾的意思"或"利用已经发生危险的意思"(如为了销毁罪证或骗取保险金),仅具有"火灾会烧毁房屋"的认识和意志因素是不够的。而且,日本改正刑法草案第12条关于不纯正不作为犯的规定使用了"特意"一词③,表明草案与藤木英雄的主张以及有关判例一样,要求不作为者具有"利用已经发生的危险的积极意思",试图通过严格故意的内容来明确标准。

---

① 何荣功. 实行行为研究 [M]. 武汉:武汉大学出版社,2007:102.
② 川端博. 刑法总论二十五讲 [M]. 余振华,译. 北京:中国政法大学出版社,2003:16.
③ 日本改正刑法草案第12条规定:"负有义务防止犯罪事实发生的人,虽然能够防止其发生但特意不防止该事实发生的,与因作为而导致的犯罪事实相同。"此为张明楷翻译的条文,这里的"特意"对应的日文原文是ことさらに(有"故意、特别"等含义),但与刑法上的"故意"(こい)不是同一个词。故有学者认为这说明了本条不仅要求刑法上的故意,还要求有利用的意思。

所谓等价，是在构成要件层面上进行讨论的，即使认为故意属于构成要件要素，但"法敌对意思""积极利用意思"是否属于构成要件要素，也不无疑问。况且在构成要件尤其是实行性中，终究以客观要素占主导，不能仅仅将主观要素作为等价要素。而且上述观点本身也有问题。一方面，关于法敌对意思的确切含义究竟是指何种内容，并不明确。从两位学者的论述中，似乎认为法敌对意思的努力就是指直接故意。果真如此的话，将间接故意和过失排除在不纯正不作为犯的成立范围之外，显然不当地缩小了其成立范围（利用意思说同样有此问题）。另一方面，尽管主观说是为了限制不纯正不作为犯的成立范围，但是在具有积极利用意思的场合，就很容易肯定不纯正不作为犯的成立，而忽略客观方面的制约。例如，警察在执勤时发现有人实施盗窃却不去制止，其是否构成不作为的盗窃罪？盗窃需要行为人积极窃取财物，根据这一要求，笔者认为警察至少无法成立盗窃的单独正犯。大谷实认为，不纯正不作为犯的主观要件和作为犯的场合是一样的，这是通说的见解，并且其建议至少应当删除草案中"特意"的要求。①

二、客观说

由于不作为和作为的主要差异存在于因果流程这一客观方面，所以将客观因素置于不作为与作为之间的等价媒介，成为当前理论研究的主要思考方法之一。②

（一）防果可能性说

我国台湾地区学者陈朴生从日本改正刑法草案第12条的规定出发，指出成立不纯正不作为犯除了要求保证人地位，还要求"能防止而不防止"，即结果回避。③ 保证人要件虽说能够极大地限定不作为的主体范围，但其只是明确了哪些人应当作为，在解释不作为与结果的因果性上却没有任何作用。防果可能性要求则是为了补足这方面的

---

① 大谷实. 刑法讲义总论［M］. 黎宏, 译, 北京：中国人民大学出版社, 2008：140.
② 前述将等价性问题寓于作为义务论的学者多持此说, 其基本思路是通过实质地限定作为义务的成立来求得不作为与作为的等价。在这种观点中, 等价性的标准就是作为义务的成立条件。持该观点的学者一般认为, 作为义务是否成立, 应当从被保护法益与不作为者的依赖关系、法益危险的紧迫程度、行为人对结果的排他支配力等方面判断。如前述第二章所举的大谷实教授、曾根威彦教授的观点, 不纯正不作为犯中的作为义务, 应当是违反了它能够引起与作为同等价值违法性的义务。该说的缺点在第二章已经进行了详细的说明, 在此不予赘述。
③ 陈朴生. 刑法专题研究［M］. 台北：三民书局, 1988：118.

缺陷。只有能够将不作为与结果联系起来,才能说是行为人的不作为导致的结果发生,才能将其作为等价。

此说其实就是在判断保证人地位之后,再判断不作为的因果性,以因果性作为一步式判断等价的要素。作为与不作为的因果流程不同,从此处入手,要求不作为与结果之间至少要有假定的因果性,可谓抓住了关键点。因果性是构成要件要素,无疑属于等价判断的组成部分。然而仅有防果可能性一个要素,尚无法具体地解决等价性问题。除了原因力,还应该更多地从不作为的实行行为性等其他要件中寻求等价性。

(二) 分则具体认定说

该说认为,等价值由于最终是通过构成要件的解释实现的,因此,在根本上属于刑法分则的问题。内藤谦认为,在有同价值性的场合,它就意味着与特定的构成要件的作为而实现犯罪具有同价值。这样,该不作为在保证人地位之外,考虑各种情况,而与以作为实现构成要件具有等价值的场合,就可以说该不作为与符合构成要件的作为具有同价值。在此范围内,该不作为就属于实行行为而被定型化。其结果就是,不纯正不作为犯在什么范围内成立,最终应归于各个构成要件的解释之内。[①] 小野清一郎在论述不作为的杀人、放火等情况时,认为这是构成要件的解释论问题并且属于扩张解释,也是把相同的事按照事物的实体去考虑的结果。[②]

该说的最大长处是兼顾了影响判断不作为犯和作为犯等价性的各种因素,不会出现遗漏的情况。不纯正不作为犯的等价性问题说到底是刑法分则所规定的构成要件的问题,这固然不错。但即使是在对刑法分则中所规定的各个犯罪构成要件进行解释时,也仍要以具体材料为标准来进行不作为和作为的等价值判断,不说明这一判断标准而笼统地说要根据各个具体构成要件的解释来判断,无异于是什么都没说。这种观点的结局可能就是在判断等价性时被法律意识所左右,有时只是基于法律的直观价值判断。

[①] 内藤谦. 刑法講義総論:上 [M]. 東京:有斐閣,1983:235.
[②] 小野清一郎. 犯罪构成要件理论 [M]. 王泰,译. 北京:中国人民公安大学出版社,2004:92. 我国学者熊选国也在作为义务之外,独立地寻找等价性的判断标准。他认为,在判断等价性时,应当考虑不作为犯的全部情况,进行综合评价。在法律规定的犯罪中,有的按照其构成要件,判断只有作为的方式才足以表现其危害性质和违法的特性。这时,即使某种不作为违反了特定的义务,具有作为可能性且产生了一定的危害结果,仍然难以使该种犯罪成立。不作为的等价性是一个综合评价的因素,须以各种犯罪所包含的危害性质和违法特征为判断基础,就特定情况下的不作为与通常实现该种犯罪的作为相比较,以判断该不作为是否与作为的价值相当。熊选国. 刑法中的行为论 [M]. 北京:人民法院出版社,1992:163.

总之，如果判断标准不明确，不具有可操作性，就等于没有标准，那么判断的任意性与恣意性就始终存在，从而等价性问题以及不纯正不作为犯的成立问题也就变得飘忽不定，难以捉摸。

（三）构成要件等价值说

日高义博认为，正是作为与不作为存在结构的差异才使等价性研究成为必要，只有采取补救二者之间结构上空隙的办法，才可以使二者等价。为此，日高义博提出了构成要件的特别行为要素、该行为事实以及不作为人的原因设定三个标准，其中前两个标准主要考虑刑法条文中的犯罪构成要件要素存在的特殊性，而后一个标准起着填补二者间的存在空隙的作用，是等价性的关键。

前两个标准把作为犯中不可能由不作为实现的犯罪抽离出来，作为限定等价性判断对象的第一步。构成要件是违法（违法有责）的行为类型，其违法行为类型的内容在刑法分则各个条文中是互不相同的，所以如果不考虑刑法分则各条文违法行为类型的特殊性，就不能对个别的构成要件符合性进行判断。如果某作为犯的构成要件必须有行为人高度自我的活动或身体力行才能实现，就表明这种作为犯的构成要件单由不作为是不能实现的。典型的例子如重婚罪，其构成要件行为必须是重婚者或相婚者的自我行为，不作为不可能构成重婚。另外，关于行为事实成为影响等价性判断的因素的例子，日高义博举出了盗窃罪。此场合只限于存在不作为盗窃的间接正犯形态，而不存在不作为的直接正犯。

第三个标准则起着判断由不作为实施的犯罪与由作为实施的犯罪是否可以等价的作用。为了使不纯正不作为犯和作为犯在构成要件方面价值相等，不作为人在实施该不作为以前，必须自己设定向侵害法益方向发展的因果关系，否则就不能填补不纯正不作为犯与作为犯在结构上的空隙。从自然主义的立场看不作为缺少原因力，相反，作为中存在原因力，行为的主体就是设定原因的主体。因此为了满足不作为犯与作为犯的等价性，就必须考虑不作为人的原因设定。假如不作为者并没有设定向侵害法益方向发展的因果关系，而以当罚性为由来处罚，就是处罚了没有等价于作为的构成要件的行为。①

该说较之前面几说的不同之处在于，其纯粹从自然层面入手，减少了理论上的模糊性，所提出的判断标准无疑更加具体明确。但是对该理论的批判也从未间断过。

---

① 日高义博. 不作为犯的理论 [M]. 王树平，译. 北京：中国人民公安大学出版社，1992：112.

首先，日高义博站在自然主义的立场上否认不作为与结果之间具有因果联系，但认为不作为犯的因果关系应该站在规范主义的立场上讨论，从自然因果关系中得出不作为缺乏原因力的结果是错误的。

其次，构成要件等价性理论从填补二者存在结构的空隙为出发点，但实际上不作为与作为在存在结构上的差异是天然存在的，人为填平二者间的空隙是不可能的。另外，该说在实践中的缺点在于排除了其他情况下不作为造成法益侵害的可罚性。比如，父亲见到儿子掉进河里却不救助，完全有可能成立不作为的杀人罪。但是按照本说，由于儿子的生命危险不是父亲的事前行为造成的，因此不能以不作为犯处罚。

再次，根据第三章第三节的阐述，笔者认为，所谓的"先行行为"可能成为结果发生的原因，比如在以杀人故意将不会游泳的人推入水中的场合，"推人"这一"先行行为"已经成为死亡结果发生的原因。但是，这是在判断作为犯时考虑的，在判断不作为犯时，不应将结果发生的原因归咎于不作为之前的原因设定行为，而应着眼于不作为自身。如果像日高义博所提倡的那样，对不作为附加设定先行原因行为，那么对不作为的研究就不再是研究的重点，而原因设定行为才是重点了。刑法所评价的重点将不再是不作为本身，而是其之前的原因设定行为了。

与上述各种主观说和客观说的思路不同，鉴于上述诸说的种种弊端，德国学者另辟蹊径，从更加抽象、更加实质的价值论层面探讨不纯正不作为犯等价性判断的标准。相关学说主要包括义务犯说和事实支配理论。

第二节　义务犯说

义务犯的概念自罗克辛提出以来迄今已经近半个世纪，其间得到雅各布斯等人的发展，基本上已经成为德国刑法学界"普遍承认"的理论。义务犯说提出的初衷主要是探讨和解决正犯问题，但是对不作为犯的等价性问题也有涉及，因为如果只要违反义务的行为人就可以成立正犯的话，那么符合义务犯成立的标准也就符合了不纯正不作为犯的等价性判断标准。

一、罗克辛的义务犯理论

罗克辛是通过对正犯的研究引出义务犯概念的。[①] 他发现自己一直主张的支配理论并不能用于解释所有的犯罪,在有些刑法处罚规定中,犯罪支配不能被援引作为确定正犯的标准。例如,普通人强迫警察实施逼供行为,即便他对于整个事件具有(意思)支配,也不会成为刑讯逼供的间接正犯。因为此项构成要件的前提条件是犯罪主体必须为公务员,这一类犯罪群体是身份犯。身份犯之正犯只限于显示出特定身份之人。此外,如果进一步考量上述案例中决定正犯的观点,就可以显示出将某人判定为正犯的认定指标,既不是公务员身份,也不是抽象的资格,而是从理解该项具体法律事务中所得出的特别义务。只有基于自己的意思违反某项特别义务之人,才能构成正犯。因为这些身份通常具有刑法以外的义务地位,所以比身份犯更好的称呼方式应该是义务犯。

依照罗克辛的看法,义务犯所指涉的义务并不是从刑法法规本身衍生出来的。后者这样的义务内涵于所有的分则罪名中,而且还延伸到与正犯相呼应的共犯(否则将难以证立共犯的处罚根据)。既然此种义务为正犯与共犯共有,那么就没有区分二者的功能。故影响正犯性的应该是"违反刑法以外的特别义务",此项义务之违反虽然不必然延伸到所有行为主体,但对于相关构成要件的实现起着关键作用。一般而言,这些义务源自其他法领域,比如公务员执行公务的义务、民法中的赡养义务等。

至此,罗克辛以违反刑法以外的特别义务来表明这种犯罪类型的正犯特征,并对义务犯得出以下定义:义务犯所指涉的构成要件是,在其中正犯是仅能够具有特定义务地位之人,以及违反前置于构成要件的刑法以外特别义务之人。义务犯的特性就在于,单独违反刑法以外的特别义务就足以证立正犯,无须取决于其他要素(如犯罪支

[①] 基于罪刑法定原则明确性的要求,立法者对大多数犯罪都规定了尽可能明确的构成要件,以描述其成立犯罪所必须的行为。正犯是那些支配了这些犯罪因果流程的人,而共犯则是那些以从属的方式对行为予以加功的人。罗克辛称该类犯罪为支配犯。支配犯的核心人物是拥有犯罪支配的人,但犯罪支配并不表现为单一的抽象标准,也不要求亲自实施完整的构成要件行为,而是有待于借助各构成要件的样态和行为事实进一步确定其概念内涵。正犯的一般样态有三种。直接正犯的正犯特质在于行为人亲自实施了构成要件所规定的行为,因而拥有行为支配;间接正犯的正犯特质在于行为人虽未亲自实施构成要件行为,但利用自己的意志力支配了犯罪的因果流程,因而拥有意志支配;共同正犯的正犯特质在于行为人通过和其他犯罪人的分工合作,机能性地支配了犯罪。三种支配形式共同展现了作为支配犯正犯准则的犯罪支配原则的现实内容。

配);相反,行为人欠缺构成要件特殊的义务地位时,即使具有犯罪支配,也仅能认定为共犯。①

罗克辛把背信罪称为最典型的义务犯。在背信罪中,通过许多不同样态的作为或者不作为违反义务而损害财产的,无须取决于外在构成要件的实现。因为根据清楚的背信罪文义,以有损财产的方式违反构成要件特别义务者,就是正犯。就连一些反对义务犯理论的学者也承认这一点。施特拉腾韦特虽然原则上不认可义务犯概念,但是也例外地承认对于像背信罪这一类没有描述特定犯罪行为,而是任何一种违反特别义务都会受处罚的构成要件,可以适用义务犯概念。布洛伊(Bloy)将犯罪区分为三种不同的层级:纯粹的支配犯、纯粹的义务犯以及混合的支配与义务犯。在最后的犯罪类型中,同时出现犯罪支配与拥有特别义务才能证立正犯性。只有放弃描述特别行为类型的规定,而且限于特别义务违反的描述,才能被称为义务犯,其典型的就是背信罪。另外根据塞耶(Seier)的看法,只有在保留这两点的前提下,义务犯概念才没有问题:第一,对于涉及的法益必须有真正的特别义务,构成要件的非价必须正好存在于特别身份的义务违反中;第二,负有特别义务之人可以通过任何一种行为实现构成要件。背信罪满足这两项前提条件。②

除此之外,根据罗克辛的观点,职务犯罪和侵害私人秘密那样的和特定从业人员相关的犯罪自不必说,不纯正不作为犯和过失犯同样属于义务犯的类型。关于后者,罗克辛起先认为既然结果回避的内容是开放的、与刑法法规无关的,那么就属于特别义务的范畴,行为人违反了它就必定是正犯。然而这种观点受到雅各布斯等人的批评,他们认为罗克辛将过失犯全部视为义务犯完全模糊了一般义务与特别义务的区别,罗克辛之后也改变了观点。确实,任何人在预见到结果将要发生时都被要求采取相应措

---

① 罗克辛的义务犯理论还在参与理论方面造成了颠覆性的影响。在义务犯理论之前,受因果主义和目的主义行为观的影响,谁在自然意义上支配着犯罪的因果流程谁就是正犯。但是罗克辛指出,参与理论应当在支配犯和义务犯中予以不同的考察,通常说法仅仅对支配犯适用,对义务犯无效,因为义务犯中犯罪行为的外部表现形式是不重要的。由此得出的三个结论是:①非义务承担者无论如何都只可以是义务犯的共犯,即使他事实上支配了犯罪;②虽然某个人看上去只是实施了犯罪支配意义上的帮助或教唆行为,但如果他是那个负有特别义务的人,并通过其帮助或教唆行为表明了对特别义务的违反,那么他原则上就是正犯;③义务犯只有在例外的情况下才不是正犯而是共犯,即对一身专属的义务犯(亲手犯)。当行为人以不作为方式实施时,虽然负有结果回避义务,却不能满足全部构成要件,就只能成为帮助犯。
② 陈志辉. 身份犯之正犯认定:以德国义务犯理论为中心[J]. 政大法学评论, 2012(130): 361.

施来回避结果的发生。该义务虽然不是来源于刑法，却难以像由身份等产生的义务一样限制住主体的范围。故从此层面上来看，过失犯仍然是支配犯而非义务犯。与作为义务相联系，罗克辛认为全部不作为犯都属于义务犯。他认为，作为犯和不作为犯是关于犯罪的一种两分法，支配犯和义务犯是另一种两分法，二者之间是交叉关系。作为犯通常是支配犯，也可能是义务犯；不作为犯则由于不存在犯罪支配，全部是义务犯。那么就正犯的成立要件而言，作为的正犯要件二元化为犯罪支配和义务违反；而不作为的正犯准则是一元的，只要违反了保证义务，就是正犯。如此处理带来的后果就是，大多数犯罪以不作为方式实施时是义务犯，以作为方式实施时是支配犯。因为义务犯原则上都是正犯，那么不作为的行为均按正犯处理，而支配犯是否成为正犯要由其是否有犯罪支配而定，故无犯罪支配的帮助行为就只能成为帮助犯。根据德国刑法典第13条第2款的规定，不作为犯只是可以减轻处罚；而第27条第2款规定帮助犯必须减轻处罚。于是就出现了一个处罚上的矛盾，即在其他条件相同的情况下，什么都没做的人比做了什么的人受到的处罚更严厉。

　　罗克辛之前希望向另一位支持并发展该理论的雅各布斯取经，以解决上述问题与矛盾，使其理论体系更加完善。但是根据许乃曼的适切批评，二者的义务犯理论具有不同的理论基础，后者是纯粹的规范主义，而前者并不否认刑法之前实际情况的存在论构造。[①] 罗克辛自己也注意到，虽然他与雅各布斯都是机能的、目的理性的犯罪体系的倡导者，但自己的人格机能论的刑法理论与雅各布斯的体系机能论的刑法理论在根基上是不相容的。[②] 在无法与雅各布斯的观点融合之后，罗克辛转而倾向于许乃曼的观点，认为许乃曼的"对于结果的原因有支配"是不纯正不作为犯和作为犯等价的共同上位原则，认为义务犯中行为人对犯罪行为所拥有的是所谓的控制支配。但是果真选择向许乃曼的理论靠拢的话，义务犯就彻底失去了存在的必要。

　　故此，罗克辛的义务犯理论虽然具有开创性，但是还存在着诸多的矛盾与困境需要解决。虽然该理论也有一定的支持者，然而大部分的支持意见多半没有进一步论证就承认义务犯概念，属于单纯附和性的赞同。相较之下，雅各布斯的见解是义务犯理论产生以来最重要的发展，因此笔者将紧接着论述雅各布斯对义务犯理论的另一种论述。

---

① 许乃曼. 德国不作为犯学理的现状 [C] //陈志辉，译. 陈兴良. 刑事法评论：第13卷. 北京：中国政法大学出版社，2003：408.
② 罗克辛. 德国犯罪原理的发展与现代趋势 [J]. 王世洲，译. 法学家，2007（1）：160.

二、雅各布斯的义务犯理论

雅各布斯于1983年在其第一版刑法教科书的前言中表示,在有必要对所有的刑法概念进行再规范化以及功能化的情况下,作为犯和不作为犯之间的对立已经失去清楚的界限,因为不论是哪一方,都是以组织管辖或制度管辖作为基础的。其出发点是人类能够形塑社会,又始终存在于一个伴随着许多制度而被塑造出来的社会中,所以稳固的规范期待对于实现社会接触是必要的。[①]

一方面,有必要期待所有人有秩序地处理其组织领域,并避免产生外部影响,造成他人损害。此种期待的稳定是不可避免的,因为没有人可以同时支配所有的组织领域,而且因为法的缘故,也没有什么人能够如此广泛地支配自己的领域。这样的期待只有一种消极内涵,对于期待的落空所形成的犯罪被称为支配犯。依照雅各布斯的见解,组织领域是指为了避免他人受到损害,行为人有必要耗费精力,因为凡是利用行为自由之人,就应该承担精力的耗费。组织领域的范围取决于一个已经形成的作为或不作为的可能影响。所以不仅作为支配犯被列入基于组织管辖所生之犯罪,基于危险前行为、往来义务或承担的结果避免义务而衍生之保证人地位,这样的不作为犯也被列入组织管辖犯罪的范畴。因为它们的处罚理由是相同的:在发展组织领域时需要顾及他人。

另一方面,也有必要期待基本的制度能合于秩序地有效运作。此种期待具有一种积极的内涵,即体制会在个别人的组织领域内受到调整。对这种期待的落空所生之犯罪,成为义务犯。这些义务与体制制度密切连接,应该是通过行为人的法律地位与法益之间的关系而决定制度管辖之有无。担保制度的义务在于担保利益或担保危险不发生。诸如父母子女关系、婚姻、特别的信赖关系以及先天的国家义务等被称为体制制度。[②]

雅各布斯提出的组织管辖和制度管辖虽然在用语上有些生僻,但并不是闭门造车凭空想象出来的,实际上这两个术语所对应的消极义务和积极义务具有悠久的思想史渊源。早在古罗马时期,西塞罗就在其著作《论义务》中指出义务在各个角度各个层次上的重要性:"生活的任何一个方面,无论是公共的还是私人的,无论是法庭事务还

[①] 雅各布斯. 行为 责任 刑法 [M]. 冯军,译. 北京:中国政法大学出版社,1997:67.
[②] 何庆仁. 义务犯研究 [M]. 北京:中国人民大学出版社,2010:25.

是家庭事务，无论是你对自己提出什么要求还是与他人订立什么协议，都不可能不涉及义务。"其中消极义务的思想渊源在于认为公正的第一任务就是不伤害他人。"不得伤害他人"的消极义务随后成为罗马法中的一项传统制度得以流传。现在所讲的"市民的原初义务只是不作为"的说法就不过是对"不得伤害他人"的重新确认而已。和消极义务一样，西塞罗同样对积极义务也有所论述："我们出生不只是为了自己，祖国对我们的出生有所期求，朋友们对我们的出生也有所期求……人类为了人类而生，为了人们之间能互相帮助，由此我们应该遵从自然作为指导者，为公共利益服务，或用技艺，或用劳动，或尽自己的能力使人们相互更紧密地联系在一起。"① 总之，积极义务所要求的不只是"不得伤害他人"，而是必须积极地去帮助和保护他人，并致力改善和提高他人的状况。

虽然罗克辛所发展出来的义务犯概念被雅各布斯所接受，但是二者所发展出来的概念不仅在论证上有所区别，在概念范围上也有差别。罗克辛认为，违反义务只不过是区分正犯与共犯的决定性因素；雅各布斯却认为，违反义务构成了犯罪的刑罚基础，因为犯罪的实质内涵并不是法益侵害，而是规范违反。根据雅各布斯的观点，作为保证人之正犯有义务在制度上使利益获得保障，这类的犯罪都属于义务犯，不仅所有的基于制度管辖而衍生保证人义务的不作为犯属于义务犯，所有因为制度管辖所衍生之保证人的作为犯也属于义务犯。比如说警察参与谋害普通公民是义务犯，不论其参与的程度如何，始终是正犯。因为其行为违反了保护公民安全的体制上的特别义务。相较于罗克辛，雅各布斯借由引入制度概念而扩张了义务犯的范围。

此外，雅各布斯进一步区分了义务犯（狭义的身份犯）和广义的身份犯。在广义的身份犯中，刑法上所制裁的义务既不是体制上应被保障之关系的部分（例如公务员、军人、双亲、监护人、信赖接收者等），也没有把有义务之人纳入体制（例如伪证罪的证人或泄露秘密罪的执业者）。这些刑法上制裁的义务只不过是孤立的义务，其并没有证立义务之人的法律地位。根据雅各布斯的看法，广义身份犯之所以限制正犯范围，是因为根本只有如此或以实际上重要的方式才有可能符合构成要件行为，或者因为只有某些人可以用特别容易或实际上显著的方式攻击利益。② 例如德国刑法典第142条规定的擅自逃离肇事现场行为（要求主体是"擅自离开肇事现场的人"）、第290条规定

---

① 西塞罗. 论义务[M]. 王焕生，译. 北京：中国政法大学出版社，1999：9-10.
② 陈志辉. 身份犯之正犯认定：以德国义务犯理论为中心[J]. 政大法学评论，2012（130）：383.

的非法使用质物行为（要求主体是公开的质权人）等。所有基于组织关系衍生保证人义务的不作为犯，依照其处罚基础，应该被判定为支配犯，因而不属于义务犯的范畴。因此，由于受到体制的限制，义务犯的范围在一些方面被局部地限缩了。

三、义务犯与等价性理论

义务犯理论不考虑犯罪支配，仅凭义务违反就将行为人作为正犯处理，导致自然意义上原本只是帮助、教唆的行为也被论以正犯。一些学者对此批评说这与不作为犯和作为犯的等价性理论背道而驰。

施特拉腾韦特在其教科书中批评义务犯理论在不作为的场合违反了等价性原则。他分析道："如果这意味着，负有特定义务之人哪怕只是最浅层次地参与了本来可以由他自己实施，并满足构成要件规定的特别行为的，也足以成立正犯，则明显违背了'法无明文规定不为罪'这一基本原则。"[①] 并且他以德国刑法典第348条的"职务上的虚伪记录"为例，认为一个没有干涉他人在公共登记簿上做虚伪记载的公务员，不应成立正犯。总之，当刑法分则规定的构成要件只强调了身份者的特别义务时，认为义务犯和等价性理论是"和谐"的，不存在冲突的问题；当刑法分则规定的构成要件既规定了义务要素又对行为方式作了具体描述时，为了和立法者的意图相一致，仅有义务要素就不足以和作为等价，还必须考虑不作为的社会意义内容，否则不足以说明为何立法者特意在义务要素之外再行对行为方式提出要求。

然而，何庆仁认为，上述的批评是不彻底的。他认为，就决定不作为正犯性的等价性而言，因为支配犯和义务犯是两种不同的正犯类型，对支配犯和义务犯进行区分思考是必要的。在支配犯中，可罚性的基础是行为人组织了本身范围中的状况并导致被害方处于危险之中，应当阻止该行为的义务不仅存在有无的问题，还存在程度的问题。即使是不作为犯，也要达到支配了犯罪的程度才是正犯，否则就只能是共犯或无罪。从这个意义上来说，等价性理论有其参考意义。而在义务犯中，可罚性和正犯性的基础都是义务违反，义务违反只存在有无的问题，程度的问题在构成要件阶段不再重要，只要行为人违反了义务，即使没有达到物理上支配犯罪的程度，正犯也已经成立，因此等价性理论就是多余的，或者说义务犯理论已经覆盖了等价性理论。

---

① 施特拉腾韦特，库伦. 刑法总论Ⅰ：犯罪论[M]. 杨萌，译. 北京：法律出版社，2006：298-299.

随之而来的问题是，当构成要件具体描述了行为方式时，是否就意味着它是支配犯？对此，何庆仁认为，首先，义务犯也当然要通过具体的行为方式来实施。支配对于义务犯来说是充分而不必要条件，警察帮助小偷盗窃和警察强令小偷盗窃的场合，其行为均违反保护公民、维护社会治安的特别义务。义务违反终究要和一个特定的行为描写有关。其次，当构成要件中出现了特定的行为和结果时，马上联想到犯罪支配不足为奇。然而，不法已不再无条件地由一定的行为所决定，而是通过法秩序给予他的期望与失望。在这种犯罪形式下，正犯在构成要件上固有的内容同样不再受行为实施之特别模式的影响，而是取决于它的特别义务。[①] 总之，义务犯论的学者们认为，作为与不作为在存在论上的行为结构存在明显差异，无论学理上怎么努力，这种差异都是客观存在的。但是这种存在论结构上的差异对规范的、机能的刑法学理其实没有太大的影响，因为规范刑法原理注重的是规范评价的标准和立场，机能理解下的刑法注重的是机能评价的根据和方式。按照雅各布斯的观点，无论是作为还是不作为，都需要两分为支配犯和义务犯，分别按照组织管辖和制度管辖的不同准则来判断正犯性。为此，消极义务和积极义务的两分法逐渐取代了之前一直存在的作为义务和不作为义务的观点。

义务犯当然可以通过一定的行为表象出来，但是在义务犯那里，决定不法的始终是义务违反而与行为方式无关，而在像德国刑法典第348条的职务上的虚伪记录罪这样的构成要件中，行为方式同样决定着不法，这是罪刑法定原则的必然要求。何庆仁的观点有打压构成要件保障机能的嫌疑，即使是义务犯理论也要遵循罪刑法定原则。立法者在制定法条时不会仅仅列举部分行为，然后认为其他行为也可以符合构成要件，这是典型的类推。总之，义务要素显然无法涵盖同样规定在构成要件中的行为方式要素，故这类构成要件在本质上已经不属于义务犯了。

另外，与背信罪不同，那种被布洛伊称为混合的支配与义务犯是否属于义务犯也不无疑问。如果每一个特别义务的违反实际上都是创设正犯性的，那么把具有身份资格之人的帮助行为个别纳入法定的行为描述，一方面是多余的（按照义务犯理论反正也是正犯），另一方面也会产生误导的效果（会导致人们认为没被提及的参与形式就不属于正犯形态）。从德国刑法典的相关条文表述来看，像第120条（私放犯人）规定了

---

① 何庆仁. 义务犯研究[M]. 北京：中国人民大学出版社，2010：49.

"相关公务员私放犯人或引诱、鼓动其逃脱的"这样的行为构成;又比如第340条(职务上的身体伤害)规定"公务员在执行公务或与公务有关的事务时,自己或令他人实施身体伤害的",应处相应刑法。而在其他义务犯中则没有这样的表述,即没有将我们通常认为是共犯形式的行为纳入条文之中。因此,可以说义务犯理论失败于混合的支配与义务犯,其构成要件具有特别的违反方式。除了违反特别义务外,犯罪行为在法条上被进一步描述,如只有对他人进行虐待或使用暴力、暴力威胁或精神折磨才能构成第343条第1项(胁迫取证)的强制行为;只有虚伪记录法律上重要的事实或在公共登记册等内作虚伪记载的,才能构成第348条第1项的犯罪。也就是说,犯罪行为并非完全通过违反义务来加以阐明,所以帮助这一类犯罪行为的,并不理所当然地等同于正犯。这种混合的支配与义务犯只能够限缩正犯的范围,并没有放弃犯罪支配的要求。

四、对义务犯说的批判

雅各布斯根据体系机能论的刑法观提出的刑法归属原理的两个基石即组织管辖和制度管辖并没有逃脱被大肆抨击的命运。学者们对这两个相对陌生的概念充满了疑惑。

首先对于组织管辖,乍看之下是社会学的概念,但其实不是。因为在社会学中,人们把组织理解为社会的部分系统,系统的目标是达到特别的目的,系统拥有一个相对的被强烈形式化的内部结构,而且通过超个人的纪律标记出与个体结构上的区别。而雅各布斯却把组织等同于人的发展,使用组织犯作为支配犯的同义词。在雅各布斯眼中,组织领域被如此定义:为了避免他人受到损害,行为人有必要耗费精力,因为凡是利用行为自由之人,就应该承担精力的耗费。[①] 组织领域看起来好像趋近支配的构想,但是根据许乃曼的适切批评,以上所提及的组织领域的定义,很明显仅涉及对前行为的法律评价,根本就不涉及通过前行为所造成的状况以及在前行为中所发生的不作为的存在论结构。在危险前行为的保证人地位中,雅各布斯将个体所造成但是在其支配领域外所发生的事件也同样称为这个个体的组织领域,并认为组织关系的表达方式更适合作为德国刑法典第13条第一项对应条款的定义。组织管辖是危险前行为保证人地位的规范性前提条件,但是绝对无法证明作为和不纯正不作为具有充分的相似性,

---

① 雅各布斯. 行为 责任 刑法[M]. 冯军,译. 北京:中国政法大学出版社,1997:67.

因为在作为的情况中，无可争辩地涉及空间客体的支配领域。[①] 组织管辖的思维，即出自身体组织领域的行动，行为人就应当负责，完全是一种不受限制的纯粹的决断，而非论证。笔者认为许乃曼的批判具有一定道理。以前文所提到的"过失+故意"型的危险前行为场合为例，根据义务犯理论，行为人在实施了前行为后，就负有了"不得伤害他人"的消极义务，因此事后的不救助就是违反义务。但是雅各布斯将此种情况认定为支配犯，而支配犯无法适用义务犯无须判断等价性就可成立正犯的规则。因此，其观点是无法直接得出行为人成为不纯正不作为犯的结论的，要么只能评价先前的过失行为（这会导致评价不充分），要么就得对支配犯的不作为犯的等价性问题进行解答，或认为这种情况是组织管辖与制度管辖的结合，然而对此并没有进行论述。

依照许乃曼的观点，将制度管辖概念导入刑法是更令人质疑的。雅各布斯的理论连接到刑法以外的民事法的法律规定，让他遭受双重的——方法论上以及内涵层面——彻底而严厉的批评。父母亲或监护人在民法上权利义务的规定清楚地显示出，为了填补空洞的公式，必须从实证主义中寻找救兵，因此雅各布斯尝试动用其他的法领域。不过，运用其他法领域上的内容是不具有说服力的，因为民法上的义务无法引起刑法上的义务。然而这点对雅各布斯而言完全不会是问题，因为他误以为完全可以一般性地从单纯的规范违反中导出刑罚。雅各布斯将制度管辖概念连接于刑法以外的法律制度，被评判为退步甚至过时的形式法律义务理论。[②] 笔者认为，将特别义务进行类型化的确是不恰当的，这会导致理论僵化。但是刑法上的义务难道真的不能来源于其他领域吗？法律是最低限度的伦理，将道德中对于维护社会秩序不可或缺的部分提升为法律以确保它的实施。[③] 但是由于种种原因，立法者不可能将所有需要法律化的伦理规范都赋予法律的形式，而这部分"法律漏洞"只能根据法律的精神进行补充。并且，刑法具有保障法的地位，这表现在它是运用强有力的惩罚措施来保障其他一切法的制裁力量。[④] 刑法对其他部门法规定的义务的认可也可以认为是由刑法在整个法律体系中的地位使然。我们可以批判制度管辖的范围不明确或实质化程度不够（为什么义

---

① 许乃曼. 德国不作为犯学理的现状［C］//陈志辉，译. 陈兴良. 刑事法评论：第13卷. 北京：中国政法大学出版社，2003：384.
② 许乃曼. 作为学术的刑法释义学［C］//许玉秀，陈志辉，等. 不移不惑献身法与正义：许乃曼教授刑事法论文选辑. 台北：公益信托春风煦日学术基金，2006：137-138.
③ 庞德. 法律与道德［M］. 陈林林，译. 北京：中国政法大学出版社，2003：147.
④ 卢梭. 社会契约论［M］. 何兆武，译. 北京：商务印书馆，2010：43.

务犯要致力改善被害人的状况),但是就像是保证人理论中的道德主义进路一样,其方法论不应当受到过分的指责。

此外,相较于"组织"概念,因为制度概念的内容具有更高的抽象性,所以它不适合为不作为之刑法上的作为等价性提出标准。正如许乃曼指出的,制度管辖不外乎就是被规定的行为的任何一种社会规范(还未成为法规范),而不是任何违反法规范或社会规范的行为都能构成不纯正不作为犯(社会规范也要求人们尊老爱幼,要求人们改善弱者的生存,但这不可能成为刑法上的特别义务)。这就是为什么雅各布斯的制度管辖要限制在对社会存在具有基本重要性的制度上,例如父母子女关系、婚姻关系以及特别信赖等。通过这种方式,雅各布斯一方面淡化他的基础分类,因为"特别信赖"根本就不是具体的社会制度。另一方面,他所称"对社会存在具有基本的重要性",是一个极不明确的区分公式,也提出了一个错误的观点,因为不作为的等价性并不是取决于制度的应保护性,而是取决于受威胁法益的应保护性。例如,登山向导这个体制虽然在现在的社会中是必要的,但是在19世纪(当时只有特殊的人才会登山)就已经从承担无助法益的保护中得出危险共同体的保证人地位。即使当时禁止登山,登山向导仍然具有保证人地位。同样的混乱出现在婚姻关系中。雅各布斯原来认为,即便没有实际的共同生活,婚姻关系也会引发保证人地位的义务。不过,自从婚姻法改革以后,离婚变得比较容易,所以雅各布斯后来改变了见解,删除了婚姻关系可以证立保证人地位的作为等价性。日本学者渡边卓也认为,制度管辖把不作为的等价性问题从因果关系论的束缚中解放了出来,但是无论是扩大还是限缩特别义务的范围,都会存在问题,只对制度管辖作广度上的调整是难以从本质上解决问题的,等价性问题还是应当从价值论角度对因果关系进行检讨。①

再次,"管辖"一词高度抽象,因而内容空洞,原本属于社会学范畴的"制度管辖"具有更高程度的抽象性。如果我们把一个如此模糊的概念从社会学直接移植到刑法学中,恐怕会大失所望。在日本,对义务犯理论颇有研究的平山干子也认为,雅各布斯的义务犯理论不能原封不动地应用于日本,尤其在所谓违反基于制度管辖的特别义务的场合,必须坚守构成要件符合性的考虑。② 我国尤其不应该采纳制度管辖的概念

---

① 渡邊卓也. 電脳空間における接続業者の不作為と刑事の帰責 [J]. ソシオサイエンス. 2002, 8: 244.
② 平山幹子. 不作為犯と正犯原理 [M]. 東京:成文堂, 2005:167.

与理论，否则将淡化构成要件的定型意义，退回到以社会危害性作为定罪依据的时代。

比起组织管辖和制度管辖的有关批判，更为重要的是，义务犯理论排斥法益侵害说的适用，这引起了其他刑法学者的强烈反对。雅各布斯认为，在义务犯中，不仅正犯性是被特别义务之违反所决定的，而且可罚性同样如此。每当行为人不是在扮演仅仅具有不允许伤害他人的否定性内容的角色，而是在担任一个具有肯定性内容的角色时，他就具有实现一种制度的任务。这时，人们称违反义务的结果为法益侵害就是不完全恰当的，因为行为人对制度的破坏没有被提到。但是这种观点受到了其他学者的强烈反对。就连和雅各布斯一样提出义务犯理论的罗克辛也认为："首先由我提出的义务犯，主要是指在职务中的犯罪行为遭到了雅各布斯的否定，他认为这类犯罪并不是由于损害了法益。比如法官的枉法裁判，只能理解为义务损害才是正确的，而不是法益侵害。但是司法，它的法益特征是不可否认的，如果法官有意做出一个错误判决，那就是对司法以最严重的方式实施的损害。与此相对，犯罪构成中特定的义务损害只是正犯的一个特征而非可罚性的依据。尽管行为人不是法官，还是可以作为教唆犯和帮助犯予以刑罚处罚的（此时共犯没有义务，自然没有义务违反，对其的处罚依据在于对法益侵害的间接惹起）。没有法益损害而承认可罚性，这是不可能的。"①

但是提倡义务犯概念的罗克辛一面主张义务犯的可罚性基础是法益侵害，一面又认为义务犯的核心人物（正犯）是与支配了法益侵害的因果流程无关的人，导致支配犯的正犯准则和可罚性基础是一元的理解，而义务犯却是二元的，这明显存在矛盾。既然认为"法益侵害才是可罚性的基础"，那么同时认为"正犯是支配了法益侵害的因果流程的人"才是符合逻辑的见解。据此，许乃曼的结果原因支配说和对保证人身份犯的理解与法益侵害说更具亲和性。当然，针对上述共犯处罚的问题，义务犯理论会认为，枉法裁判罪是独立于法益概念而存在的，对法官的教唆、帮助当然可罚，但却不是因为侵犯了法益，而是因为教唆者、帮助者对法官的义务违反行为有所贡献。这一见解对于义务犯理论来说也可谓一以贯之，但是"义务违反作为可罚性基础"这一

---

① 罗克辛. 刑法的任务不是法益保护吗 [C] // 樊文，译. 陈兴良. 刑事法评论：第19卷. 北京：北京大学出版社，2007：164.

观点本身可能就存在问题。①

第三节 许乃曼的结果原因支配说

就正犯理论而言，前文提到罗克辛的观点，即在作为犯中采取支配犯与义务犯之正犯准则和归属原理的两分法，在不作为犯中采取义务犯的一元论，因而放弃了对规范的正犯准则和机能的归属原理进行统一思考。和罗克辛的观点不同，一些学者认为在作为和不作为中寻求统一的正犯准则和归属原理是完全有可能的。一种努力的方向就是雅各布斯提出的义务犯理论，而另一种观点则是许乃曼的支配理论。许乃曼的支配理论试图将罗克辛所发展出来的二元正犯概念以现实支配的共同标准构建成单一的一元正犯概念。他认为，"对于结果的原因支配"是所有犯罪的共同归属原理和正犯准则，作为犯固然如此，不作为犯也必须在对于作为犯可罚性而言重要的物本逻辑结构

---

① 雅各布斯在刑法教义学中主张的首要原则就是：刑法的任务不是保护法益而是维护和确证规范的效力。按照这种观点，犯罪人在具体案件中宣告了规范的无效性，而刑罚确证了这一宣告是不足为鉴的，并进一步确证了规范的效力。然而，将犯罪仅仅认定为是一种"对规范效力的攻击"和"处罚的目的只是要确证规范的效力，并且通过纯粹的刑法科处就可以达到这个目的"，这两个结论都是不能被赞成的。首先，规范效力乃是一种社会心理事实。一个未被发现的犯罪乃至一个被发现的犯罪如盗窃，都无法动摇规范效力。就算是盗窃罪的行为人，也没有想去质疑规范的效力，其想法只是将他人的财物据为己有。没有认识的过失乃是一种现实中存在的现象，在这种现象中，涉及的也不是对规范的质疑，而是给具体的法益创造了危险。而且即便犯罪确实动摇了人们对规范的信任，但是刑法上的相应的损害并不在于对公民造成了不安，而在于它具体地损害了受害人和其在构成要件上受到保护的法益。在刑罚方面，假若刑罚仅仅具有通过反驳的方式确证被犯罪人否定的规范效力这种意义，那么刑罚就基本上没有科处和执行的必要了。因为我们只要对犯罪进行公开非难，就可以同样明确地表达出我们的反驳了。普珀更是对此批判道："社会没有抢先地自告奋勇地去从事实上落实它的规范，哪怕是部分地落实都没有；反而却只会利用规范被破坏的机会，来针对规范的进一步效力进行象征性的自我校验。这种仪式是难以置信的，如果不说它根本就是滑稽的话。"其实，雅各布斯后来接受了这种批评，对于"为什么在宣告犯罪后还要施加痛苦"这一点，他的回答是，如果规范之确证要能引导举止的话，那么这种确证就必须是在"认知性地进行加固"，认知性地保障规范的效力，就是刑罚的目标。由此可见，刑法的任务不仅取决于通过刑罚权进行的规范效力的象征性确证，尤其取决于规范效力的认知性保障，因此，也就是取决于通过刑法保证的免于危险的社会生活。由此出发，那么刑罚的下一个任务就正好是法益保护。这样，以法益为媒介，规范维护和法益保护之间的对立就会在很大程度上得以消解。但是雅各布斯极力否定法益保护这个任务，不得不说令人困惑。罗克辛. 刑事政策与刑法体系 [M]. 蔡桂生，译. 北京：中国人民大学出版社，2010：88-89.

中去寻找答案。只有保证人支配了重要的结果之原因或者支配了法益的无助性时，不作为才能和作为一样有成立正犯的基础。

一、一种事前的支配理论

许乃曼的方法论基础是，在"依照自然主义模式或目的主义模式纯粹存在论的行动和在雅各布斯理论意义下的纯粹规范主义之间尝试取得一个平衡"，"根据经验上可得掌握的实际状况（事物本质），将构成寻法基点的立法者决定加以具体化，而且寻求符合立法价值的'存在论结构'"。① 这里说的"立法价值"的判断，就是不纯正不作为应当与作为等价。许乃曼的观点是探求如何能够将这个等价性原则具体化，而这个具体化的意思就是寻找出一些存在论上的生活事实。可是，等价性原则与具体的生活事实之间不能直接画等号。因为人们并不能直接看出，父母子女的关系或主人对狗的饲养管理本身能对不作为犯与作为犯的等价做出什么贡献。这里需要一个中间概念，而这个概念就是支配。

许乃曼认为，犯罪事件是行为人决定他的支配领域内发生或者不发生什么的一种表达，行为人必须总是控制着结果发生的原因。其认为作为与不作为的归责基础都是行为人与结果之间存在某种特定的关系，即行为人对结果发生的原因具有现实的支配力。"对结果原因的支配"是作为与不作为等价性的物本逻辑基础。具体来说，如果不作为的结果可以像行为人以作为的方式引起的结果一样归责给行为人，那么在导致结果的事件进程中，不作为行为人的地位应该与作为的行为人处于同一等级。在作为犯场合，行为人的地位不在于简单的因果关系，而在于由积极的作为体现的行为人对导致法益侵害的整体事件程序的支配力。与此相对，只有当不作为的行为人对导致法益侵害的整体事件程序具有支配控制的地位，该支配力如同作为犯对作为的支配一样是真实的，不会与潜在的控制相混淆，才能够从支配角度把不作为与作为相提并论。也就是说，仅仅规范性地违反义务还不能在刑法上证明什么，必须在事物的本质中寻找作为和不作为等价的存在论结构基础，才能确立不作为者的责任。

由此可见，在许乃曼的支配理论中，对结果原因的支配是一种实际的、事实的支

---

① 许乃曼. 在莱比锡和维也纳刑法注释书中所呈现出来刑法修正后的德语区刑法学［C］//许玉秀，陈志辉，等. 不移不惑献身法与正义：许乃曼教授刑事法论文选辑. 台北：公益信托春风煦日学术基金，2006：342.

配,并不是一般的支配理论中的"支配地位"所表示的那种潜在的、可能的支配,而且它不能与例如检验因果关系时的防果可能性(支配可能性)相混淆(以为偶然路过的跟整个事件没有关系的路人,也可能具有此种防果可能性)。正如许玉秀指出的,相对于一般支配理论所说的支配地位,许乃曼的支配概念是支配实力的意思。这种支配既包括对法益无助状况的支配,也包括对危险源的支配,但是无论哪种支配,都是事实上、现实存在的一种支配。①

与日本学者如西田典之、佐伯仁志等提出的排他的支配说不同,许乃曼的理论注重支配的"事前性"。许乃曼在最初展开他的理论时,强调的重点在于支配的事实性。与那种潜在的、可能的支配不同,他所主张的支配,是一种实际的支配力。在这之后,该理论受到了很多质疑,许乃曼又不断论证和宣传他的观点,他反复强调他所说的"支配"是一种"事前的支配"。许乃曼在其文章中曾表示,此种支配可以说是先前就确定了的,因为侵害时间的来源或者客体先前早就已经受到控制,在由不作为行为人所控制、完全被理解为具体的社会领域之中,受唾弃的事件必须被当成其意志的作品。② 关于这个支配的事前性,我们可以用最简单的没有争议的例子来说明。例如,父母的支配不是出现在小孩生病或饥饿的阶段,不是出现在这个导向侵害结果的因果过程之中,而是出现在小孩还未生病也未嗷嗷待哺之前。在这个会被认定为犯罪的过程之前,父母就已经对小孩的特定生活领域有支配。这就是对法益无助状况的支配。再比如,主人对其饲养的狗的支配,也不是指狗咬人的时候能够阻拦和制止的支配,而是指在狗没有咬人之前主人对狗就存在支配关系。这属于对危险源的支配。③

在学界诸多的支配理论中,"结果原因的支配"理论可以说是最纯正的。在这个支配理论中,支配的时点是因果流程启动之前。在原因还没有开始向结果迈进和转化之前,支配原因的人就是许氏理论上的保证人。许乃曼的理论得到罗克辛的大力支持,因为该理论支持了罗克辛在作为犯的正犯领域中坚持的支配概念。罗克辛在后期认为,不作为要想和作为等价,就只能在不作为中找到一个类似于作为中的行为支配标准的概念才能实现。而许乃曼找到了这个概念,就是所谓的"控制性支配",也就是事前支

---

① 许玉秀. 主观与客观之间:主观理论与客观归责 [M]. 北京:法律出版社,2008:224.
② 许乃曼. 德国不作为犯法理的现状 [C] //许玉秀,陈志辉,等. 不移不惑献身法与正义:许乃曼教授刑事法论文选辑. 台北:公益信托春风煦日学术基金,2006:656.
③ 但是,如果狗已经不受驯化且长期脱离主人的管理,则日后主人看到该狗袭击路人而未予制止的场合就不构成犯罪,因为他已经长期失去了对该危险源的支配。

配,由此作为与不作为的等同地位就建立起来。① 于是,许乃曼高举着不作为犯中的支配概念,与罗克辛在作为犯中首倡的支配概念胜利会师。两位学者可以说是在互相支援中,在支配概念下,巩固了各自的理论贡献。

另外需要说明的一点是,对于身份犯,许乃曼一开始也支持罗克辛的见解,认为决定身份犯正犯性的标准在于违反刑法以外的法律义务。刑法以外的特别义务标明了构成要件的特征,并且完全取代适用于支配犯的归责标准。不过,后来许乃曼强调,作为前提要件的特别行为人之资格总是与保证人地位产生关联,无论是对危险源的监督还是对法益无助状态的支配。而义务犯理论所提出的刑法以外的特别义务只是这种支配地位的附带现象而已。换言之,特别义务并不是刑法法律义务的基础,而只是间接证据。

在罗克辛认为是典型义务犯的背信罪中,并没有在民法上从属地处罚违反民法上的义务这种规定。该罪是透过"事实上的忠诚关系"证立正犯的资格。凡是通过他人的信赖行为所授予的保护地位和接近地位之人,对他人财产若不忠实地进行保护,就会被依背信罪处罚。所以背信罪的正犯资格在结构上符合"因为他人的信赖行动对受害者的部分无助状态有支配"而衍生的保证人地位。对德国刑法典第 203 条的泄露秘密罪,也可以用"对法益客体的无助状态有支配"来解释为什么立法者限制该罪的行为主体。该罪的行为主体(以第 1 项第 1 款规定的医生为例)不仅包括违背刑法之前的医生缄默义务之人,也包括医生的代理人以及其他在医生死后从遗产中得知情报的人。刑法的保护就建立在对法益客体无助状态有支配的安置上,正犯范围的限制与主体是否有职业法上的特别义务无关。总之,许乃曼不是将身份犯理解为义务犯,而是将其理解为保证人身份犯。身份犯的正犯性来源于保证人对身份犯保护法益的支配地位,无论他是积极作为还是在其支配范围内让法益侵害发生。②

---

① 罗克辛. 德国刑法学总论:第 2 卷:犯罪行为的特别表现形式 [M]. 王世洲,等,译,北京:法律出版社,2013:540.
② 许玉秀. 刑法的问题与对策 [M]. 台北:春风煦日编辑小组,1999:54. 以此观点来重新审视上文施特拉腾韦特提出的例子,公务员自然对公文记录的真实性具有保证人地位,然而既然在正犯性的判断上采用支配理论,就不得不考虑不作为的等价性。从限制手段犯的角度出发,即使公务员彼时完全有能力阻止法益侵害的发生,也无法以不作为的方式切实支配犯罪事实,故只能成立非身份犯的共同正犯或共犯。

二、许乃曼对其理论的几点澄清

（一）对支配概念不明确的回应

作为许乃曼从作为犯的结构中发展出来，能够同时为作为犯和不作为犯的正犯性提供判断标准的概念，"支配"的核心是对结果发生原因的现实控制力。此种支配概念，和刑法中诸如"危险""注意义务""结果回避可能性"等概念一样，在分析过程中不可避免会介入价值判断，无法为其外延划定明确的范围，但这个范围会在"支配"概念的深入应用过程中逐渐明确。随着理论和实务对各种生活事实中的行为人是否支配结果发生的原因予以确认或否认，人们对这一概念的认识也会逐渐明晰。这一过程会以最容易判断的场合为基础进行延伸，例如父母与刚出生的婴儿之间的支配关系是不言自明的，父母对婴儿的全部生活具有近乎100%的掌控，对于尚不具有成熟意志的婴儿而言，其也近乎不可能反抗父母做出的任何决定。而以此为基础，对于相似的场合①，就能够通过类比的方式予以延伸解决：闯入者对于屋内的婴儿不具有保护支配，因为其欠缺支配意思和支配事实。闯入者对于婴儿发生的危险仅具有防果可能性，这与父母对婴儿具有现实的、在发生危险前就已经存在的支配具有本质的不同，父母对婴儿的实际支配，体现在他们拥有住宅的钥匙、知道婴儿的健康状况以及知道婴儿独自在家可能发生的危险等多个方面。可以说，闯入者的不作为对于结果发生的控制力是不够的，没有达到和作为的原因力相同的程度等级，闯入者的不作为至多被评价为德国刑法典第323c条的情形，以单纯不为救助罪追究其责任。

质疑支配的界限，例如明确在什么时候支配终了，以及在电影院看电影的父母对于他们在家的孩子在什么范围内具有保护支配，表面上看起来是支配概念不明确，实际上这些问题并不难加以解释。为了清楚地说明支配的界限，许乃曼列举了两个例子。陶土案：一位卡车司机不可避免地把一部分陶土洒落在街道中央而未予清理，使后续车辆发生了意外事故，其归责建立在违反注意地放弃支配。树木案：一位驾驶员不幸撞上了一棵树，树被撞倒在街上形成路障，随后引发了交通事故。在陶土案中，危险源陶土是支配领域的一部分，支配关系通过不清理陶土而终止。在树木案中，危险来

---

① 如父母在电影院，闯空门者闯入其住宅且实际上对熟睡的孩子具有支配，如果这时孩子出现呼吸困难等危险，那么其不予救助的刑事责任如何界定？是为了排除闯空门者的不予救助义务而否定其保证人地位，还是认为其构成不作为犯？

源在汽车，但是驾驶员与树木之间不具有支配关系。至于支配所涉及的范围，许乃曼的解释是，父母对孩子的实际支配在于他们拥有住宅的钥匙、知道孩子的位置以及知道住宅的危险来源等。因此，尝试借助不难加以解释的分界细节来降低支配概念的说服力是失败的。

（二）支配的现实性

有学者指出，要求支配的现实性在物品所有人责任的场合会遭遇无法解决的难题，至少在德国民法典第855条"分级的物之支配"的情形中是如此。因为在占有人和占有辅助人的关系中，有可能占有辅助人尽管受到指示的拘束，但是单独地对物品具有现实的支配。我们不可以把较上位的占有人对于物的支配称为"现实的、实际的或当前的"。

对于此之疑问，许乃曼承认分层的支配关系，认为对于物品的现实支配力不仅通过身体占有，还可以通过组织而产生。组织的领导者对于所有列入组织内的物品具有核心的力量，下位占有者必须遵照上位占有者对物品的指示为之。这个物本逻辑的支配关系是不容忽视的。较上位的占有人对于控制辅助人的选任负担保证人的刑责。这点可以用以下案例进行说明。饲主A因为要外出旅行，于是请邻居B代为照料其爱犬。A在外出期间打电话给B想要了解情况，B的太太告诉A，B整个下午都喝醉了，下午遛狗的时候狗差点咬到别人。A听到后并未在意，没有让B停止每天遛狗，导致隔天狗将行人咬伤。案例稍加修改，我们也可以认为，A在委托监督之前已经知道B是个酒鬼，尽管如此仍然进行委托。A作为狗的饲主，有义务阻止他的狗伤害其他人，虽然他的义务通过委托转移给了B，但是A并未完全地解除保证人责任，因为他具有命令权。当A知道B没有能力执行委托内容时，就必须放弃B而另选他人。如果A不实施这样的确保措施，则可能就会被论以作为或不作为的伤害罪。相反，对于汽车被偷而小偷野蛮驾驶危害公共安全的场合，汽车所有权人不具有这种支配关系，因为所有权人已丧失支配力。

（三）危险前行为的保证人地位

危险前行为的保证人地位一直为各国刑法理论所承认，依照许乃曼的等价原则即"对于造成结果的原因有支配"，前行为人的保证人地位应该被否定，因为前行为人对于危险源并不具有支配力。前行为人的支配完全在过去，他欠缺对于作为等价性必要的现实性，因为前行为人从他支配领域内放任因果历程，他对于整个事件仅有防止可能性，从而仅具有可能的支配力。按照许乃曼的逻辑，如果前行为人在作为之后具有故意，则是一种不具有支配的故意，所以只是纯粹非犯罪的恶念。许乃曼也认为前行为人不具有保证人地位,其缺乏必要的支配意思,也欠缺被害者的屈服。

罗克辛表示,虽然他赞同许乃曼的等价标准,但是从先行行为得出保证人地位基本上是可能的,而且与控制支配的等价标准是一致的。人们必须确保自己所制造的危险被消除,这几乎是显而易见的。依照罗克辛的见解,在危险前行为的情况中,控制范围(支配范围)的界限必须规范地确定,如果欠缺现实的支配状况的话。① 然而,陈志辉认为罗克辛的见解也不恰当,因为罗克辛在危险前行为保证人地位所发展出的支配概念,是一种规范化的创造物,是一种纯粹的法律判断,不是真实的支配,这与其他以真实支配为基础的保证人地位类型无法比较。因此,罗克辛的论证是一种方法上论不具有承载力的类推适用。在发展类似归责时,只要这个修正对指导性的评价观点是不重要的,就应允许某种程度的修正。但是先行行为的场合显然不属于这种情况。即便是先行行为人通过其违反义务的前行为使得被害人成为无助的,也无法改变危险前行为保证人地位应该受到否定的事实。即便按照罗克辛的观点,在危险前行为保证人地位的案件中,应当减少其刑罚,也无法合理化其支配概念的前后不一致,反而证实了许乃曼的解决方案,为此修订德国刑法典第 323c 条不为救助罪为加重类型。

(四)产品责任与支配

维拉批评许乃曼理论中不公平的处理,虽然肯定去电影院看电影的父母对在家睡觉的孩子具有救助义务,但是却因为欠缺支配而否定危险产品制造人的回收义务,即便制造者有违反注意义务的行为。②

对此,陈志辉作出了回应。首先,必须厘清保证人的义务范围。依照许乃曼的适切看法,刑法保证人地位在此处只能够证明有警告消费者的义务,即便民法上有要求产品回收义务,否则会产生危险产品的赔偿责任。刑法上的防止结果发生的义务仅能够指向转发危险信息以及任何人都能做到的警告,而非产品回收。因为消费者当然必须自己决定是否继续使用或不使用属于其财产的危险产品。

此外,许乃曼在早期的文章中否定产品制造人的保证人地位,因为产品已经进入交易领域,制造者已经丧失了任何一种实质的支配。但是他后来改变了见解,而且认为最具有说服力的解决方案还是支配理论。生产者允诺顾客持续地监控产品,顾客相

---

① 罗克辛. 德国刑法学总论:第 2 卷:犯罪行为的特别表现形式 [M]. 王世洲,等译,北京:法律出版社,2013:572.
② Sanchez-Vera. (Fn. 23), S. 381,转引自:陈志辉. 刑法保证人地位法理根据之分析 [C] //公益信托东吴法学基金. 不作为犯的现状与难题. 台北:元照出版有限公司,2015:339.

信生产者会管控产品的安全性（就如同病人相信医生、车主相信4S店一样）。在这个前提下，产生许乃曼所认为的对于被害人部分的无助状态有支配，可被承认为基于承担而衍生保证人地位的下位类型。罗克辛也支持这样的见解，并进一步补充道，在现代商品社会中，消费者通常不可能去检验所购买的货物在安全上一定没有问题或没有其他的危害性，所以消费者必须被迫相信，产品制造者不仅会遵守所有的安全标准，而且会通知他随后知悉的危险。① 故此，桑切斯·维拉所提到的不公平处理已经不存在，其批评已经过时。

三、对许乃曼观点的质疑

（一）对支配理论方法论质疑

与许玉秀批评排他的支配说相似，周漾沂对支配理论的方法论提出强烈质疑，认为保证人地位所涉及的是一个规范性陈述，一个具有拘束性的效力宣称，即保证人有义务采取作为。因此，支配思想就陷于一种"从实然导出应然的谬误"。② 对此，许乃曼及其弟子陈志辉做出了回应。

许乃曼指出，自己无意从现实当中引申出法律效果，而只是想顾及物理学的、生物学的以及社会学的事实，它们应被纳入法律的评价之中。评价总是要针对被评价的客体，即针对一些存在论上的东西，如果没有这种存在论的基础，评价就是空洞的。相反，如果我们没有从法律当中得悉现实中哪些部分是法律上重要的，那么对现实的解析在法的观点下就是盲目的。换言之，事实和规范的综合观察是必要的，也是可能的。③ 许乃曼还借用一个确定客观注意义务违反性的案例，来说明事物本质对于法律适用的影响。在公共汽车站，一般情况下应当是乘客先下后上。因此如果某个等车的人在汽车到站时因立即挤上车而弄伤其他人，则他的行为客观上违反了注意义务，属于过失伤害行为。这里的本质在于，如果先从拥挤的车厢下车然后再从较为宽敞的车站上车，则双方拥挤和受伤的危险比较小。但是若将案件稍稍修改，改为人们要搭乘热

---

① 不过许乃曼将产品制造者的保证人地位限制在"品牌商品"，罗克辛则不作如此的限制。笔者认为后者更具有说服力，因为品牌商品的较高价格并不代表更多的保护免于危险的义务，而是有时意味着较好的品质，有时仅仅是较高的价值，有时是品牌地位的象征。而且如果产品生产者可以通过放弃品牌商品的生产而不具有保护义务，那将会使人产生怀疑。
② 周漾沂. 重新建构刑法上保证人地位的法理基础［J］. 台大法学论丛，2014，43（1）：211.
③ 许乃曼. 刑法上故意与罪责之客观化［J］. 郑昆山，许玉秀，译. 政大法学评论，1994（50）：59.

带雨林河流上的一艘汽船,而等船人必须站在水里等候并且随时暴露在鳄鱼的威胁之下。在这里,从事物的本质出发,等船的人应先上船,而后船上的人再下船,以便尽可能降低等船人受害的危险。笔者认为,上例中许乃曼从事物的本质直接推出注意义务可能并不正确,从"先下后上会防止拥挤"这一事物本质是不能直接推导出"乘客应该先下后上"这一义务的。这里其实隐藏了一个中间项,即从事物本质(先上后下造成的血的经验教训)中逐渐形成了义务观念或行为规范(人们应该先上后下才是合理的),再通过这一规范得出具体情况下具体的注意义务。热带雨林的场合也是一样,并不是因为站在河里等船会被鳄鱼攻击这一事实的存在,就要求人们先上后下,而是由于这一事实导致社会形成了规范的观念意识,至少使得人们认为"我们有义务让等船的人先上来",才能推出义务,否则从事实到义务的推论就好比不作为场合"路人不救助溺水儿童就会死"的情况一样。路人之所以没有救助义务,是因为在该事实和作为义务之间没有任何规范要素的连接,从能力不能直接推出义务。故笔者认为,许玉秀对排他支配说的批判同样也适用于这里。

(二) 对作为与不作为中支配内涵的质疑

车浩认为,不作为犯中的支配与作为犯中的支配,仅仅是共用了一个词语的外壳而已,除此之外二者在所有重大的特征上都有根本性差异。第一,两个支配的时间点不同。作为犯的支配是在事中的支配,而不作为犯的支配是在事前的支配。第二,两个支配的物件不同。作为犯的支配是对因果流程的支配,而不作为犯的支配是对特定生活领域的支配。第三,两个支配的性质不尽相同。作为犯的支配主要是一种事实性的支配,是与行为人的作为动作本身紧密相连的;而不作为犯的支配,究竟是事实性的还是规范性的,还是两者兼而有之,基本上是不确定的。[①]

在许乃曼那里,他为了和作为犯的支配取得一致,强调支配的事实性和现实性,强调一种纯粹事实的、非规范意义上的支配力,由此与作为分享一个共同的物本逻辑基础。而其盟友罗克辛则认为这里的支配可以带有规范的色彩。例如,在警察的保证人地位上,不必强求警察已经接管了特定人员或客体,这种为国家的保护功能提供根据的特殊依赖关系,产生于"进入公民状态之时"。[②] 显然,这种以国家哲学为根据的

[①] 车浩. 保证人地位的实质根据 [C] // 公益信托东吴法学基金. 不作为犯的现状与难题. 台北: 元照出版有限公司, 2015: 231.

[②] 罗克辛. 德国刑法学总论: 第2卷: 犯罪行为的特别表现形式 [M]. 王世洲, 等译, 北京: 法律出版社, 2013: 557.

保证人的支配类型,已经是一种再规范不过的支配了。

其实,就连声称坚持物本逻辑的许乃曼自己,其所使用的"支配"性质也有些不确定。他曾经就其支配理论举过这样两个例子。一个是"孕妇对无助的胎儿和新生儿拥有本质的先天的支配力,因此无论她通过积极的行为闷死孩子还是以不作为的方式任其死亡,都应该按不作为的杀人处罚"。另一个是"对不听主人命令而逃走的狗,主人不承担不作为的责任,因为他对狗这一危险源的支配力丧失已久,对于事件的进程来说,他和其他任何人一样与之毫无关系"。在后一个例子中,许乃曼明显地将支配的内涵严格限制在纯粹的事实层面。但是在前一个例子中,孕妇对无助的胎儿和新生儿所拥有的支配力,就变成了一种"本质的先天的支配力"。奇怪的是,在这种场合,护士、保姆或者前来探望的客人等对孩子的支配力事实上比刚生育结束而虚弱不堪的孕妇更强,这种情形为什么被视而不见呢?如果认为这些人对新生儿的支配不叫作支配的话,那么除了对支配作规范的理解之外,又如何从事实层面予以否认呢?

(三)对事实支配的质疑

首先,在前文提到的危险前行为的场合,许乃曼站在了反先行行为的阵营之中,认为实施前行为的行为人在造成发生结果的危险之后,对危险欠缺实际的支配(只有可能的支配),因而不能产生防止结果发生的保证人义务。但是在许玉秀看来,就支配力的观点而言,前行为人实施了违反义务的前行为,例如驾车不慎撞倒行人的场合,可以说这时行为人和被害人处在同一空间,他又是开启因果流程的人,最有可能救助被害人,也应该救助被害人。对此,也可以说成前行为人虽非故意开启因果流程,但他实际上可以有机会改变因果流程,所以有事实的支配力,有救助被害人的义务。许乃曼认为这种支配只是可能的支配是没有什么道理的,因为他所谓的实际的支配,在他所举的例子中只有一种,就是孕妇对肚子里的胎儿的支配,这种支配包含在人对自己身体的支配当中,与作为中的支配一样,的确是现实的支配。[①]

其次,许乃曼之所以坚持现实的、实质的支配可能是因为他想将作为义务与等价性的判断一步完成。比方说,一个被打得半死的人在夜晚被弃置于高速公路旁的水沟内,恰巧被夜晚巡视庄稼的老农发现。由于当时当地不会有别人出现,故被害者能否存活下来安全取决于这个老农。但是无论如何不能认定这个老农有保证人地位。对此,如果以事前支配的观念来看,就可以将这个老农排除在外。但是笔者认为保证人地位

---

① 许玉秀. 当代刑法思潮[M]. 北京:中国民主法制出版社,2005:690.

和等价性是两个问题，应分别判断。以上文所提倡的依存观念同样能够将农民排除在保证人之外，在能够准确划定保证人的前提下，通过支配可能性的观念判断等价性就没有什么不可。这时，因果关系与客观归责、作为可能性、过失理论和限制手段犯理论对于等价性的判断至关重要。

本章小结

本章考察的是现有的关于等价性判断标准的学说。这些学说无一例外地试图一步到位解决等价性问题。

作为犯和不纯正不作为犯的存在结构完全不同，这成了将二者等价的障碍。因此，不纯正不作为犯要想与作为犯等价，就要找到能够填补二者存在结构差异的要素，从而使二者在价值方面相等。只有找到符合的条件，不作为犯才能与作为犯等价，而传统的主观说和客观说都难以完成此项重任。从更加抽象、更加实质的价值论层面探讨不纯正不作为犯等价性判断的标准的义务犯说和结果原因支配说，其缺陷也是存在的。前者最大的缺陷在于否定法益侵害说的适用，而且以组织管辖和制度管辖这样的高度抽象的概念作为刑法上不作为与作为等价性的判断标准是否合适也存在疑问；后者最大的问题在于，以"事前的、实力的支配"为标准会极大地限缩不纯正不作为犯的成立范围，而且该说在认定支配的事实性方面也并非一以贯之。

但以结果原因支配说的思路为导向，将"支配"作为等价性的指导原则是合适的。只不过这里的支配并不一定是所谓的"现实的支配"，如果在作为义务方面不采取支配说而采取依存说，即合理地限制保证人的成立范围，在等价性的判断上就不必执着于事实性的事前支配的标准，通过支配可能性的观念判断等价性就没有什么不可。故此，如果可以将构成要件结果归属于保证人的不作为，则可以说其不作为支配着结果的发生，等价性就已经基本上成立。

第五章
等价性判断标准的构建

通过区分作为和不作为以及对保证人地位进行准确的判断与筛选，不作为犯的成立范围已经缩减到了一个相当狭小的程度，只待进行最后的等价性检验，犯罪论部分的工作即完成。首先，前文已经提到，以潜在的支配可能性的有无作为等价性判断的标准并不会扩大不作为犯的成立范围，将本不应处罚的不作为认定为犯罪。因此，本章要论述的重点就是通过哪些步骤的检验可以认定潜在支配可能性的存在。笔者认为，对保证人不作为的等价性判断主要是要确定不作为的实行行为性以及不作为与结果的因果性，最终将结果归属于其不作为。对此，客观归责理论要比传统的相当因果关系说具有优势。其次，在过失犯领域，新旧过失论的争议焦点已经发生转移，作为构成要件要素的过失已经成为德日等国家刑法理论的共识，故在考察过失不作为犯时应先判断过失的有无，在无过失即不符合构成要件时就无须考察支配可能性。再次，考虑到刑法分则各构成要件的具体性和特殊性，限制手段犯也应当作为考察的一环。出于经济思考的原因，无过失不作为和限制手段犯均应在考察客观归责之前判断，作为等价性判断的前提要素，不过因为它们均属于小概率事件，故放在后面论述。

第一节 潜在支配可能性的判断

考察不作为的客观归责与作为的客观归责的目的是一样的，即确定结果归属于行为人，只是在具体判断中会有些许不同。虽然不作为因果关系的判断中已经存在大量的规范因素，难说是"事实"归因了，但笔者为保持传统的体例，仍从归因与归责两个方面展开。

一、归因层面的考察

在审视不作为与结果的因果关系时，所依据的标准还应当是条件理论，只不过在这里，我们不再是想象行为人的行为不存在，而是必须想象行为人的行为存在。换句话说，需要确认的是，倘若采取了相应措施，结果是否可以被避免。就是因为行为人没有履行作为义务，结果才会发生，所以学理上强调这里所确认的是一种假定的因果关系或准因果关系。此外，在绝大部分的场合，没有人能够百分之百地肯定，倘若行为人做了被要求的行为，因果流程就一定会如何改变，所以通说在此只要求达到"几近确定的高度可能性"即可。如果能认定几近确定的高度可能性，则行为人的不作为便与结果的发生具有因果关系。

这里要讨论一个体系上的问题，就是不作为的客观归责还能否适用"归因—归责"二分的体例。条件因果关系倾向于事实判断，而客观归责属于规范判断，在判断作为犯时，要按照先归因再归责的顺序进行。可在不作为场合，归因不再是简单的客观判断，而是存在大量的规范评价。故有学者认为，不作为犯在条件因果上所表现出来的规范色彩使得条件说面临困境，倘若要维持归因与归责二分的模式，只能将不作为的这一部分归因予以彻底清算。[1] 确实，不作为因果关系的判断与过失作为犯在归责层面中的结果回避可能性的判断具有相似性，将其归属到归责层面可能更为恰当。但是笔者认为，无论不作为因果关系的性质是归因还是归责，对于等价性判断即客观归责理论的实际效用并不会产生实质的影响。即便按照杨绪峰的观点，放弃归因而将不作为因果关系放置到归责层面，最后的结论恐怕也不会改变，只是判断顺序改变罢了。另外，更有学者认为，归因层面的事实探寻不可避免地带有规范评价的色彩，归因与归责基本上只有程度的区别，而不是性质的区别。[2] 无论是条件公式的适用本身，还是对条件公式的各种修正，无不渗透着规范与政策因素的影响。一方面，条件公式"没有行为就没有结果"的运用，对行为与结果的选择与界定深受规范评价的影响。但凡涉及因果关系争议的案件，第一步便是要解释相关法条，以便确定什么样的行为因素与

---

[1] 杨绪峰. 条件说的困境与结果归责的类型化 [J]. 中国刑事法杂志, 2015 (4): 19.
[2] 劳东燕. 事实因果与刑法中的结果归责 [J]. 中国法学, 2015 (2): 133.

结果是刑法上具有意义的。另一方面，对条件公式的各种修正，也只能是规范评价的影响。因此，笔者仍将因果关系置于首位，在讨论因果关系之后，再进行传统的归责判断。

下面我们从两个案例来具体考察通说"几近确定"标准的具体运用。

我们首先来看我国台湾地区的一起案件。1996 年 9 月 25 日，被害人甲腹部疼痛，经医院诊治，证实为腹膜腔脓肿。之后由放射科医生 A 进行经皮引流术（PCD），将腹膜腔内的脓液引流出体外，遂见好转，故外科医生 B 在会诊时表示暂不考虑手术。同年 10 月，甲在引流过程中出现副作用且治疗效果愈发不明显，在家属要求进行手术的情况下，被告人 B 仍表示继续进行引流术，并未进行手术探查。直到同年 11 月，B 发现甲的白细胞数飙升，才开始进行手术探查。但是发现甲的升结肠已经坏死，并伴有后腹膜脓肿，虽经手术切除右半结肠，甲的身体在术后并未见好转。甲最终于 11 月末因腹膜腔炎并发败血症而死亡。检方认为 B 未及时为甲进行手术探查，涉嫌业务过失致死罪，并提起公诉。

本案在考察不作为因果关系时，作为证人的诸多医生的证言发挥了巨大的作用。证人医生 C 表示，甲在急诊室作检验时显示白细胞偏高，且钾离子与白蛋白低，说明其营养状况不佳，此情况开刀危险性高，而化脓情况下是开刀还是引流，见仁见智。医生 D 表示，腹膜腔脓肿的临床治疗方法目前优先考虑经皮引流，引流效果不好才会考虑手术治疗。手术治疗的副作用最大，可能要切除部分器官，且可能会进行二次手术，故一般作为治疗的最后一道防线。医事审委会则认为，关于 PCD 引流术什么时候需要改为手术治疗，很难制定出确切的准则，应视病患的情况而定。本例中，10 月初进行剖腹探查，应较为适当。第三方医院的鉴定意见也指出，10 月 10 日左右是手术的适当时机，选择继续观察病患的引流情况可能不是最适当的方法。但是即使对病患于 10 月 10 日前后进行手术，也未必可以避免死亡结果，其存活概率因变数太多无法评估。前两名医生的证言侧重说明被告人有无过失，而后两个证据则侧重于不作为的因果关系。虽然手术对病患的帮助可能会比 PCD 引流术大，但是既然在医学上无法肯定手术一定能够挽救患者生命，就难以将被告人认定为不作为犯。

理论上达成的共识是，即便医生履行了义务，亦几近确定地无法避免损害结果时，违反义务的医生不构成犯罪。若医生履行了义务，仅具有避免结果较高的盖然性或优势可能性时，他是否构成不作为犯的问题，在学理上有不同的看法。依照德国实务与文献之通说，此时应以罪疑唯轻的原则宣告被告无罪。例如医生为癌症患者动手术后，因疏忽未进行足够时间的术后观察，以致患者手术一周后出现不良反应而死亡。事后调查，若当时采取合乎义务的观察措施，在出现不良反应时及时抢救，则患者有一半的概率会多活五至十年，但仍有一半的概率会死亡。对此，德国法院基于事实不明之理由，认为医生不构成过失致死罪。[①]

与通说"几近确定"的标准不同，根据少数说观点所采用的风险升高理论，如果被告人的行为提高了结果发生的风险，就应当为损害结果负担责任。如就不作为犯来说，就是作相反的思考，故应称为风险减少理论。按照通说的观点，如果实施了合义务的行为也肯定会导致结果发生，就不应将结果归责给行为人，因为超越允许性的风险不是在实际的事件流程中实现的。相反，风险升高理论提供了这样一种归责，合义务的行为虽然不是肯定，但也的确可能避免结果。由于没有尽到注意义务而超越被允许的风险，以在法律上有重大意义的方式提高了一种结果发生的概率，这是建立在如下思考基础（以上述案件为例且以后两则证言为基础）上的：虽然医生就算及时进行手术治疗，患者也未必能够康复，还有可能死在手术台上，这种情况严格来说也可以认为医生创造了风险并导致了结果。但是立法者通过自己的许可为医生接受了这种风险，因此医生不会为此结果负责。可是倘若医生未履行应尽的义务，导致错过最佳治疗时机，那么医生就打破了被允许风险的下限，降低了患者康复的概率，对结果的发生应负责任。

对此，笔者认为应采用通说的见解，因为若仅仅通过风险升高就将结果归责于行为人，就等于是将实害犯之归责标准转换为较为宽松的危险犯标准，有违反罪刑法定原则之嫌。并且，风险升高理论在无法确定结果能否切实被避免时就判定行为人应对结果负责，这明显违背存疑有利于被告原则。对此，罗克辛认为：风险升高理论作为一项规范的归责原则，是在肯定因果关系的情况下进行的规范性限制，因此对于规范问题而言，疑罪从无原则并不适用。[②] 针对这样的反驳，我们必须弄清楚一个案件中哪些情节属于事实，哪些属于规范问题。一些支持该理论的学者认为，只有对实际发生

[①] 许泽天. 过失不作为犯之结果归责——切除肿瘤成植物人案之评释[J]. 月旦法学杂志，2010（183）：30. 但在不作为者有故意的情况下，即使按照"几近确定"的标准不能肯定因果关系，只要能够肯定如果履行作为义务就有回避结果的可能性，就还是有成立未遂的余地。例如，因开车不注意致过马路的行人重伤，在载其到医院的途中又改变主意将其放置于车内慢慢死亡。事后查明即使正常送往医院也有一半可能因失血过多而不会得救。从几近确定的标准出发，不作为与结果的因果关系就要被否定，死亡结果应归责于先前的肇事行为。但是从假定的盖然说来看，如果被害人没有失血过多，那么就有救治的可能，此时结果就要归责于不作为，而这种情况的盖然性有50%。只有在并无结果发生的盖然性或盖然性很低的情况下，方可否定可能性（危险性），进而否定未遂犯。奥村正雄. 不作为犯における结果回避可能性[J]. 同志社法学，2010，62（3）：538.

[②] 徐凌波. 因果关系在产品刑事责任案件中的认定问题[J]. 政治与法律，2014（11）：57.

的事实本身适用疑罪从无原则，比如在上述的医疗事故案件中，"是谁给甲做的手术"或"有哪些医生参加了会诊"这样的问题。反之，如果B在10月10日左右为被害人进行手术治疗，被害人是否仍会因病情过重或手术副作用太大而死亡，这是假定因果，并未发生，不能适用疑罪从无原则。但是这种观点可能混淆了假定因果关系和结果回避可能性。① 两者虽然相似，但后者的目的是要检验一个风险关联尚不明确的因果关系，而不是去否定一个已经确定无疑的因果关系。例如在德国的卡车司机案中，B死在A车轮之下的事实是确定无疑的，但到底是司机的义务违反行为（拉近了安全距离）还是骑车人的违反义务行为（醉酒骑车）导致该结果却是不明确的，故我们所疑之事实是在实际的因果关系中义务违反与结果的关联性，而结果回避可能性（假如实施了合义务的行为）的思考方法仅仅是一种帮助查明事实的手段。② 本案与卡车司机案的不同点在于医生B的行为属于不作为，故因果关系的判断和结果回避可能性的判断是重合的，但是不明确的地方却是一样的，即到底是医生B的义务违反行为（未及时做手术）还是患者的病情本身过于严重导致患者死亡。这属于结果回避可能性的问题，而非假定因果关系。总之，不作为的结果回避可能性需要以几近确定的标准进行判断进而确定是否归责。

风险升高原则虽然不正确，但是罗克辛的另一点主张却值得关注。在所要求的行为本来会几近确定地引起这个因果过程发生一种减少风险（具体结果的回避）的改变时，这个不作为的因果性就毋庸置疑了，并且对这个具体的结果的归责也能够成立。即便这个结果仍然会在其他情节的作用下有较小的可能性发生，但这属于一种可允许的剩余风险，不能排除对那种真正实现的、不允许的风险进行归责。③ 举例来说，如果一位病人死于心脏病是因为要求的手术没有进行，只要手术本来至少能够维持其心脏

---

① 关于二者的区别，详见：车浩. 假定因果关系，结果回避可能性与客观归责 [J]. 法学研究，2009 (5)：149.
② 将本案稍稍改编，B没有喝酒，就是A因为没有保持安全车距才轧死B，但事后查明即使A没轧死B，后面的车辆也会因超速而将B撞死。这种情况才是假定的因果关系。对此，理论上的通说认为不影响对A的归责（无论是"对未发生之行为不能作违反法期待的假定"还是"要对结果进行一定的具体化"，都可以为这一结论提供依据）。即便代替行为本来会是合法的，以上结论也应当适用。在教科书中经常提到的代为执行死刑的案件中，代为执行者同样是有罪的。当立法者仅仅允许特定的个人或职能承担者来实施一种符合行为构成的行为时，这样的限制就只有在"禁令在面对其他人也能够完整地得到维护时"才能得到贯彻。也就是说，被执行者是被合法地执行还是被非法地执行在结果的判定上具有重要意义，二者不能被抽象为同一结果。开枪打死一个即将死亡的人也是同样的道理。
③ 罗克辛. 德国刑法学总论：第2卷：犯罪行为的特别表现形式 [M]. 王世洲，等译. 北京：法律出版社，2013：486.

功能，那么就存在着一个通过不作为实现杀人的推断。至于事后认定这个病人在术后一段时间内极有可能死于副作用也对此毫无影响，那会是另一个因果过程了。此种观点与笔者提到的假定因果关系相似。

相关联的一个问题在于德国实务界近年来对几近确定标准的放宽认定。在几近确定标准和罪疑唯轻原则的规制下，要将前案中的医生 B 入罪的可能性并不高，因为在个案中很难证明，假设医生履行了注意义务，患者的损害结果就不会发生，这一点不仅在医疗领域存在，在其他领域也同样存在。不过，新近德国实务中却放宽了这一证明标准的门槛，认为在医生涉及过失致死的案例中，问题的关键不再是履行注意义务是否可以避免死亡结果的发生，而是可否因此延后死亡结果的发生。代表性的裁判即认为医生只要履行注意义务，将几近确定地使病患多活几个小时，就可将死亡结果归责给医生。[①] 对此，先前即有裁判表示，法律必须对濒临死亡者提供保护，而不论濒死者究竟有什么严重的没有救助价值的情况，否则将使医生过早地放弃继续治疗行为。并且在病患符合适合摘取器官的情形下，容易形成与法秩序不符之患者生命安全风险。此种对医生未竭尽所能之顾虑并非无的放矢，尤其在医疗伦理日渐淡薄的今天更是值得深思。不过，生命几近确定能够延长，是否不论期限长短都应令违反注意义务的行为人承担责任，值得深入研究。在除去时间因素之外具有结果同一性的场合，日本判例对于即使履行回避义务但结果也不过是稍微推迟的案件给予了不同的处置，否定了结果回避可能性。[②] 但是在山羊毛案中，如果消毒程序会削弱炭疽菌的数量，使得员工们在接触山羊毛后晚几天甚至一个月死亡，则情况应有所不同。故问题在于究竟推迟多少时间才会质变地影响到结果的同一性。从日本的判例来看，只是将结果发生时间推延几分钟或几秒钟的，仍可以认为属于同一结果。而按照上文德国实务的观点，如果结果可以被推延几个小时甚至几天，即在结果被明显提前的情况下，即使死因相同，也不能说是同一结果。

另一方面，德国实务为了防止一些场合不作为责任的扩大化，通常在判断不作为

---

① 许泽天. 过失不作为犯之结果归责：切除肿瘤成植物人案之评释 [J]. 月旦法学杂志, 2010 (183): 30.
② 如日本昭和四年发生的京交叉路口案件，作为开车人的被告人没有注意到前方铁路和公路交叉口处有一个不到 2 岁的儿童，将其碾死。对此，大审院认为，即使被告人注视前方，在发现被害人的时间点拉响警笛并启动紧急刹车装置，也不能说有可能避免死亡结果的发生，因此被告人怠于注视前方不会成为结果的原因。本案中可以想见的是，要是启动急刹车，那么碾过被害人的时间多少会推迟一些。因此，如果将结果极端具体化，就会肯定结果回避可能性，进而肯定过失犯。但是判例并没有采用这样的立场。佐伯仁志. 刑法总论的思之道·乐之道 [M]. 于佳佳, 译. 北京：中国政法大学出版社, 2017: 47.

因果关系时不使用具体形态的结果，而是使用在法律上抽象描述的构成要件结果。① 基于对假定因果关系不影响归责以及延缓结果亦可归责的观点，笔者不赞同将结果抽象为构成要件结果，但是一定程度的抽象是必要的，否则我们可以说"只要行为人履行了义务，就能够避免'因不履行义务而使结果发生'这样的结果发生"。我们以德国发生的另一起案件为例来进行探讨。某A和他的两个小孩住在阁楼上，一天夜晚因房屋失火而被困。从楼梯逃生的可能性没有，消防队也不能及时赶到，要救孩子的话只有将他们从窗户往下抛。尽管高度不算太高，但是因为风险过大，A总是下不了决心，在最后时刻自己跳楼获救，两个孩子却在火灾中丧生。本案中，A若将孩子抛出窗外，则孩子肯定不会被烧死，但是也十有八九会被摔死。在这里我们能够肯定A的不作为与死亡结果的因果关系吗？按照德国实务的观点，答案当然是不能。笔者认为，之所以不能认定A的行为与结果之间的因果关系，在于这种情况不应被纳入假定因果关系的场合之中，而应认为孩子的死亡就是火灾这个原因造成的，至于孩子是以什么方式死亡的，只是在同一因果流程中的形态发生变化而已。也就是说，笔者认为，虽然烧死和摔死不算是同质的死亡方式，但是却均因火灾而起，是由同一个行为人以同样的目的在同一事件中造成的。本案其实与我国台湾地区引流案属于同一类型，只不过在外表上类似假定因果关系的场合。从案情上看，孩子事实上是被烧死的，只涉及这一个原因力，但是被烧死的原因是火势太大还是A的不作为则是可讨论的。如果本案无法认定A将孩子抛出窗外将几近确定地使孩子获救，则只能将结果"归责于"火灾而不能归责于A。并且，A履行义务将孩子扔出窗外也无法认定能几近确定地延缓结果的发生，所以也不符合延缓理论。假定的因果关系往往会涉及两个原因力，当两个不同的原因力会导致同一个抽象结果时，把后一个原因力称为假定的因果关系。若假设母亲将孩子抛出窗外本会几近确定地使孩子获救，但是事后发现即使抛出窗外孩子也会被路过的卡车轧死，这属于假定的因果关系，不影响归责。

总结一下以上的观点，即使履行作为义务结果还是会因其他的因果流程而导致的结果，属于假定因果关系的场合，不影响归责；在同一因果流程中，虽然无法确定履行义务能否防止结果最终发生，但将几近确定地延缓结果发生的，肯定归责；只有上述两项条件均无法认定，才能否定因果关系，如上文提到的火灾跳楼案。

几近确定在概念上与法官自由心证后判决有罪时所要求的确信程度相同，均因人

---

① 韦塞尔斯. 德国刑法总论［M］. 李昌珂，译. 北京：法律出版社，2008：430.

类认识能力有限，只能要求"几近"确定，而无法达到"完全"确定。若法官在心证上认为履行注意义务将只具有避免损害结果之纯粹想象可能性时，则仍应判决被告人有罪；但若系基于具体事实情状，存在一个从符合生活的理性观察角度而得出的重大怀疑时，则不能在不考虑这些怀疑的情况下直接对被告做出不利的裁判，而此与作为之因果关系的判断并无不同。另外，文献上有把几近确定的概念理解为是在采用相当因果关系说，这将法官是否确信结果能避免的问题和因果历程是否偏离的问题相混淆。因为假设行为人履行了作为义务，结果虽几近确定地可以避免，但却出于非典型的突发意外导致结果出现时，相当性仍不成立。例如，行为人未阻止自家的牧羊犬咬伤路人，路人赴医院救治的途中遇车祸死亡。此处，若行为人先前约束其犬，则法院可确信路人不会因此去医院而发生意外，但是结果仍不可归责给行为人，因为车祸致死亡偏离通常的因果进程。

二、归责层面的考察

本小节中，笔者将先论述客观归责的一般判断步骤以及在不作为犯中的具体应用，然后对不作为同时犯和不作为遗弃的界定作一定的分析。

按照德国刑法理论的通说，客观归责的判断步骤为三大步，每一大步中又包含诸多子规定。

（一）不允许性危险的创设

当行为人制造了危险或增加了被害人已经存在的危险时，就为其对结果的归责奠定了基础。在不作为场合，不作为并不会积极创造或增加危险，而是保证人消极地不排除既有危险。"危险创设"存在许多否定适用的情形，如降低危险的情形、没有制造危险的情形等，但由于不作为不会积极地减少危险，也不存在创设一说，所以这些归责在不作为场合可能并不会有适用的机会。这里要着重论述的是"在允许性危险中排除归责"这一点。

在作为犯场合，例如驾驶员无过失地造成交通事故，客观上也是制造了危险并实现了结果。但这种危险从规范意义上看是被允许的，故不能将结果归因于驾驶员。笔者认为，不作为场合中的既存危险同样有"不允许的危险"和"允许的危险"之分，要注意后者在具体案件中的认定。

虽说一般情况下要存在危险才会开启不作为犯的考察，但是在有些场合，虽然从整体上来看存在不被允许的危险，但是如果具体到各个不作为者身上，其所面对的危险是被允许不必实施作为义务的危险。举例来说，被害人 A 在湖中游泳时不慎抽筋溺水，在他大声呼救时，分别处在湖的南岸和北岸的保证人 B 和 C 都听到了呼救声，也都意识到溺水的是 A。在二人均有能力救 A 的情况下，他们谁也没有实施救助，最终 A 溺水死亡。在这个案件中，如果 B 和 C 也知道对方的存在，二人达成不救助的共识，则因为存在意思联络会形成共同正犯，对此不会有什么疑问。但是本案中，二人并不知晓对方的存在，均不救助是出于巧合，那么能否按照同时犯将两人均认定为不作为杀人的正犯呢？对此，一些人基于处罚冲动肯定会持处罚意见，但是从行为的危险性角度出发，二人是否构成犯罪有待商榷。

首先，按照不排除危险的标准来看，对 B 和 C 的判断应当将对方的存在也纳入判断背景之中。即在判断 B 是否应排除既存危险时，要考虑 C 的存在，B 推定 C 会履行义务救助 A。至于理由，是因为法律既然规定了 C 的保证人地位，就应当期待 C 会履行作为义务，而不应作相反假设。法律原则上应当假定行为人具有指向结果回避的规范心理，除非存在足以认为其会采取反规范的行动的事实征兆。在作为犯场合，行为人实施实行行为当然会表现于外部，形成既定事实，故在达到未遂状态甚或预备状态时就难以指望其不实施犯罪。但是在不作为场合，不作为的实行行为性难以表现在外部，难以发现反规范的事实征兆。笔者认为，正确的做法是，在 A 已经处于有生命危险的状态时，假定 B 在不作为时的每一秒后，C 都会采取救助措施。在此场合，即便 A 已经达到生命危险的状态，B 和 C 因延迟履行义务而使危险增加，但是也不能直接认为此时的不救助成立未遂①，因为对 B 和 C 的任何一人而言，作为判断背景，对方都会在规范的世界履行作为义务，使得结果不会发生。即对 B 或 C 而言，A 的危险始终不是一个不可允许的危险，就算自己不履行义务，A 也应当会得救。②

其次，本案其实和重叠的因果关系很相似。在教科书中的重叠因果关系的案例中（50%投毒案），只有投毒人甲和乙的毒药量加在一起才能将被害人毒死。这里存在的

---

① 通说认为在法益面临急迫并具体的危险时仍然不作为而导致结果可能发生时，就是不纯正不作为犯的着手。钱叶六. 不作为犯的实行行为及其着手之认定 [J]. 法学评论, 2009 (1): 95.
② 有学者认为只有当义务主体排他性地控制了法益侵害的因果流程，其不作为才能够当相应作为的犯罪的实行行为。陈晨, 董玉庭. 不纯正不作为犯等价性新论 [J]. 学术交流, 2017 (10): 115. 笔者总体上同意这一观点，但认为"排他性"只是不作为单独正犯的成立条件，由于不作为共同正犯的存在，"排他"的表述也许会令人产生误解。在不存在意思联络且没有实现排他的场合，认为行为人没有潜在的支配即可。另外，上述学者认为 B 和 C 虽不成立不作为杀人但成立遗弃罪。遗弃罪作为抽象的危险犯其行为也要达到一定的危险程度，而本案中每个行为人的不作为从规范上讲是难以认为存在危险的，故笔者坚持无罪的观点。

一个问题就是,如果将对方的投毒事实纳入背景资料的话,则甲因乙的投毒事实导致甲投的 50% 毒药通常会导致被害人死亡,结合故意的内容应构成杀人罪。对乙的分析也同样如此。但是到底是谁的毒药先发挥作用的呢?若是甲的毒药先发挥的作用,则乙构成杀人罪,甲充其量构成伤害罪(杀人的对象不能犯)或杀人未遂(50% 药量也有一定的致死危险),反之亦然。但是谁的毒药先发挥作用是难以查明的事实,对此应根据存疑有利于被告的原则,认定二人均成立伤害罪或杀人未遂。本案也是同样的道理,是 B 和 C 的共同不作为才导致了 A 死亡,但是无法确定究竟是谁的不作为导致结果的发生,应当将有利于被告的事实(相当因果/危险关联)作为判断基准。与投毒案唯一不同的是,在假定对方会履行义务的情况下,己方的不作为不会造成任何结果和危险,而在投毒案中,即便假设自己的毒药先起作用,也会造成伤害的法益侵害结果或死亡的法益侵害危险。另外,从处罚冲动的角度来看,笔者举的案件只有 B 和 C 两个人,如果存在 10 个乃至 100 个相互之间没有意思联络的不作为者,相信很少有人会认为这些不作为者都成为正犯。

顺带一提的是,将本案稍作变形,假若 B 和 C 在发现 A 溺水后,B 就故意离开了,仅剩下 C 一直站在岸边对 A 见死不救,对此只有 C 成立不作为犯罪。B 无罪是因为其不作为并不会必然导致结果的发生,当时的危险对于 B 和 C 来说都是允许的。但是在 B 走后,A 的生命就完全依赖于 C,这就还原为最普通的不作为案件了。至于说谁有罪取决于谁走谁没走这样的偶然事实,会使刑法受到变得恣意的批判,笔者认为偶然事实只要属于行为人的背景资料,就应当予以考虑。事实上犯罪论中的许多问题都会因外在事实的不同导致结论不同。比如偶然防卫的事例中,按照彻底的结果无价值论的观点,偶然防卫者无罪。但是倘若偶然防卫者身后还存在另一个行为人对其进行"偶然防卫"的话,则因为不能对阻却违法(即合法)的行为进行防卫,而不能认定为正当防卫。也就是说,偶然正当防卫是否成立取决于一连串的"防卫"事件中涉事行为人的个数。又比如,在夜晚射空床的案件中,行为人是构成未遂犯还是不能犯就取决于偶然事件。如果房主当晚根本没在家,则构成不能犯;如果房主只是起夜去卫生间,则构成未遂犯。所以,以偶然事件不应影响定罪结论的观点批判不作为同时犯无罪的结论并不具有说服力。

(二)不允许性危险的实现

危险实现的判断,顾名思义即判断结果是否是在行为人所创设或增加的危险中实现的,在不作为的场合,即结果是否是因为保证人的不作为才使得既存的危险转化为了结果。本来在作为犯场合尤其是在过失作为的场合，结果回避可能性是蕴含于本层次中的判断，但是由于不作为因果关系的判断已经包含了结果回避可能性的判断，已经在上文中予以讨论，这里就不再赘言。至于其他的一些子规则则完全适用于不作为场合。比方说，酒店没有在房间盥洗室内放置防滑垫导致沐浴的客人摔伤，客人在被送往医院的路上发生交通事故而死亡。这一事件中，酒店只对滑倒受伤这一结果负责，对死亡结果不负责。此外，在不作为的可归责性判断上，"特殊的义务违反关联"也扮演了一个重要的角色，即结果的发生必须是基于不作为的义务违反性。易言之，结果必须正是从保证人应排除的危险中产生。如果该结果的发生并非基于违反义务的不作为，而是其他的原因导致的，那么此结果便不可归责于不作为。例如，一位病人拿着一份过期的处方单到药店买药，药剂师没有检查处方单是否过期就给开了药，结果病人服用后因为一种先前并未被发觉的过敏症而死亡。本例中，虽然药剂师对病人进行试敏检查就极有可能发现过敏症，因此改换其他药物从而防止结果发生。但是药剂师的义务是检查处方，防止病人滥用药物，不包括"检查买药人的过敏症"这样的义务，这种义务应由医生承担。所以在本例中欠缺不作为与结果之间的义务违反关联。

另外，在判断得出行为人创出了危险（不作为场合就是确定了存在危险之后）之后，究竟是何种危险在有些场合也是要考虑的重要问题。这里要着重探讨一下不作为杀人和保护责任者遗弃的区别。

传统的观点认为，父母在闹市区看到自己的孩子受伤不顾而离开的，构成遗弃罪；相反，在徒步登山时不管受伤的孩子而致其死亡的构成不作为杀人。这里主要讨论的是单个保证人在场时，什么情况构成杀人，什么情况构成遗弃。对此，应当根据危险实现的观点作为判断的原则，即如果保证人不履行义务，被害人通常会死亡或死亡的概率很高，则构成不作为的杀人罪。本书认同此观点。

但是在此要指出，这里的"通常""概率高"应是法律意义上而非自然意义上的。也就是说，无论是在深山还是在闹市区，如果被害人身边只有一个保证人或保证人之间达成不作为的共识的话，则他或他们的不作为就属于杀人行为，而不应当将路人的存在与否作为判断背景。法律既然规定了哪些人属于保证人，就是期待着这些人会在被保证人发生危险时挺身而出，而一般人是没有这种义务的。按照传统观点的结论，在闹市区构成遗弃罪无外乎是认为过往的行人会伸出援手，从而认为被害人通常没有死亡的显著危险，但这与保证人的规定相矛盾，属于对一般人的前后评价不一致。

以日本发生的一起案件为例。被告人是暴力团成员，夜晚 11 点在宾馆房间内给同行的少女注射冰毒，事后女孩变得很痛苦，在凌晨 0 点 30 分陷入错乱状态。被告人因为害怕出事，就将女孩放在宾馆房间自己走了。该少女由于摄入冰毒引起心律失常，在凌晨 2 点至 4 点死亡。对此案，法院判决认定被告人构成保护责任者遗弃致死罪。但是，结合案情来看，即便认为宾馆的工作人员具有保证客人安全的作为义务，凌晨时分也几乎不可能有服务员会察觉到客房内出现异常，更不会在凌晨查房打扰客人。被告人离开客房不予救助的行为具有导致女孩死亡的高度盖然性，其不作为应等价于作为的杀人而非遗弃。

至于构成遗弃罪的客观情况是这样一种场合：保证人不履行义务的话，被害人可能会出现死亡危险。① 具体来讲，保证人不作为，且被害人身边彼时也没有其他保证人，但是其他保证人可能会出现。例如，被害人倒在了警察局或医院的附近，警察或医生是有可能发现被害人并进行救助的，也有可能因为没有发现而导致被害人出现死亡危险进而转化为实害。作为这一结论的延伸，如果警察或医生尚未发现时另一个保证人路过发现此情况却未予救助，则在被害人没有出现紧迫危险时成立遗弃，在出现死亡的危险时构成不作为杀人；如果警察或医生没有发现被害人导致被害人死亡，则保证人要承担遗弃结果加重的责任，如果被害人被警察或医生救起，则保证人构成不作为的杀人未遂。

另外，遗弃的认定也离不开主观面，尽管客观上属于不作为的杀人，但是若有充分的证据能够证明保证人只具有遗弃的故意，按照认识错误理论，应当构成较轻的遗弃罪。例如在日本发生过这样一起案件：被告人 B 为了使患有脑出血的父亲 A 能够不留后遗症地迅速康复，而求诸自己所信奉的"能量治疗师" C（本案另一被告人）。他在 C 的指示下擅自将 A 带出医院并送往 C 所在的宾馆。C 观察 A 的病情后，虽然认识到如果置之不理就会有死亡的危险，但为了避免自己的行为露馅，仍假模假样地进行能量治疗，实质上就是将没有接受任何生命维持装置的 A 放置了一整天，导致 A 因未得到及时治疗而死亡。对此判决认为，将处于脑出血状态的 A 送往不具有任何医疗设备的地点，并且一并考虑之前拆下 A 的氧气面罩和输液装置后将其带出医院的行为，就能够认定上述连续的行为具有杀人的实行行为性。其次，判决肯定了 C 对 A 的杀人

---

① 遗弃罪应属于抽象危险犯。一方面，遗弃罪的保护法益既为生命身体之安全，鉴于法益之重要性，虽仅有抽象之危险发生，为期周密保护，亦应加以处罚。另一方面，从条文的表述观之，单纯遗弃罪与保护责任者遗弃均未以危险之发生为其构成要件要素，与抽象危险犯的通常条文表述相符合。甘添贵. 刑法之重要理念 [M]. 台北：瑞兴图书股份有限公司，1986：319.

故意，并认定 B 与 C 存在共谋。但同时认为 B 非常希望 A 康复，即使 B 对 A 的死亡结果有一定程度的预见，也不是持容认的态度，不能认定 B 的杀人故意。故 B 只在保护责任者遗弃罪的限度内与 C 构成共同正犯。①

（三）行为构成的作用范围

通常，随着不允许性危险得以实现，对客观行为构成的归责就产生了。然而，在具体场合，归责也可能由于以下情况而失败：在已经出现的危险类型中并没有包含行为构成的保护目的。故意造成自我危险的共同作用以及同意他人造成的危险属于这种情况。有些行为人能够在他人的危险行为中共同发挥作用，比方说 A 鼓动身体不适的车手 B 上赛车场飙车，B 在明知自己不适于比赛的情况下答应下来，结果在比赛中因注意力不集中而冲出赛道死亡。B 的死亡结果能否归属于 A？答案是否定的。根据德国刑法典的规定，自杀中的参与人通常情况下是不受处罚的，故按照举重以明轻的归责，像本例这样的情况就更不应处罚。② 另外，与上述场合不同的是，一个人不是故意地给自己造成危险，而是在意识到这种危险的情况下，让别人给自己造成了危险。这种场合如得到他人同意后对他人实施危险行为，如计程车司机被乘客要求开快车，在说明危险性并劝阻无果的情况下照做，造成事故导致死亡结果发生的，不应对此负责。如果受到危险的人像造成危险的人一样，以同样的程度认识到这个危险，那么他就已经接受了这个危险。过失致死的构成要件在效力范围上不及于这样的案件。相反，如果是驾驶员说服了这名还在犹豫不决的乘客，如隐瞒或淡化了危险或事故是由于与被接受的危险无关的驾驶错误造成的，那么就还是要进行归责。

我们以东京大学医学科学研究所附属医院（以下简称"东大医院"）案为例，来探讨不作为人对被害人自我危险的承担是否应承担责任。患者 M 自 1963 年起成为"耶

---

① 山口厚. 从新判例看刑法［M］. 付立庆，刘隽，译. 北京：中国人民大学出版社，2009：30-31.
② 德国刑法典并不处罚教唆帮助自杀的行为，在对此予以处罚的国家，就不存在举重以明轻的逻辑。但是，危险承担与法益处分不同，行为人对结果的发生是持否定态度的，这种心理绝不是被害人同意那种法益处分的心情可以涵盖的。被害人的危险承受之所以可以使行为人免于归责，原因在于法益主体的人格自律与自我决定。法益主体要利用自己的法益进行自我实现，这种自我实现活动有时可能会伴随一定的危险，有时仅凭自己的力量还无法实现，需要借助他人之手。如果一旦由于行为本身的危险发生了结果就处罚给予帮助的一方，就等于阻碍了被害人的自我实现。此时法益静态的存续虽然得到了最大程度的保障，但也永远失去了动态发展的可能。要维护人的自我实现的自由，就应当承认符合一定条件的被害人危险承受的适法性。刘明祥，曹菲，侯艳芳. 医学进步带来的刑法问题思考［M］. 北京：北京大学出版社，2014：114.

和华见证人"成员,该组织要求成员无论如何都不能接受输血。东大医院的医生 U 了解该患者不接受输血的意愿,但是根据医院的规定,当对收治的"耶和华见证人"成员实施手术时,首先尊重其成员的意愿尽可能不输血,但是如果到了紧要关头时,无论患者或家属是否同意都要采取输血措施。M 于 1992 年被诊断为肝脏血管恶性肿瘤,同年进入东大医院准备接受手术。M 在丈夫和长子的陪同下向 U 等医生表明了自己不接受输血的意愿,并提交了不追究医生因不输血造成损伤的免责文件。但是 U 等医生还是在手术前做好了必须输血的准备。手术当日果然出现了不输血便可能丧命的紧急情况,U 等人断然采取输血措施,最终手术成功,M 得以多活了 5 年。M 得知输血事实后,以自我决定权受到侵害为由对医生 U 等人提起民事诉讼。一审东京地方法院以"本案的输血属于社会上的正当行为,不具有违法性"为由,驳回了 M 的诉讼请求。二审东京高等法院却作出了相反的判决,认为"实施手术以患者的同意为必要条件,这一同意由来于个人有权自主决定自己生活方式的自我决定权。医生 U 等人既然判断没有百分之百的把握不输血,就应当在作出这一判断的时间点对 M 进行说明"。日本最高裁判所维持了二审意见,从人格权的角度出发,认为 U 等人剥夺了 M 对是否要接受伴有有输血可能性的手术的意思决定权,属于对 M 的人格权侵害,应当承担赔偿 M 因此造成的精神痛苦的责任。[①]

在本案中,日本最高裁判所没有对手术以及输血本身是否违法进行判断,仅以医生违反说明义务为由认定其存在对患者自我决定权的侵害,判决医生承担损害赔偿责任。从法院回避对手术以及输血本身的性质进行判断、没有将之认定为违法这一点来看,本案虽属于民事判决,在刑法上也不乏深刻影响。倘若本案中 U 医生等真的听从了 M 的意愿,在手术时坚持不输血导致 M 因失血死亡,又当如何处理? 笔者认为,这种拒绝治疗的行为应当归入"自我危殆化的同意""结果对被害人自身的归属"这样的问题中来把握。对此法律无须介入,不应将自陷危险造成的结果归属于他人。另外,本案中的医生 U 等人虽被判令承担民事责任,但是否会承担刑事责任呢? 医疗的最高法理不是"治疗"而是"患者的意思",1894 年在德国法院有关骨癌案的判决后,判例就一直采取治疗行为伤害说,只有在取得患者同意的条件下才能实现正当化。[②] 笔者

[①] 东京地判平成 9·3·12 民集 54 卷 2 号,东京高判平成 10·2·9 高刑 51 卷 1 号,最决平成 12·2·29 民集 54 卷 2 号。
[②] 斉藤誠二. 医学刑法の基礎理論 [M]. 東京:多賀出版社,1997:36.

同意这一观点，大部分治疗行为均存在侵袭性，从其行为本身来看就是在侵害身体或健康法益，符合伤害罪的构成要件。而在违法性判断上，由于是对患者自身的两个利益进行衡量，故不应适用紧急避险，即不应以"一般人"的客观标准来进行衡量，而应以患者自己的意思进行判断。本案中医生的输血行为还算不上是在侵害患者的健康或身体完整，故可能不符合伤害罪的构成要件。但是即便肯定行为符合构成要件，无论从判决的态度还是从现在社会的一般观念来看，本案中医生都不宜承担刑事责任。对此，笔者拟通过违法性的错误来解决，在后文"自杀不救助"问题处会有论述。

最后，行为构成的保护目的，也不包括那种处于他人责任范围之内加以防止的结果。在这类情况中排除归责的理由在于，确定的职业承担者在自己的职权范围内，以一种外人不应当干涉的方式对消除和监督危险的根源负责。因此，一名不作为放火的房屋主人，或者放任小学生游出海边安全区的老师，在之后的救援措施中造成一名消防员或一名救生员死亡的，会因为过失杀人而受到刑事处罚吗？若按照上述提及的归责步骤与方法进行检验，会发现其完全符合归责的标准。然而，如今的观点提出了一些新的重要的理由，说明肯定性结论绝不是那么顺理成章。第一，因职业缘故而采取的相关举措在很大程度上无法与见义勇为明确区分开来，而根据自己造成危险的观点，见义勇为者当然要自担因救助所产生的危险。第二，正是因为自己加入相关职业的行列，才产生了相关义务。而是否进入相关职业领域是有自由选择权利的。故即使认为能够与见义勇为区分，这种危险也可以认为是自己自愿接受的（强制参军入伍等情况可能除外）。并且自愿接受职务的人中大部分也因为使自己进入了危险当中而领取了报酬。第三，就放火罪等危险性犯罪而言，判例也不会把救援者死亡作为特别严重的情况，不会作为结果加重犯处理。第四，刑事政策上的理由也反对对救援者事故的归责。当一名遇险的登山客考虑到自己的呼救导致救援人员伤亡进而受到处罚时，他就可能宁可通过自己的力量（具有死亡的高度危险）冒险进行对他来说是过分要求的行动，这种发展状况不应当是法律所支持的。这个问题涉及的也不局限于救援人员这个范围。当一名警察在地势险峻的郊区追踪一名入室盗窃犯时，由于翻车而丧命，这名入室盗窃犯真的要由于过失杀人而受到刑事处罚吗？如果是这样的话，那么一名被追踪的犯罪人在自己不想再承担其他刑事处罚的危险时，就必须向警察自首。但是，这样一种义务与"不得强迫任何人自证其罪"的诉讼原则相违背。在这里，人们不应当把职务性活动的那些典型危险归责于局外人。

第二节 等价性判断中的其他问题

通过客观归责理论对不作为行为进行归因与归责判断后，一般情况下就能够肯定不作为与作为在具体构成要件上的等价性。但是在一些情况下，潜在的支配可能并不是等价性的充要条件，还需考察其他内容，如有无过失以及构成要件是否明确限制了行为方式等。

一、作为可能性的定位

作为可能性问题本应在上文归责层面"不允许性危险的创设"这部分进行阐述，但是考虑到此问题涉及与保证人地位的紧密关系，而与客观归责理论没有直接关联，故在此进行论述。

通常将作为可能性作为与作为义务相并列的构成要件要素，认为即便认可了作为义务，在欠缺作为可能性的场合，也不构成不纯正不作为犯。比如说即便肯定了应该给予婴儿营养的保证人地位，也不能要求身体受到束缚而无法喂养婴儿的人那样去做。笔者的疑问在于，在没有作为可能性的场合，作为义务是怎么导出的。法律不应科处不可能的义务，在行为人没有作为可能性的前提下要求其履行作为义务是非理性的，即便导出作为义务，于实践恐怕也没有什么实益。

首先，将作为可能性单纯作为责任要素的观点有问题。先不论作为可能性与期待可能性的区别（后者泛指行为人人格或心理状态所形成的行为选择的阻力，而前者指的是行为人的生理层面）[①]，在判断作为义务时不考虑作为可能性，那如何判断出行为人的保证人地位呢？这里无论是所谓规范的依赖或信赖还是支配说抑或先行行为说都是存在缺陷的。

其次，有学者认为作为可能性"必须以一般人为基准进行判断。具体行为人的作为可能性是责任的问题"。[②] 在父母不会游泳、几乎不太可能提供救助的场合，也不能

[①] 黄荣坚. 基础刑法学：下 [M]. 北京：中国人民大学出版社，2008：463.
[②] 大谷实. 刑法讲义总论 [M]. 黎宏，译，北京：中国人民大学出版社，2008：137.

说他们没有作为义务。此处之所以这么认为，是因为父母有习得水性的可能，在抽象层面具有作为可能性。可是，刑法不能强求人人都为他人的福利而奋斗，当然就不能将一般人的标准套用在不作为犯的违法评价上。[①] 而且，在实际情况中，如果认为行为人有这种想象的作为可能性进而肯定作为义务并认定违法，那是不是说其他路人可以对保证人的"不法侵害"实施正当防卫（采用暴力威胁等手段强行要求保证人履行义务）？一方面行为人事实上不可能履行义务，另一方面人们可以要求其履行义务，这多少有些矛盾。

我国台湾地区学者陈朴生指出，所谓作为义务，并非单纯指其有义务，系指其具有可能限度之义务。必有防止其结果发生之可能性，始得指其为违反作为义务。故防止结果发生之可能性，本应包括于作为义务中。但唯"刑法"第15条第1项明定对于一定结果之发生，法律上有防止义务，能防止而不防止者，与因积极行为发生结果者同，分别规定其防止义务与防止能力。[②] 但是上述规定也可以这样理解，即"能防止而不防止"是对"法律上有防止义务"的进一步说明，二者是递进关系而非并列关系。或将这两句理解为"法律上有防止义务却未履行义务"。总之，因为僵化地理解条文规定而将二者分开是站不住脚的。

笔者认为，作为可能性是先决性要件，决定着作为义务的有无。这与笔者赞同的在物理层面判断依存性的观点相吻合。在行为人不会游泳且身边无人的情况下，或是在母亲被人绑在椅子上无法照顾身边的婴儿的情况下，要求其实施救助实在是勉为其难。而且作为义务和作为可能性按照通常的观点都属于构成要件的要素，先判断哪一个要素对构成要件结论的影响几乎是不可能的。而在行为人能够作为的场合，即使不容易，只要对行为人来说是可能的，就应当赋予其义务。所谓的作为容易性，应该在违法性程度或非难可能性中予以考虑。这样看来，作为可能性与故意过失一样，具有违法性要素的性质。通过类比来看，在过失场合，对危险的认识决定着有无"实质的不被允许的危险"。在无作为可能性的场合，不是行为人没有认识到，而是根本做不到，这就更不能说行为人的不作为就危险角度而言是不被允许的。

该观点与上述大谷实的观点可能解决不了这样的情况：母亲出于杀害婴儿的故意，

---

① 曾文科. 不作为犯的归因与归责[C]//陈兴良. 刑事法评论：第28卷. 北京：中国政法大学出版社，2011：397.
② 陈朴生. 实用刑法[M]. 台北：三民书局，1983：62-63.

在婴儿尚健康时离家出走，婴儿因无人喂养而奄奄一息时她远在千里之外。这种情况即使用原因自由的法理也解决不了，因为行为人在"原因行为"时还没有法益侵害的危险，而在"结果行为"时，由于不存在作为义务（即便以一般人的观点来看，一般人除非都是超人，否则在千里之外也不可能有救助的可能），也没有实行行为性。对此，笔者拟通过原因中的违法行为的处理方式来解决。与正当防卫中的防卫挑拨的处理方式类似，由于要求行为人对法益危险进行事前规避，在肯定了行为人无作为义务的基础上，以利用了这一点引起法益侵害为由，肯定犯罪的成立。①

二、过失理论对等价性判断的影响

等价性判断无疑属于构成要件层面的判断，而旧过失论完全忽视不法层面，认为过失完全是责任要素。② 故即便是无过失的情况，其构成要件符合性和违法性也是存在的，这样就导致在过失不作为场合对过失的判断和对等价性的判断并没有什么关系，会先判断等价性，之后再考虑过失与否。③ 但是在过失场合，与故意犯一样被要求"不为……"是难以解决问题的。法秩序希望过失者去实施正确的行为，而非不为，否则社会生活就无法正常运行。仅仅是什么都不做并不能回答法律对行为人的期待。消极地抑制有危险行为的实施，并不是过失犯结果规避义务的内容。例如，工程师在设计楼梯时使用了错误的数据，导致楼梯坍塌且致人受伤。法律绝不是要求工程师"不去设计"，而是"以正确的数据进行设计"。与预见性同样重要，过失也必须关注"为了

---

① 山口厚. 刑法总论[M]. 付立庆，译. 北京：中国人民大学出版社，2011：121.
② 传统的过失论认为过失犯和故意犯的差别仅仅在于应当给予的心理非难程度的轻重，认为故意责任的本质在于既然认识到犯罪事实，就应该形成反对动机，避免去实施这一行为，行为人却违背法的期待将这一行为付诸实践，对此应当予以非难；过失责任的本质在于只要注意了就可以认识到犯罪事实，认识到犯罪事实就应该形成反对动机，避免实施这一行为，但行为人却因怠于注意，将这一行为付诸实现，对此应当给予非难。
③ 有学者主张将过失不作为犯作为纯粹过失犯来进行理论探讨，认为只要检讨结果回避义务违反的有无就足够了，作为义务没有特别检讨的必要。稻垣悠一. 刑事過失責任と不作為犯論——とりわけ刑法上の製造物過失事例に関連して[J]. 専修大学法学研究所紀要，2015，40：6-7. 对此予以反对的学者认为，确实，在日本20世纪发生的数起大规模火灾事故案件中，最高裁判所有将过失不作为犯的注意义务与作为义务浑然一体化的嫌疑，但是既然是采取过失不作为犯的构成，就必须同时满足不作为犯和过失犯双方的条件。应注意义务与作为义务虽然在内容上可能存在重叠，但是其发生根据是不一样的，必须有两个步骤的检讨，否则会使得作为与不作为的区别变得暧昧，甚至产生将非保证人的不作为认定为过失的危险。大塚裕史. 過失犯の共同正犯の成立範囲：明石花火大会歩道橋副署長事件を契機として[J]. 神戸法学雑誌. 2012，54（1~2）：13.

回避法益侵害结果的发生，需要行为人采取什么样的措施"，即结果回避义务内容的设定。为此，新旧过失论均再次提出了各自的主张。①

可是新旧过失论的对立仅仅是从问题意识上找对了对立的焦点，新过失论的方法自不用多说，经修正的旧过失论在对过失判断的可操作性上，尤其是对极端案件的处理上，也暴露出了理论的不完善。以日本 20 世纪 60 年代发生的森永奶粉案为例。能否认定工厂厂长对"购买其他牌子的同种制剂存在危险"具有预见可能性是存疑的，因为厂长对这种危险只存在危惧感，远远达不到具体的预见。② 如果说对于"开车出门就会预见到可能会撞到人"这样的预见，认为不足以肯定行为"实质不被容许的危险"的话，那么对森永奶粉案也应当做同样的处理。这就使理论与现实产生了一个矛盾，定罪有违反责任主义之嫌，而由于本案属于公害案件，牵涉甚广，不定罪显然不利于社会的稳定。

对此，危惧感说提供了一个有益的理论路径。危惧感说的主要内容有二：①肯定预见可能性的结果回避义务关联性；②将对结果预见可能性的要求下降至危惧感。这里的第一点明确表现出了危惧感说的核心内容，而第二点的内容其实只是第一点在少数场合得出的逻辑性结论。第一点内容具体来说，预见可能性不应是有或没有这样抽象的谈论，而必须与所应采取的结果回避措施结合起来确定。要求行为人承担高度的结果回避义务，需要具备高度的预见可能性；而为低度的结果回避义务奠定基础，只

---

① 新过失论主张树立一般性的基准行为，以此来判断行为人有没有达到结果回避义务的要求。为了避免判断标准的不明确，主张在社会生活的各个场合都尽可能地实现客观的注意义务类型化。与之相对，经修正的旧过失论认为，基准行为的树立只能回答法的一般性期待，不能回答法对各个具体行为人的期待。即使重视从过失的行为侧面进行限定，结果回避义务的内容也不能脱离该具体行为人对行为时现实存在的法益侵害危险的认识可能性。当结果已经发生时，再说行为不包含危险已经是不可能的了。重要的是，在行为当时这个危险对行为人来说是不是可以认识到的，这才是决定有无"实质的不被容许的危险"的关键。按照平野龙一的说法，这里要求过失行为具有"实质的不被容许的危险性"，重视的其实是法益侵害的危险映射在行为人的主观认识层面，形成的结果预见可能性。"实质的不被容许的危险"是指行为时现实存在的，且对行为人而言有认识可能的危险。要求行为人采取结果回避措施的标准，是行为人对行为时现存法益侵害危险的认识可能性和消除这种危险的身体能力。平野龍一. 刑法総論 I [M]. 東京：有斐閣，1972：193.
② 新过失论和经修正的旧过失论虽然在说明过失犯的方法上存在不同，但都要求行为人对结果的发生达到具体的预见可能性。其中的理由在于，社会生活中充斥着诸多危险因素，如果刑法要求行为人对全部危险都一一注意，不仅会对个人的行动自由形成过度限制，而且在极端的情况下还会令社会生活停滞。为了在保护被害法益与保障行为人的行动自由之间达成平衡，刑法的介入以具体的预见可能性为前提。这种观点被称为具体的预见可能性说。

需低度的预见可能性就够了。① 对预见可能性的要求随着可能引起的结果的重大性和期待行为人采取的措施的基础性、容易性一再降低,最终就降至危惧感了。相反,经修正的旧过失论认为,预见可能性的结果回避义务关联性颠倒了二者谁决定谁的关系。既然是对结果、法益侵害的引起追究责任,那么仅存在对行为、义务违反的认识是不够的,与结果回避义务相关联来谈预见可能性,只会切断预见可能性与法益侵害结果的联系。② 行为人对一定构成要件事实的认识可能性是要求他采取结果回避措施的前提,只能就行为人所可能认识到的内容和程度去划定结果回避义务的内容而不能反其道而行之。具体的预见可能性说之所以要求预见到的危险不能过于抽象,最根本的原因在于对这种情况进行处罚会不当限制行动自由。但如果设定的(极为基本的)结果回避义务并不会过度限制行动自由,并且将预见到的危险性质考虑在内,从法益保护的角度来看,此种基本的回避义务对行为人来说就并不会过分苛刻。③ 回到森永奶粉案,即使认为厂长对购买其他品牌的制剂所可能造成的危险只有危惧感,也不妨碍其要采取极为基本的回避措施,根据工厂的具体情况,可以要求其向制剂厂家询问两种制剂是否完全相同或对用新制剂生产的奶粉样品先行进行卫生安全检测等。

总之,关联性理论将预见义务和回避义务从"有无"的问题发展到"程度"的问题,成为新旧过失论对立的新焦点。与新过失论的主张④相比,旧过失论无论是在结果回避义务的设定原则上还是设定方法上都具有无可替代的优越性,任何形态的过失犯都应该采用,过失不作为犯也不例外。

至此,我们可以看出经修正的旧过失论为基础的关联性理论较之故意过失平行的观点在解决具体案件时的优越性。在被传统观点批判为采用危惧感说的森永奶粉案中,旧过失论的判断方法是:①客观上奶粉中存在劣质的添加剂,消费者因食用此种奶粉而导致死亡,符合过失致死的构成要件;②行为人没有违法阻却事由;③行为人对结

---

① 井田良. 刑法総論の理論構造 [M]. 東京:成文堂,2005:117 – 118.
② 山口厚. 基本判例に学ぶ刑法総論 [M]. 東京:成文堂,2010:163.
③ 于佳佳. 医疗过失犯罪的比较法研究 [M]. 台北:元照出版有限公司,2017:44,46.
④ 新过失论希望同时实现"行为准则事前确立"的一般预防机能与具体案件中的过失认定标准机能,设立以一般人为对象的一般化了的行为规范作为过失行为的判断标准。而这种一般化了的行为基准与现实中的结果发生样态及行为人对行为时实际存在的法益侵害危险的认识可能性是相分离的。一般所说的新过失论的种种缺陷,诸如"援引行政法规上的义务作为过失犯的注意义务,使过失犯成为行政法规违反的结果加重犯","直接以是否存在行为无价值来认定过失,将过失犯的问题不当地限定为违法阻却的问题"等,其实都是脱离具体的法益侵害结果设立一般性的基准行为这一新过失论固有的构造性缺陷造成的。

果的预见可能性很低。正是第 3 步的判断使得旧过失论难以将行为人定罪。因为在该理论看来，对作为预见可能性对象的因果经过抽象化的程度越高，预见可能性的判断就越脱离事实基础，导致预见可能性与结果之间的关联性弱化，有违反责任主义之嫌。同样，在日本 20 世纪发生的多起因管理过失引起的大规模火灾事故案件中，以大塚裕史为代表的学者主张必须预见到"现实发生的具体的因果经过"，因而主张认定火灾管理人无罪。在大塚裕史看来，过失责任的处罚根据在于构成要件事实的认识可能性以及相应的反对动机的形成，不能具体地预见到构成要件事实就不能形成反对动机，本来就不应该处罚。① 但是，一如前述，这是受故意过失平行的传统旧过失论的影响，是以"只要肯定了预见可能性，行为人就有义务采取措施将这种可能性消灭于无"为前提假设的。肯定了行为人对构成要件结果的预见可能性，就可以要求他采取结果回避措施，这并不违反责任主义。可结果回避义务的具体内容，必须结合行为人现实的认识可能和义务履行能力来确定。不能因为觉得要求行为人实现完全的结果回避义务太过苛刻，就否定他的预见可能性。

总之，现在过失论无论如何都要注重行为侧面，使得过失犯的判断从责任领域逐渐转移到构成要件领域。根据经修正的旧过失论以及关联性理论，即便行为人预见到了结果可能会发生，只要他采取了对应程度的结果回避措施，就不符合相关的构成要件；如果行为人的预见程度极低，甚或根本没有预见到结果会发生，那么其结果回避措施也是极其基本的甚至不用采取回避措施，即无过失行为是不符合构成要件的。从客观归责的角度来说，无过失意味着行为人并未制造法不允许的危险（在不作为场合，意味着保证人面对的是法所允许的危险）。换句话说，即便出现了法益侵害的结果，也应当认为该结果属于法所容许的危险，不能归责于行为人。

以我国台湾地区 2005 年发生的邱小妹案②来说，其死亡的主要原因，是被父亲酒

---

① 大塚裕史. 過失犯における結果回避可能性と予見可能性：黄色点滅信号事件最高裁判決を手掛かりに [J]. 神戸法学雑誌 2005, 54 (4)：25.

② 本案案情大致如下：年仅 4 岁的邱小妹过于吵闹被饮酒后的父亲打击头部，因头部受伤而昏迷，被送往仁爱医院救治。值班医生 A 在实施急救之后，判定邱小妹伤势严重，安排完 CT 和 X 光检查后立即联系神经外科主任 B 等人进行会诊。会诊期间，邱小妹的昏迷指数降至最低值 3 分，病情危急，A 遂告知 B 急需手术。B 称现在医院外科的加护病床已满，患者需要转院。经台北市灾难应急指挥中心协调，邱小妹被转移至台中儿童综合医院（此时已距离病危有 5 个小时）。嗣后，邱小妹在该医院进行了脑部手术，但脑干因延误治疗导致脑出血而完全丧失功能，医生当场判定脑死亡。王皇玉. 医疗过失中的因果关系：从邱小妹人球案谈起 [J]. 台湾大学法学论丛，2012，41 (2)：728 - 729.

后殴打致头部受顿挫伤，其父被判处伤害致死罪。然而，对本案中未及时为邱小妹进行手术的神经外科医生是否应承担业务过失之责，则存在争论。法院最终判决医生无罪，判决理由中不仅驳斥了检察官所谓"医院应当加床的看法"，对于医生的转院建议也认为并无违反注意义务。具体而言，法院认为术后的照顾比手术本身更为重要，如无加护病床，就无法进行后续周全的照料。据此，倘若医生留滞患者进行手术，不仅有违医学伦理，亦不符合患者的利益。若强行加床，势必增加护理人员的负担，超出医院的可承受范围。而挪床的话，则无视了另一个加护病人的权益，亦不可取。总之，在医院床位已满的情况下，救治医生已经尽其努力地履行了结果回避措施，即建议转院，对此应当认为其行为不符合构成要件，无须再进行后续的判断。

本案之所以认为医生的行为属于履行了结果回避义务，是考虑到其履行能力的限制，与预见可能性没有多大关联。因否定预见性进而肯定无须履行特定结果回避义务的典型案例有日本20世纪70年代发生的北海道大学电动手术刀案[①]。二审法院的结论与一审法院一样。首先，对于护士K的过失，二审判决指出，如果仅仅是保有内容不特定的一般性的危惧感这种程度，就要求采取结果回避措施，会使过失犯的成立范围无限定地扩大，从责任主义的角度来看是不适当的（这虽然被认为是在明确否定危惧感说，但该判决还是潜藏着危惧感说的思考逻辑）。判决指出，对结果发生的预见，应当理解为对特定的构成要件结果以及导致该结果发生的因果关系的基本部分的预见。在电线连接错误的状态下使用手术刀，会使电极板与心电图机发生作用并产生带有高热量的电流。此情况在临床上并无先例，就算是物理学人士也几乎无法预见。但是般人（包括护士K）感受到的，却是有可能导致患者因流入身体的电流的作用遭受伤害的危惧感，即使预见的可能性低，也不妨碍其要采取相应的基本的结果回避措施。而可能造成的伤害的种类、样态以及造成伤害的物理化学原因，则不在预见可能的范围之内。其次，针对主治医生S的过失，判决认为，S对电线错误连接的可能性缺乏具体的认识，并且对因错误连接引起重大伤害事故的预见可能性也与护士一样，只能说存在危惧感。因此在手术即将开始前，对护士K这样的资深护士予以信赖而没有去亲

[①] 1970年7月，北海道大学附属医院的主刀医生S以及助手3人、麻醉师2人、护士3人组成医疗小组，对一名两岁半的患者实施动脉管开存术的大手术。手术本身取得了成功，但是受护士长指派负责电动手术刀的护士K将电线的输入端与输出端连错（手术刀的电线接反，在逆流状态下也可以使用，本身并不会形成异常电流，只是锋利度不及正确连接时）。这导致装在患者右腿部的手术刀正负极与心电图机的电极发生作用，产生异常电流并释放巨大热量，造成患者右腿严重烫伤，最终不得不作截肢处理。参见札幌地判昭和49·6·29判时750号。

自检查电线连接是否正确，从当时的具体情况来看也属合理。故其没有采取检查电线连接情况的回避措施，不能说违反了主刀医生通常应履行的注意义务。① 判决无论是肯定 K 的过失责任还是否定 S 的过失责任，都采用的是预见可能性的结果回避义务的关联性的思考方法。

总之，在过失不作为的场合，考虑到判断的经济性，应当先考察过失犯的成立与否，即考察行为人是否履行了结果回避义务。如果答案是否定的，则就免去了不作为犯的考察，对更为麻烦的保证人和等价性的判断起到了规避效果。

三、限制手段犯的等价性问题

意大利刑法理论根据刑法对犯罪行为的实施方式有无特别要求，将作为犯分为任意手段犯和限制手段犯两类。任意手段犯是指法律只规定了犯罪结果，对作为本身未作任何要求的犯罪类型；限制手段犯是指犯罪的成立，必须以主体作为的方式符合法律的明文规定为必要前提的情况。② 德国有学者也提出过类似的观点，他们把法律规定的任何促成外界变化的行为都是符合构成要件行为的犯罪称为原因犯，而将根据外部特征描述犯罪行为的犯罪称为行为犯（非彼行为犯）。③ 二者的区别在于，前者只要行为能够导致构成要件结果的发生就构成要件行为，如杀人罪可以通过枪击、刀砍、下毒等各种各样的方式实施；后者的构成要件则对行为的实施方式作了限定，只有以构成要件规定的方式实施危害行为才能构成该罪，如诈骗罪只能以欺诈的方式实施。

任意手段犯的结果可以以不作为的方式引起，其不作为可以与作为等价。而限制手段犯是否也可以以不作为的方式实施，在大陆法系刑法理论中存在争议。一种观点主张限制手段犯中以不作为方式无法形成与作为犯等价的违法性，限制手段犯不能以不作为的方式实施。如意大利刑法通说认为，不纯正不作为犯的作为义务只存在于有关任意手段犯的刑法分则条文中。当法律对行为手段有明确要求时，不存在行为人"不阻止"危险结果"等于引起"刑法中结果的问题。④ 与之相对，也有学者主张即便是不

---

① 参见札幌高判昭和 51·3·18 高刑 29 卷 1 号。信赖原则的使用需要存在明确的分工和实质的信赖关系即被信赖方对分工任务具有专门的能力以及不存在动摇信赖的特殊情况。本案中，医生 S 在手术开始后曾感觉电动手术刀的锋利程度不及以往，为此还指示护士调节旋钮并开大电流。说医生 S 对电线接反完全不存在具体的预见是需要斟酌的。但笔者本处主要说明的是，在肯定信赖原则进而否定预见可能性的情况下，就不应对医生 S 课以结果回避义务。
② 陈忠林. 意大利刑法纲要 [M]. 北京：中国人民大学出版社，1999：111.
③ 李斯特. 德国刑法教科书 [M]. 修订译本. 北京：法律出版社，2006：207.
④ 陈忠林. 意大利刑法纲要 [M]. 北京：中国人民大学出版社，1999：111.

作为，同样可能符合限制手段犯的构成要件。耶赛克指出，在行为犯的构成要件中，特有的行为不法[①]既存在于构成要件该当结果的造成之中，也存在于进行犯罪的方式方法之中。此种场合，只要符合构成要件的要求，即便是不作为也是可以实施犯罪的。[②]

从刑法的社会任务来看，完全不承认这类犯罪的不作为形态无疑是不合适的。当然，这并不是说所有的限制手段犯都可以以不作为的方式构成。哪些可以哪些不行，判断的关键是要看不作为能否包含于相应构成要件规定行为内容之中。比如，我国刑法理论的传统观点认为盗窃罪要求以"秘密窃取"的方式实施，这一方式的自然属性决定了它不可能以不作为的方式构成单独正犯。又如，像侵入住宅罪这样的犯罪，"侵入"行为无论如何不可能通过自己的不作为达成。而妨害公务罪中的"暴力"则可以在不作为中得以实现。比如，甲是生产伪劣产品的作坊老板，在作坊外养了两只烈性犬。某日，工商执法人员来查处作坊，甲不予配合，其间两只烈性犬因为作坊前过于嘈杂而挣脱绳索冲出来袭击了执法人员。甲有意不予制止，结果执法人员被咬伤，不得不中断查处工作。此案中，应当认为甲不制止狗咬人的行为具有"暴力"的特征，与积极的人为暴力具有等价性，构成不作为的妨害公务罪。

在德日刑法理论中，关于限制手段犯的不作为犯争议最多的是诈骗罪中的"欺诈行为"是否可以以不作为来实施。换句话说，通过不作为的"欺诈"而占有他人财物是否可以以诈骗罪论处。[③] 笔者认为，在诈骗罪中，欺诈行为要符合一连串的流程要求

[①] 承认限制手段犯并不必然支持行为无价值。诚然，在限制手段犯乃至所有犯罪的违法性判断中，不仅要考虑结果，而且也必须考虑行为的方法和样态。但即使在这种场合，也是为了考虑行为方法和样态所具有的侵害法益的一般危险性，而不是考虑其本身的行为无价值。另外，立法者将侵害相同法益的行为规定为不同的罪名，是由刑法的性质决定的。罪刑法定原则决定了立法必然要将各种犯罪进行分类，即使是侵害相同法益的犯罪（盗窃与诈骗），为了避免构成要件过于抽象与概括，也必须尽可能细化，否则罪刑法定原则就难以实现。因此，根据行为样态对犯罪进行归类，是为了明确处罚范围，贯彻罪刑法定原则，而并不意味着重视行为无价值。

[②] 耶赛克，魏根特. 德国刑法教科书：总论 [M]. 徐久生，译. 北京：中国法制出版社，2001：759.

[③] 对于这一问题，我国学者大都持部分肯定说，如张明楷认为不作为的欺骗大多表现为在他人事前已经陷入认识错误或由于欺骗行为以外的事实陷入错误的情况下，行为人没有履行说明真相的义务，导致他人继续维持或强化认识错误。但是，也包含在他人没有任何错误的情况下，行为人不履行说明真相的义务而使他人陷于认识错误的情形。张明楷. 诈骗罪与金融诈骗罪研究 [M]. 北京：清华大学出版社，2006：75. 刘明祥指出，纯粹利用对方的错误而占有其财物，不能视为不作为的欺诈，因为不作为的欺诈是行为人有告知某种事实真相的法律义务而不告知，因而引起对方产生错误认识并处分财产，也就是说对方的错误是行为人的不作为引起的。按照后者的意见，只有不说明真相"引起了"对方认识错误才是不作为的欺诈，而通过不作为消极地"利用"或"维持"已经产生的错误，则不构成不作为的欺诈。刘明祥. 财产罪比较研究 [M]. 北京：中国政法大学出版社，2001：281.

（欺诈—错误—交付），而不是一般性地使受害人最终遭受财产损失。因此，不作为的欺诈必须具有引起认识错误并由此促使被害人交付财物的作用。换言之，不履行告知真相义务的行为必须对受害人的财物交付行为具有原因力。但这里就出现了一个矛盾，即不作为是不能引起使受害人产生认识错误这一危险的。只有在被害人自己产生认识错误后不予告知时才存在不作为，但这又不符合诈骗罪的构成要件结构。比如，古董店老板甲出于安全考虑，摆放在柜台定价标签旁的高档瓷器样品都是廉价的仿制品。顾客乙误以为样品是真品，结果欲购买样品。甲故意不告知乙事实真相，而以标签价格将仿制品卖给乙，多收了乙大量金钱。由于乙是自己陷入认识错误的，则甲的不告知行为属于不作为，但此情形不符合诈骗罪的构成；而如果认为甲放置仿制品的行为属于隐瞒真相，进而引起了乙的认识错误，那么确实符合诈骗罪的构成，但是这属于作为。假设这样一种情形：顾客乙不确定摆放在外的是不是真品而向老板甲询问，甲轻蔑地瞄了乙一眼不予回答，导致乙认为是自己不识真品，遂确信其为真品而购买。此处，甲的行为也应属于作为，构成作为的诈骗罪。又比如，日本刑法典中有所谓"找钱诈骗"的概念，认为在知道对方由于错误多找了钱却不告知而接受的场合，由于未履行把多找钱的事实告知对方的义务，因此构成不作为的欺诈。[①] 笔者认为，无论是行为人在商家递过来之前就意识到多找了钱，还是在接过钱之后才发现，不告知事实真相而占有多找的钱的场合不属于不作为的欺诈。因为不作为与商家的交付没有因果关系，商家的损失完全是其自身的过失造成的。行为人的行为不构成不作为的欺诈，商家的损失可以按照民法中的不当得利制度予以追回。

本章小结

本章重点解决在保证人地位得以判断后等价性判断的各个具体步骤和内容。

前半部分衔接第四章的结论，以客观归责理论为视角着重论述不作为潜在支配可能性的判断，主要包括因果关系、不允许性危险的创设、不允许性危险的实现、行为构成的作用范围等内容，并连带论述在司法实践中可能发生的"无意思联络的数个保

---

① 大塚仁. 刑法概说：各论 [M]. 冯军, 译. 北京：中国人民大学出版社，2003：240.

证人同时不作为的情况"以及不作为杀人与遗弃的区分问题。

在有些场合,虽然整体上来看存在不被允许的危险,但是具体到各个不作为者身上,则其所面对的危险是被允许不必实施作为义务的危险。倘若数个保证人并不知晓对方的存在,出于巧合对被害人均不救助,那么,从行为的危险性角度出发,各保证人均应当无罪。在不作为场合,不作为的实行行为难以表现在外部,难以发现反规范的事实征兆。在被害人已经处于生命危险的状态时,应假定一方保证人在不作为的每一秒后,另一方保证人都会采取救助措施。可以认为所有保证人共同因延迟履行义务而使危险增加,但是不能直接认为此时的每个保证人的不救助构成未遂,因为对任何一个保证人而言,其他保证人都会作为判断背景,在规范的世界会履行作为义务,使得结果不会发生。即对每一个保证人而言,被害人的危险始终不是不可允许的危险,就算自己不履行义务被害人也应当会得救。

传统的观点认为,父母在闹市区看到自己的孩子受伤不顾而离开的,构成遗弃罪;相反,在徒步登山时不管受伤的孩子而致其死亡的构成不作为杀人罪。本书认为应当根据危险实现的观点作为判断的原则,即如果保证人不履行义务的话,被害人通常会死亡或者死亡的概率很高,则构成不作为的杀人罪。这里的"通常""概率高"应是法律意义上的而非自然意义上的。也就是说,无论是在深山还是在闹市区,如果被害人身边只有一个保证人或保证人之间达成不作为的共识,则他或他们的不作为就属于杀人行为,而不应当将路人的存在与否作为判断背景。法律既然规定了哪些人属于保证人,就是期待着这些人会在被保证人发生危险时挺身而出,而一般人是没有这种义务的。按照传统观点的结论,在闹市区构成遗弃罪无外乎是认为过往的行人会伸出援手,从而认为被害人通常没有死亡的显著危险,但这与保证人的规定相矛盾,属于对一般人的前后评价不一致。

后半部分论证了作为可能性、过失和限制手段犯的认定问题。

本书认为作为可能性是先决性要件,决定着作为义务的成否,而非是和作为义务相并列的要素。在行为人根本无法履行义务的情况下,要求其实施救助实在是勉为其难。而且作为义务和作为可能性按照通常的观点都属于构成要件的要素,先判断哪一个要素对构成要件结论的影响几乎是不可能的。而在行为人能够作为的场合,即使不容易,只要对行为人来说是可能的,就应当赋予其义务。所谓的作为容易性,应该在判断违反作为义务的程度即违法性程度或非难可能性中予以考虑。

在过失不作为的场合,既要考察过失犯的构成要件也要考察不作为犯的构成要件,而考虑到判断的经济性，应当先考察过失犯的成立与否。由于过失论现在无论如何都要注重行为侧面，使得过失犯的判断从责任领域逐渐转移到构成要件领域。根据经修正的旧过失论以及预见可能性的结果回避义务关联性理论，即便行为人预见到了结果可能会发生，只要他采取了对应程度的结果回避措施，就不符合相关的构成要件；如果行为人的预见程度极低，甚或根本没有预见到结果会发生，那么其结果回避措施也是极其基本的甚至不用采取回避措施，即无过失行为是不符合构成要件的。从客观归责的角度来说，无过失意味着行为人并未制造法不允许的危险（在不作为场合，意味着保证人面对的是法所允许的危险）。即便出现了法益侵害的结果，也应当认为该结果属于法所容许的危险。

另外，不能一概地否定限制手段犯的不纯正不作为犯，关键要考察构成要件所限制的行为方式能否以不作为来实施。

第六章
等价性与不作为共犯论

不作为的等价性判断主要是针对单独正犯而言,但是在司法实践中,不作为形式的共犯也大量存在。对这类犯罪的判断,不仅应考虑等价性,还要从共犯论的角度入手,判断其是否能够构成共犯以及构成何种形式的共犯。

单独正犯是刑法规定的典型样态,其构成要件符合性要经过行为、结果、因果关系以及客观归责等多个步骤的判断才能进行认定。而根据限制正犯概念,刑法规定对正犯以外的共犯进行处罚,是对处罚范围的扩大,即所谓的刑罚扩张事由。共犯符合的是修正的构成要件,按照通常说法,对其的处罚依据是因果共犯论。对于有数人参与的不作为犯罪,如果分别对每个参与人按照严格的单独正犯等价性标准进行判断,则大多数情况下都会因归因或归责的失败而得出否定结论。可这并不能得出不作为共犯不可罚的结论,而只能说不作为共犯不会等价于作为的正犯(这也是将正犯与共犯的判断混为一谈的当然结果,即使是最为典型的分担型共同正犯,若单独考察每一个行为人,也会得出每个人都不构成既遂的不合理结论)。既然正犯和共犯从分工作用的角度来看本就是不同类型的犯罪,其构成条件也不同,不作为正犯与共犯的等价性判断标准也当然存在差异。对于不作为共犯的等价性标准,在已经区分作为与不作为的基础上,不作为者的作为义务当然是必要的,但是根据共犯的处罚依据看,因果关系的判断变得相对宽松,只要行为与结果之间具有物理的或心理的因果关系从而能够促进结果的发生,就能够认为该不作为在法益侵害程度的价值层面与作为等价。另外即便限制手段犯不能构成相应犯罪的正犯,但教唆、帮助自不待言,构成以功能性支配为根据的共同正犯也是完全可能的。

不过，从整体上来说，因为不作为共犯也是介入了正犯或共同参与人的行为而间接惹起法益侵害，所以从与介入行为一起考虑的层面来看：①在帮助正犯的场合，由于正犯是作为犯，不作为因二次责任而从属于作为，故不存在不作为正犯等价性的问题；②在二人及以上基于意思联络而不作为的场合，其共同性的不作为要符合不作为正犯的等价性标准。而对个体的不作为者而言，要从作为义务和共犯的因果性两个角度来审查其是否与作为的共犯等价。当然，也会存在不作为者对他人存在意思联络进而共同实施行为，但也符合不作为正犯的等价性标准的情况，因此存在着要构成同时正犯还是共同正犯的问题，这将会在下文具体论述。

总之，不作为共犯的等价性判断标准是对不作为正犯的等价性标准的修正，本章的目的在很大程度上不是通过上一章述及的标准对共犯领域进行检验，而是结合等价性理论和共犯理论对不作为共犯的成立问题进行具体阐释。广义的共犯分为教唆犯、帮助犯和共同正犯，从理论和现实角度考察不作为究竟能否构成所有这三种共犯形式是首要的问题。与之相关的，符合共犯等价性的不作为应当构成哪种共犯形式也是认定不作为共犯中的重要问题。比如说，在否定不作为教唆的前提下，由于作为义务的存在，不作为者必然会对其他参与者产生物理上的影响，只要不是将心理的因果性作为共犯因果关系的必要条件的观点就会认为，理论上只要存在意思联络（单方意思联络），就会构成不作为的共犯（片面共犯），但是构成共同正犯还是狭义的帮助犯却是要讨论的。这些观点虽更偏向于共犯论，但与等价性理论即不作为共犯的认定问题也有密切的联系。

第一节　不作为共同正犯与教唆犯的成立范围

一、不作为的共同正犯

就共同正犯的定位来说，由于刑法将其规定为"正犯"，从这一点出发，有两种不同的观点。一种观点认为，在属于正犯这一点上，共同正犯与单独正犯是共通的，即强调正犯性；另一种观点认为，共同正犯终归是共犯的一种，即强调共犯性。确实，共同正犯在实定法上被规定为"正犯"，针对共同正犯的教唆或帮助是可罚的，而且其成立也不要求像教唆、帮助的场合那样必须存在从属性。但即便是共同正犯,就其本身而言,从并未充分满足基本的构成要件却被作为处罚对象这一点看,它和教唆、帮助是相同的。在这个意义上,共同正犯亦属于处罚的扩张形态。总之,共同正犯也属于共犯的一种,只是鉴于此种参与形态在犯罪事实中的作用方式以及重要程度,才被评价为属于"一次责任"类型的正犯。故本书将其放在不作为共犯部分进行论述。

本小节主要论述的是不作为之间的共同正犯问题,至于其与作为之间的场合,涉及不作为正犯与共犯的区分问题,在后文会一并论述。关于不作为与不作为之间的共同正犯问题,理论界主要存在全面肯定说和限制肯定说的分歧。[1]

德日的一些学者将此问题归为两类,即形式的共同正犯和实质的共同正犯。前者是指复数的不作为者中只要有一人履行作为义务就可以防止结果发生的情形;后者是指复数的不作为者必须都履行作为义务,互相配合,方能避免结果发生的情形。全面肯定说承认两种情形下的不作为共同正犯。限制肯定说同样承认后者,如在抢险工作中,只有两名抢险人员通力合作才能避免危险发生的场合,其不作为构成共同正犯。但限制肯定说同时认为前一种场合是由各不作为者亲自实现了全部构成要件,没有必要考虑共同正犯,不过是同时正犯。[2]

全面肯定说在笔者看来更具合理性。对此,有必要从各个行为之间的关系入手进行论述。在作为的共同正犯中,行为之间的统一性表现为物理上的相互补充和配合,有形地整合为一体,形成统一的物理原因力。而不作为之间的统一性表现为对导致法益侵害的因果进程的共同不中断,至于中断效果是否可以单靠一个人的能力实现,与行为之间结合关系的认定没有直接联系。[3] 比方说,在两名肇事者谁也没有采取措施救治伤者,一起眼看着伤者死去的场合下,虽然可以说每个肇事者的不作为与结果都有正犯的因果性,但正是因为一方的不作为介入了另一方的不作为才导致了结果的发生,二者的不作为具有共同正犯的共同性特征。其实,从正犯性角度来看,形式的共同正犯和实质的共同正犯不能构成同时正犯的原因存在区别。后者是因为单独正犯的因果

---

[1] 对于此问题,还有一种解释是全面否定说。考夫曼从存在论立场出发,认为不作为之间不可能形成共同行为的决心,也没有实行行为,不存在分工的可能性。韦尔泽尔基于目的行为论,认为不作为既无因果性也无目的性。由于否定了不作为的行为性,因而不作为犯不存在共同正犯是当然的结论。但是,这一观点已经鲜被提及,目前的理论对不作为犯都是从重视规范价值的角度出发,而不是单纯地从存在的、物理的角度来理解不作为。
[2] 陈家林. 共同正犯研究 [M]. 武汉:武汉大学出版社,2004:264.
[3] 刘士心. 不纯正不作为的共犯 [J]. 国家检察官学院学报,2009 (4):97.

关系难以认定（即使一方履行了作为义务，但由于另一方没有履行，所以结果还是会发生）；前者是因为危险实现难以认定（相当因果关系），即不考虑意思联络的话，和笔者第五章提到的不作为同时犯就一样不能定罪了。而共同正犯理论能够将这两个问题都予以解决，因为一方面共同正犯作为共犯对因果关系的要求有所下降，另一方面，根据共同正犯的共同性可以肯定每一个不作为者不作为的危险实现。而且既然不作为者之间存在意思联络，就没有不予考虑的理由，否则就难以充分评价行为人的行为。尤其是在素有争议的第一种场合，正如有学者指出的那样，即便肯定同时正犯和认定共同正犯的效果大抵是一样的，但是我国刑法关于共同正犯的分类不仅存在功能上的视角，还存在作用方面的视角，从而产生主犯和从犯的说法，并且还存在二者均是正犯的场合。此种场合下，各个不作为者的刑事责任认定会取决于他们具体发挥的作用，而同时犯说就难以进行这种主从的区分。①

上述学说对作为和不作为之间能否构成共同正犯这一问题的态度是一致的，即认为"可以构成共同正犯"。但是说"可以"等于什么也没有说，因为这里涉及不作为正犯与共犯的区分问题，即针对通常被认为主导着法益侵害因果流程的作为而言，不作为在什么场合构成正犯、什么场合构成共犯的问题。对于作为与不作为的共同正犯，笔者认为重点是要讨论类似上文的"形式的"情形②，即作为者自身即可完成犯罪，如丈夫打算将婴儿捂死而妻子却不作为的情形。妻子是构成正犯还是共犯是要着重讨论的问题，笔者将在本章最后一节对此着重论述。

二、不作为的教唆

针对不作为的教唆是完全可能的，这一点已经没有争议。这里所说的不作为教唆是指"以不作为的方式对他人进行教唆"，对此否定说是理论界的通常观点。少数学者肯定不作为教唆犯成立的可能性。持这一观点的学者通常认为，教唆犯的本质特征是促使他人实施犯罪，在此意义上，包括引起犯意和坚定犯意，不作为可以符合后一种

---

① 赵秉志，许成磊. 不作为共犯问题研究［J］. 中国刑事法，2008（9）：24.
② 对于类似上文的"实质的"情形，即作为者单靠自身的行为不能造成结果，而必须依赖不作为者的配合才能实现构成要件的内容的场合，作为就没有形成支配，不作为者和作为者共同分担了导致结果发生的原因力，从而构成共同正犯当无异议。例如，两个监狱管理员基于意思联络，一个将手铐的钥匙交给犯人，另一个违反义务没有将监狱大门锁上，最终使犯人逃跑，两个管理员构成私放在押人员罪的共同正犯。

情况。基于这样的认识，少数观点认为不作为的教唆是可以限制肯定的。①

通常观点与少数观点产生意见分歧的根源在于对教唆的内涵与外延的理解不同。笔者认为，"强化犯意"的情况应当属于帮助的范畴。教唆是"故意唆使并引起他人实施违法构成要件行为的行为"，帮助是"以物理或心理上的影响，使得实行行为更容易实施的行为"，如果将坚定犯意的情况纳入教唆的范畴，会模糊教唆与帮助的界限。

另外还有学者认为，即使是引起他人犯意的情况，不作为也是可能构成教唆的。德国学者莱温赫姆为论证其观点，导入了不作为与作为之间的等价性原则。一直以来，在正犯和帮助犯中，通常观点肯定了不作为形式的犯罪，这是因为把不作为放在了与作为等价的位置上。问题是，不作为的教唆怎么才能和作为的教唆等价。其中，由不作为直接引起犯意是必要的。举例来说，X 在自动售货机购买饮料时，机器由于故障而多出了一罐，看到朝此处走来的与自己关系不好的 Y 和 Z，他想要让二人发生争执，就没将饮料拿走而是放在了取货口。果不其然，Y 和 Z 在购买饮料时发现了多出的饮料，并因为其归属而吵闹起来。X 什么也没做就致使 Y 和 Z 按他的计划行事，说明以不作为引起犯意的情况是存在的。② 我国也有学者指出，不作为在具体场合可能具有特殊的内涵，能够无形地影响他人的内心想法，产生与作为形式的教唆同样的效果。③ 例如，学生会成员 D 因私事被辩论队的队长 E 当众侮辱，回来后向学生会会长 F 诉苦。F 本就因 E 长期不配合学生会工作而不爽，但又碍于部门之间的关系以及自身形象而不想亲自教训 E，遂想借 D 之手解恨。F 清楚 D 一向好面子，倘若对 D 不理不睬，D 必然会认为这是遭到了会长的嘲笑，必然会为证明自己而前去教训 E。事态也确实如 F 的预料发展了下去。可见，F 仅靠不作为就使 D 产生了犯意。

笔者认为，莱温赫姆的观点存在疑问。在他举的例子中，不能说是 X 引起了 Y 与 Z 的犯意。X 的不作为只是提供了一种情境，这与 Y 和 Z 发现这一情境进而基于自己的意思实行相应行为没有必然的联系。也就是说，此时的"教唆"与实行行为的因果关系并没有像作为的教唆场合那么明确。退一步说，就算基于事实而言，不作为属于实行行为的起因，但好比不是所有条件都具有刑法上的因果性一样，其同样不属于刑法中的教唆。从不作为态度能否与作为的教唆同等评价这一方法论上来讨论，莱温赫

---

① 李学同. 论不作为与共同犯罪 [J]. 法律科学，1996（6）：70.
② 刘瑞瑞. 不作为共犯研究 [M]. 桂林：广西师范大学出版社，2009：176，186.
③ 吴玉梅. 不作为的共犯类型研究 [D]. 广州：中山大学，2001：49.

姆在因果关系的层面上对不作为教唆作了极不严密的肯定。从不作为与作为的区分角度来看，上述见解也未必妥当。以上面第二个例子来说，我们姑且假定F是保证人，且F的充耳不闻与D实施伤害E的行为具有因果性，但其不作为并不是未消弭原有的危险（因为D事先并没有实行行为的决意），而是创造了一个危险，即创造出了"D去伤害E的危险"。① 根据笔者在第一章的观点，此时F应当构成作为的教唆，而不是不作为的教唆；F的行为只是在现象上看与不作为相似，但在刑法上应当被认定为作为。

如果肯定"教唆是积极引起他人的犯意"与"作为与不作为的区分标准在于危险的创设与否"这两个前提的话，就不得不否定不作为教唆的成立。即教唆行为既然要求使他人产生犯意，就是在创设危险，属于作为；而不作为是未消弭原有危险，只可能成立单独正犯、共同正犯或帮助犯。综上，从否定"坚定他人犯意成立教唆"和肯定"不作为不能引起他人犯意"这两点出发，不作为教唆之成立应当被否定。

第二节 不作为形态的间接正犯

以作为方式可以构成间接正犯是毋庸置疑的，或许说间接正犯的构成就是根据作为的场合设计的。相对的，如果从规范层面、价值层面而非存在论来考察不作为，就同样能够想象其构成间接正犯的情形。但是笔者认为，以往将"有义务者对无责任能力人的违法举动放任不管"的情形同样肯定为间接正犯的做法是错误的，上述情况应通过共同正犯来处理（这也是笔者将间接正犯这一正犯形式放到本章论述的原因）。总之，对不作为间接正犯的认定应采取限制的态度。

---

① 这里可能还存在此危险是否属于不被容许的危险的考量。笔者认为，从经修正的旧过失论角度出发，当行为时的危险对行为人来说是否能够认识到，是决定有无实质的不被容许危险的关键。既然教唆犯以教唆者存在故意为前提，则必然得认识到自己的教唆行为会导致被教唆者实施行为。如果认为上例中F充耳不闻的行为不属于制造不被容许的危险，则表明F对D后来实施的伤害行为并没有预见，教唆自然不成立。

如果从罗克辛对间接正犯的内涵和外延的阐述①来看，则以不作为的方式"利用"无责任能力人的行为可能就不属于间接正犯。例如，十岁的小孩放学后殴打同学，旁边的母亲并没有阻止孩子，而是认为这同学的母亲平时与自己素有嫌隙，打就打了。通常的看法是，家长此时构成不作为伤害的间接正犯。这无疑是从应罚性和朴素法感情出发得出的结论。人们所考虑的无非是小学生没有达到法定年龄，而家长对犯罪实施过程具有决定性的影响，具有对犯罪事实的支配性，故可以认为其不作为相当于是在"指使孩子对同学进行殴打"。但间接正犯需要行为人强制或利用他人为中介进行犯罪。即使是未成年人，也是在完全自由的意志下实施行为，而身后的父母也并没有对其进行强迫或欺骗，他们并不是"引起"其行为的人，故上述场合不宜认定为间接正犯。

作为不作为间接正犯肯定论的代表，德国学者布塞对此作了较为深入的考察，他将不作为的间接正犯分为应该阻止被监督人的侵害行为的间接保证人义务的场合与应当保护法益的具有直接保证人义务的场合，并分别予以论述。首先，在前者的情况下，当保证人违反义务、不阻止由某个作为者所引起的行为时，在其支配着该事态的情况下，应该通过间接正犯来进行处罚。他举了这样一个例子：冷冻仓库的管理员 A 在下班时发现系统错误地将仓门关闭，A 走到仓门前的停车场处看到了员工 B 的汽车，想起来 B 在半小时前回到仓库去取落下的东西。A 知道 B 能够从较窄的通风管道中艰难逃生到外面，不会被困一整夜。A 同样清楚，B 要是按 A 的预想做的话必然使通风设备遭到相当程度的损坏。A 以前就一直希望老板能给仓库内安装紧急报警装置，现在认为这件事也许会实现他的期望，于是就没有开门而自顾自地走了。B 正如 A 所料，为了出来而弄坏了设施。在这个事例中，A 要承担非法拘禁罪直接正犯的责任，当无异议。与此同时，毁坏财物罪的间接正犯也应成立。本案中，B 之所以弄坏通风设备，完全是因为 A，是 A 通过故意不打开仓门强迫 B 那么做的。A 的行为才是设备被毁坏的关键。

---

① 罗克辛认为，对犯罪实施过程具有决定性影响的关键人物或核心角色，具有犯罪事实支配性，是正犯。其中，行为人不必出现在犯罪现场也不必参与共同实施，而是通过强制或者欺骗手段支配直接实施者从而支配构成要件的实现的，是间接正犯（意思支配）。他进一步认为，支配犯（对应义务犯、亲手犯）的间接正犯实际上只能存在三种情形：幕后者通过迫使直接实施者实施犯罪行为，从而达成自身对犯罪事实的支配；幕后者隐瞒犯罪事实，从而欺骗直接实施者并且诱使其实现幕后者的犯罪计划；幕后者通过有组织的权力机构将实施者作为可以随时替换的工具而操纵，并且据此不再将实施者视为个别的正犯而命令，进而达成对犯罪事实的关键支配。除了上述三种基本支配情形外，不可想象其他情形。利用无责任能力人的情形，在构成上只是强制性支配和错误性支配的结合。

但是在直接保证人的场合，布塞认为没有必要引入"不作为的间接正犯"这个概念，只要认定为不作为的直接正犯就可以了。他为此作了这样的解释。对于直接保证人而言，被保护者到底是受到一般人的侵害还是无责任能力人或未达法定责任年龄人的侵害，其不作为所达到的效果都是一样的，即直接地侵害了被保护者的法益。另一位学者赫兹伯格也持这样的观点，并举例予以说明。在"无责任能力者U在F的丈夫A的面前强奸F，A能够很容易地阻止"的案例中，认为A的不作为不属于间接正犯。理由在于，U与A并不具有监督关系，因此A的保护（而非监督）保证人地位丧失了将U的行为视为A自己的行为那样的功能。[①] 也就是说，虽然A的义务从表述上看都是制服U从而使F免于受辱，但此处的重点应放在后面。因为原本A就没有被要求去阻止U，而是被要求去保护妻子F。因此，U的行为就不能作为A固有的行为被归责。

笔者认为，布塞列举的第一个例子构成不作为的间接正犯是正确的。需要注意的是，不作为者A之所以能通过不作为对B形成强制性支配，是因为他借助了外部原因即冷冻仓库系统失灵。更直接形象地说，是自然力以作为的方式强迫B破坏了通风设备，不作为者的不作为起辅助作用，只不过自然力不是刑法评价的对象罢了。

而布塞所举的第二个例子在笔者看来并不是不作为间接正犯的例子，因为无论A是所谓的监督保证人还是保护保证人，他对实行者U都不具有意思支配，也不可能以不作为的方式实现意思支配。

对于此例以及通常发生的父母无视孩子盗窃这样的事例，笔者拟通过（片面）共犯探讨来解决。根据作为者是否与不作为者存在意思联络，将不作为者分别认定为片面共犯或普通共犯，至于是构成共同正犯还是帮助犯，应当以犯罪事实支配理论来进行区分。作为者在这里属于无责任能力人，那么原则上不作为应当构成正犯。还有一点需要说明的是，在像父母无视孩子杀人或放火这类案件中，由于杀人、放火是可以通过不作为构成单独正犯的，所以在认定父母存在支配犯罪流程的前提下，可以说其不作为完全符合相应的构成要件。事实上按照这种逻辑，保证人的不作为应当是完全实现了构成要件，将其认定为单独正犯也未尝不可，但是结果毕竟是作为者物理性地实现的，与自然力的情况不同，而且既然存在单方面的联络，就应当将此事实予以考虑，所以适用共同正犯更为妥当。

然而，在像父母无视孩子盗窃这样的场合，由于盗窃属于限制手段犯，不作为难

---

① 刘瑞瑞. 不作为共犯研究［M］. 桂林：广西师范大学出版社，2009：144.

以实施盗窃罪的构成要件,故要想构成共同正犯需要从功能性支配以及实质正犯论的角度来论证。功能性支配是通过分工来实现行为的正犯性的,支配源自其在参与犯罪中的功能以及承担对犯罪计划的实现而言属于重要的任务,并且经由参与部分行为而可以支配整个事件的进程。既然在区分正犯与共犯上采取的是从实质评价入手的犯罪事实支配说,那么即使参与构成要件以外的行为者也可能是正犯。[1] 最典型的例子是,数人共谋犯罪,策划者虽没有参与实行,但是通过电话对其他实行者进行指挥,这对犯罪计划的顺利完成起了重要作用,应该构成共同正犯。[2] 又比如,数人实施入室盗窃行为,其中一人虽未实施盗窃行为但却提供了保险箱的密码,对此从功能性支配角度出发,根据事前犯罪活动的计划来判断,也应认定为共同正犯。即使事后不确定如果没有密码实施盗窃行为者能否打开保险箱,或更极端地说,即使实施者当时偶然地自己试对了密码,结论也不应有所不同,但是如果从事前看,实施者有自己打开保险箱的较大可能的话,则并不能说提供密码者对整个犯罪计划存在重要作用,此时应构成帮助犯。对此进行类比,笔者认为,在父母无视孩子盗窃的场合同样可以认为父母不予阻止的行为对于孩子盗窃成功起到了重要作用甚至是决定性作用,将其不作为认定为共同正犯而非帮助犯是适当的。

还需要说明的是,上面举的例子是存在单方意思联络的情况,而类似于偶然防卫那样双方没有任何联络的场合也是存在的。比如,A 看到自己不会游泳的儿子 B 一步步后退,马上就要栽到湖里,但 A 素来不喜欢 B,认为 B 是活该,遂袖手旁观。但其

---

[1] 罗克辛对功能性支配理论进行了两点解释。第一,功能性支配必须发生在实行阶段,但是这里的"实行"并不是指形式客观说所要求的严格实行行为,而是包含了从接近实行的着手的预备阶段开始到未至犯罪的实质性终了的既遂后的阶段的广泛的概念。而且不需要在这种实行阶段处于现场,只要以某种形式强烈影响实行阶段,发挥了左右实行的完成的作用,就足够了。第二,功能性支配意味着各参与人对结果的本质的共动,但是否是本质的共动,不是事后而必须根据事前活动计划来判断。共同正犯性不能由无法预见的偶然性所左右,在活动中具有遵从犯罪计划的重要机能时,也可以肯定共同正犯。(在事后看,尤其是片面共犯的场合,如果不存在物理因果性就否定共同正犯的做法是不正确的)高桥则夫. 共犯体系和共犯理论 [M]. 冯军,毛乃纯,译. 北京:中国人民大学出版社,2010:251. 另功能性支配的主要作用在于认定参与行为的实行性,但还不能将部分实行全部责任的法理正当化。即便是在最典型的二人分担实行中,虽说撤掉甲或乙的行为就可以挫败整个犯罪计划(进而认为甲乙的部分行为就同时功能性地支配了整体事态),但这也反过来意味着只有甲乙的部分行为相互依存才能实现犯罪,故单独看其一人的行为只是部分地支配犯罪。既然共同正犯兼具正犯与共犯的性质,那么仅用与单独正犯相同的正犯原理就不妥当,还必须求诸因果共犯论,二者结合性地为与结果之间的物理的、心理的因果关系提供依据,通过共同惹起来为部分实行全部责任的正当性奠定基础。
[2] 陈志辉. 共谋共同正犯与共同正犯之参与行为 [J]. 月旦法学杂志,2004 (114):44.

实 B 是被仇人 C 拿着刀威胁下水的，A 对此不知情。此场合与上例一样没有意思支配，不构成间接正犯，而且也没有任何联络，故不会构成片面共同正犯。笔者认为此时考虑 A 的正犯性，只能让 A 成立直接正犯，C 也是如此。一个结果可存在数个单独正犯，这一点已经作为同时犯得到广泛承认。

另外，多数学者认同亲手犯的概念，认为在亲手犯的场合不能构成间接正犯。日本学者一般将亲手犯分为实质的亲手犯和形式的亲手犯。前者如伪证罪、侵入住宅罪和道路交通法上的无证驾驶罪，即教科书中被讨论的典型情形。后者是指刑法在形式上把间接正犯排除在外的情形，如日本刑法典第 156 条的制作虚假公文罪，因为第 157 条的"公正证书原本不实记载罪"中规定了第 156 条的间接正犯的情形。在德国，罗克辛将亲手犯分为真正的和不真正的亲手犯两类。前者要么是行为人刑法的残余（如德国刑法典第 181 条 a 规定的剥削卖淫所得），要么是和行为相关联的、无法益侵害性的犯罪（如第 173 条规定的血亲相奸），因为与法益侵害思想冲突，未来应当从刑法典中删除。后者实际上是由行为背后的一身专属的义务来决定其正犯性，因而是真正的义务犯，如伪证罪。

笔者认为我国刑法并没有规定亲手犯，或者说没有必要引入亲手犯的概念。首先，我国刑法分则并没有形式的亲手犯的有关条文，故此种亲手犯不在讨论之列。① 其次，像伪证罪这样的犯罪之所以不能构成间接正犯，完全可以从身份犯的角度予以说明，因为非身份者不成立身份犯的单独正犯。又如像侵入住宅这样的行为犯，笔者认为在行为人利用无责任能力者闯入他人住宅、侵犯他人的居住安宁时，同样是应罚的。刑法的目的是保护法益，全部罪名的设立都以此为根基。由此出发，利用或强制他人以达到侵害法益效果的行为就当然要被处罚，而不应受制于亲手犯概念的限制。同样，

---

① 对于日本刑法典第 156 条和第 157 条的关系，西田典之认为，是"虚假的申报或申请"这一手段（满足了人们实施犯罪的诱惑性，在生活中司空见惯）使得第 157 条下的行为人较之第 156 条的行为人责任减少，从而法定刑也降低（与第 156 法条竞合）。以此为出发点，那么以其他手段使有制作权限的公务员陷入错误（如擅自修改其放在桌子上的半成品公文书），或直接强制其制作虚假公文书的，就应该说还有作为第 156 条间接正犯的可罚性。西田典之. 共犯理论的展开 [M]. 江溯，李世阳，译. 北京：中国法制出版社，2017：134. 另外，山口厚从违法性层面来理解"虚假申报"，认为按照相关程序的规定，个人提出的申报应接受公务员形式的、实质的审查，在此阶段即应当能够审查出是否属于虚假申报。故此种情况较之第 156 条的法益侵害危险性要小，甚至达不到间接正犯的程度。而并未预定有相关公务员进行审查的诸如内部参与者的虚假行为，就无碍于肯定构成间接正犯。山口厚. 刑法各论 [M]. 2 版. 王昭武，译. 北京：中国人民大学出版社，2011：524 - 525. 故形式的亲手犯是否有存在的余地在日本也未必明确。

我国刑法中规定的一些犯罪如参加恐怖活动组织罪、参加黑社会性质组织罪，似乎属于亲手犯。但是由于行为人完全可能强迫他人参加，故上述犯罪仍然可能有间接正犯。危险驾驶罪也不是亲手犯。例如，甲在获悉乙是开车来赴宴的前提下，偷偷在乙的可乐中兑了啤酒，使得乙在回程中实际上是酒后行车。乙客观上实施了酒后驾驶的行为，但并无犯罪故意（甚至可能没有过失），甲属于利用不知情的乙造成了法益侵害。

第三节 不作为正犯与狭义共犯的区分

上文已经提到，在多个不作为有意思联络并存的场合，构成共同正犯当无异议。但在作为与不作为并存的场合，作为事实上掌控着犯罪进程，不作为构成正犯还是帮助犯，抑或说不作为能否构成正犯或在何种场合能构成正犯，就需要讨论。此种情况下，无论是二人有意思联络，还是不作为者单方面有认识，抑或是二人完全无联络，都存在区分正犯与共犯的问题。

一、理论学说

（一）区分否定说

区分否定说主张不作为原则上均构成正犯，例外构成共犯的仅限于缺乏目的、身份的场合或亲手犯的情况。为这种原则正犯论提供实质理由的是罗克辛主张的义务犯说。首先，罗克辛认为，是被害人基于自己的原因引发危险还是第三人导致危险，两种场合对保证人来说没有什么区别，认为前一种情形下是正犯而后一种情形下是帮助犯是不合理的。例如，当父亲误认为自己的孩子（事实上并非如此）将要被人杀害时却不作为，如果将父亲视为帮助犯的话，那么这种行为作为帮助未遂是不可罚的。但是，在父亲误以为自己的孩子由于意外而溺水的场合，根据以行为者的表象为基础来判断未遂是否成立的德国刑法典第22条①，父亲就可以被认定为谋杀未遂。两种场合

---

① 印象理论是目前德国刑法典区分未遂犯与不能犯的通常依据，即认为只有当行为影响了公众对法律效力的信任时，才具有未遂的可罚性。概言之，印象理论用动摇对法律的印象这一要求，解释德国刑法典第22条的"直接着手"，并说明对重大无知的不能犯的减免处罚规定。而根据有无实质危险为判断基础的客观危险说及其修正学说来看，在上述两种场合中父亲均无罪。

的结论差异非常不显著。

雅各布斯继承了罗克辛的义务犯理论，并将犯罪进行了重新分类。在违反了不应不法介入他人领域并侵害他人的消极性义务，且将达到侵害的经过进行组织化的情况下，支配犯得以成立；如果违反从亲自关系、司法制度等决定社会共同体所不可欠缺的制度中导出的积极义务，即违反制度上的义务，则构成义务犯。至于二者构成正犯的要件，雅各布斯与罗克辛的主张相同。也就是说，在支配犯领域以支配论为前提，将在因果流程中发挥实质作用的行为人视为正犯，其他参与人为共犯；在义务犯领域，以义务者与结果的直接关联性为根据，原则上认定为正犯。①

（二）不作为犯论视角下的区分学说

1. 保证人义务说

保证人义务说是以历来所确立的保证人类型为前提，根据义务的不同性质把不作为区分为正犯与共犯的理论。首先，违反保护义务的不作为原则上构成正犯。此与上文中罗克辛的观点相同，即无论被害人处于何种情况都对保护保证人而言没有什么不同。只有在具体场合，不作为缺乏特别要素时，才构成共犯。其次，在违反监督义务的情况下，不作为者没有阻止被监督人侵害法益的，构成帮助犯。但是如果被监督者是无责任能力人，可能构成间接正犯。

该说最大的问题在于将保证人区分为保护保证人和监督保证人，对此区分标准的批判，前文已经进行了论述。另外，在区分正犯与共犯方面，认为保护的场合构成正犯而监督的场合构成共犯的观点显然过于僵化。在典型的保护保证人的场合，保证人的不作为对结果的发生完全可能只发挥辅助作用，有构成共犯的余地。在典型的监督保证人的场合，如果保证人可以很容易地阻止被监督人的侵害行为，则将其认定为在犯罪过程中发挥着主要作用也不是不可能的。

2. 保证人地位强弱说

德国学者修瓦兹认为，以危险源为媒介而与被置于危险中的法益进行间接的社会

---

① 对于义务犯说的批判，第四章已经进行了具体的论述，这里仅就不作为共犯的角度再补充一点。不作为正犯与共犯的区分包括两个层面：一是作为与不作为的区分，二是正犯与共犯的区分。虽然对于如何区分作为与不作为以及如何区分正犯与共犯，学界还存在争议，但一般都承认这两个层面上的区分是并存的。而雅各布斯的管辖理论却完全无视作为与不作为的区分，把上述并列的两个问题融合为一个问题，使得原本应该分两次判断的问题通过一次判断就加以解决。而事实证明，如果一次司法判断的过程承担了过多的使命，裁判结论出现偏差的可能性自然就会增大。周光权. 犯罪论体系的改造[M]. 北京：中国法制出版社，2009：87.

性接近时，不作为不具有大于帮助的更大的无价值。因为危险源的接近而产生的保证人是不能够与更强的保证人作同样处理的。如消防员及其他公务员虽然对被置于危险的法益来说直接形成保证人地位，但却处于极弱的保证人地位，比起对孩子负责的母亲的义务要弱得多。这些义务较弱的保证人，在第三人实现危险的过程中不履行义务的，只能构成帮助犯或特定犯罪（如玩忽职守罪）的正犯。关于被评价为不作为正犯的不作为形态，只有极少的一部分能够成为问题。例如，对于婴幼儿来说的父母、相对于一方来说的配偶等。对杀害自己孩子的第三人给予帮助的母亲，因为对孩子来说是极为紧密的存在，因此作为帮助者也应当以正犯来论处。①

保证人地位强弱说认为强的保证人构成正犯而其他保证人构成帮助犯，其实是不同情况下原则正犯说与原则帮助说的结合。但这样的做法无疑是僵化的。且不说能否为强弱划清界限，一概认为父母的保证人构成正犯而公务员的保证人构成帮助犯在现实中无论如何是不妥当的。具体情况下，应该有其他的要素影响着正犯与共犯的判断。

（三）共犯论视角下的区分学说

1. 主观说

主观说认为正犯性的标准在于是自己的犯罪还是他人的犯罪。与扩张的正犯概念一样，本说也立足条件理论，认为凡是对结果赋予条件的行为在客观上都具有等价值，因而正犯与共犯的区别只能求之于行为人的主观。在德国的早期判例中，就有持这种观点的判决。如姐姐受妹妹之托杀死妹妹的私生子，法院以不具有正犯意思判定姐姐构成共犯。又如，行为人根据苏联克格勃的指令杀死了流亡者，法院以其并无将杀人作为自己的犯罪意愿为理由，判定克格勃的高层为间接正犯，行为人只是从犯。

日本刑法实务中曾一度采用此说。对此最主要的批判在于，如果判断正犯性有无时依据的是对犯罪实现的意欲和积极性、利益归属等情绪要素，那么在没有明确证据的情况下，认定正犯性就相当困难，反而不具有稳定性。另外，在所有行为人均是为了他人而参与犯罪的场合，就会出现不存在正犯的情况，这无疑是有问题的。② 犯罪的

---

① 神山敏雄. 不作為をめぐる共犯論［M］. 東京：成文堂，1994：100.
② 是否存在没有正犯的共犯尚存争议。譬如在利用有故意的工具的场合，公务员甲指使知情的妻子乙接受贿赂，有观点认为由于被利用者具有规范的障碍，不可能成为单纯的工具，因此利用者不能随心所欲地对其进行支配，故利用者只能构成教唆犯。而被利用者不具有身份，只能构成受贿罪的帮助犯。但是也有观点认为受贿罪的构成要件并不是单纯收受财物，而是要求利用职务上的便利，或曰要求财物和职务的交换性。甲直接支配了对职务行为不可收买性的侵害，应当构成直接正犯。

本质在于侵害法益,作为基本参与类型的正犯的要件,要求参与者具有特殊意欲,无疑属于过度要求。而且,诸如日本刑法典关于利益抢劫罪(236条第2款)等的规定,是以"为使他人获取非法利益者"作为处罚对象的,主观说明显与此相悖。①

2. 修正的实质客观共犯说

莱温赫姆认为以作为形式为前提的区分正犯与共犯的学说②(形式客观说、实质客观说、主观说)都不能适用于不作为犯。在不作为犯领域,被期待的行为是对法益的直接保护时,构成正犯;与此相对,被期待的行为对法益来说只是一种间接保护时,则构成共犯。不作为者能否直接或间接地保护法益,在该行为被置于孤立的状态下是难以考察的,只有置于其他情境中才能够得出相对的结论。因此,通常都要考察所有参与者的行为,而且必须进行相互比较。莱温赫姆认为,在参与者中最直接的能够最早并且最具有目的性地防止结果的人是正犯;相对的,能够比上面的人晚并且没有目的性地防止结果的人则是共犯。若只有一个人参与了结果,由于不能进行上面的比较,所以自然就构成了正犯。③

该学说以事实要素为基础确立了不作为的正犯与共犯的界限,因此比较容易理解,但是否妥当就另当别论了。

首先,在复合的不作为场合,莱温赫姆举例论证说,不会游泳的C落入水中,但水域管理员A和B没有采取救护措施(存在意思联络),假设B彼时身体不适难以下水救人,故C只能指望A下水救自己,A履行义务就是对法益的直接保护。相反,B只能像不会游泳的人一样请求他人去救助C,充其量是对法益的间接保护。即便上述例子中A和B的具体情况有些许不同,也不足以影响对A和B正犯性的判断。既然是保证人,就意味着法律平等地要求其履行法益保护的义务,他们之间没有强弱之分,更没有直接间接之分。案例中,在能够进行救助的最大可能范围内,应当认为B和A同样有救助生命的义务,B和A应认定为不作为的共同正犯。

其次,在作为与不作为并存的场合,当D把E推进水里,而保证人F没有救助时,理论上存在将F认定为正犯或共犯的对立。莱温赫姆仍然试图通过分析被期待行为的

---

① 松原芳博. 刑法总论重要问题 [M]. 王昭武,译. 北京:中国政法大学出版社,2014:280.
② 形式的客观说认为,完全或者部分实施了构成要件行为的,是正犯;实施构成要件以外的行为的,是共犯。但是该理论面临着区分间接正犯和共谋共同正犯的难题。实质的客观说是为了克服形式的客观说而产生的,但对"实质"的理解还没有完全形成统一的见解。
③ 刘瑞瑞. 不作为共犯研究 [M]. 桂林:广西师范大学出版社,2009:100.

性质得出结论。在这种见解下，莱温赫姆和大多数人的想法一样，D 不实施作为更能直接地保护法益，而 F 实施作为与 D 的不作为相比处于劣势，所以 D 是正犯，F 是共犯。先不论结论是否正确，单看其论证方法，在一些案件中就有可能会出现模糊或不当的情况。例如，G 教唆管制员 H 在飞机接近时不提供必要的风力信息，导致飞机落地时因遭遇风切变发生零部件毁损，实践中一般会赞成将 G 判定为共犯而 H 为正犯。这一结论没有错，其判断依据是 H 提供相应信息的行为比 G 不予教唆的行为更能保护飞机这一财产法益。但是，从事实上来看，只要 G 没有进行教唆，该结果就不会发生，而且 H 的行为需要花费一定的精力，绝对不比 G 不进行教唆更为容易。故按照莱温赫姆固有的期待理论，G 才应当构成正犯，而这无疑与人们的常识相悖。

3. 因果关系支配说

因果关系支配说的基本思想是，考虑到不作为可以等价于作为，二者就正犯和共犯的区分方法就应当相同或相似。在二者共存的场合，作为直接造成结果，其支配性表现于外部，显而易见。在作为强有力的支配下，不作为一般被认定为帮助附随于作为。关于在什么情况下不作为可以成为正犯，西田典之的观点较为合理。① 如果支持作为义务在任何参与形式下都具有相同性质，那么，根据作为义务即不作为角度便无法区别二者，只有从共犯论的角度来进行探索。对此，西田典之认为，只能着眼于因果关系的质的差异。按照判例与通常观点对帮助因果性的理解，帮助行为不需要与正犯结果具有条件关系，只要达到了促进正犯的效果即可。将此观点运用到不作为的帮助，那么，不需要具有如实施作为便可"切实地"避免结果的发生这一事实关系，而只要具有"使结果发生更为困难的可能性"这一关系即可。（反过来说，就是不作为使得犯罪行为更容易实施）另外，就不作为的单独正犯的成立，要求"具有十之八九的可能"

---

① 西田典之认为不作为的共犯是片面共犯的关联问题。如果作为者和不作为者在事前或事中进行了共谋或意思联络，则能认为存在作为共犯的处罚依据之一的心理因果性，不作为者当然构成共谋共同正犯或帮助犯，对此没有必要探讨不作为者的作为义务。相反，如果二者之间并无共谋，就要讨论不作为者是否承担片面共犯的责任，对此便需要认定作为义务的有无。笔者认为，该观点的后半部分揭示了不作为能够构成片面共犯的可能，具有一定的提醒意义，但前半部分有待商榷，因为即使全面肯定共谋共同正犯（事实上也未必正确），也不是只要有意思联络即可，仍要有足以匹敌实行性的附加因子存在，而附加因子之一就是作为义务。故有必要继续考察作为义务，在肯定作为义务后继续考察保证人对因果进程的重要性，进而有构成不作为（共同）正犯的可能。对此，岛田聪一郎也指出，与正犯之间存在意思疏通的场合也不意味着全部构成出于作为的共犯，也有的场合需要检讨保证人地位。岛田聪一郎. 不作为による共犯について（一）[J]. 立教法学，2003（64）：17.

避免结果的发生。基于这种对比，他认为，如果不作为者实施了作为，在本应"切实地"避免结果发生的场合，就属于不作为的正犯；如果只是"有可能使结果的发生更为困难"，则属于不作为的帮助。①

这里要说明的是，既然共同正犯与狭义共犯一样都具有共犯性，对因果性的要求就同样没有那么严格。之所以要求不作为之于作为构成（片面）共同正犯必须能够"切实地"阻止结果发生，考虑的并不是因果性而是实行性。只有具有实行性，才能说是正犯。等价性在很大程度上是行为的等价，即意在证明不作为的实行性，而因果性是等价性的重要条件。如齐藤彰子所言，在对作为正犯者不予阻止的场合，如果不作为对法益侵害结果的发生、犯罪事实的实现产生重大的期待，那么就能说其与作为正犯发挥了同等的作用，成为共同正犯。②

在笔者看来，以支配思想来区分不作为的正犯和共犯与日本刑法中的过失正犯性理论相契合。日本学者在限定过失竞合的责任主体上并不否定某一过失行为与结果之间的因果关系，但由于是另一个过失行为主导了整个因果流程，因此否定了先前过失行为的正犯性。只要过失行为与结果之间存在相当因果关系，就无条件地肯定同时正犯的竞合，判例和通常观点一直以来采取的这种立场本身就有问题，为构成正犯奠定基础的是对因果经过的支配、对结果的实施度、行为人所起的作用。③ 以德国帝国法院判决的1927年发生的阁楼失火案为例，判决肯定了房主承担过失致死罪的责任。我们可以从两方面来解析这一判决结果。一方面，从规范的保护目的来看，任何原因的火灾所可能侵害的生命、身体法益都应该属于"建立消防与救助安全体制"这一注意规范的保护范围，故即使是有人故意纵火（本案审理中对起火的原因没有查明），也不应

---

① 西田典之. 不作为的共犯 [J]. 王昭武, 译. 江海学刊, 2006 (3): 27. 另外，张明楷也表达了同样的观点。保证人的不作为是构成正犯还是共犯，取决于该不作为在共同犯罪中所起到的实质作用。反过来说，取决于履行作为义务对防止结果发生所起的作用。所以，只要履行作为义务，就"确实"能够避免结果发生的场合，应认为该不作为对结果的发生起到了实质的作用，不履行义务的保证人构成不作为（片面）共同正犯。而在保证人违反义务时，实际上只是使正犯的行为更为容易的场合，认定为（片面）帮助犯比较合适。
② 齊藤彰子. 作為正犯者の犯罪行為を阻止しなかった者の刑責 [J]. 名古屋大學法政論集, 2013 (249): 214.
③ 濱本千惠子. 過失競合と因果関係 [J]. 広島法学, 2014, 38 (2): 65.

否定被告人的结果归责。① 另一方面,从"阁楼通往楼下的楼梯极其狭窄,一旦发生火灾将使人无法迅速逃离""阁楼的建造未经建筑行政上的许可""房屋楼下的仓库还存放有大量汽油、麦秆等易燃物,且仓库处于任何人都能进入的开放状态"这些事实来看,不能不说被告人的行为对于最终的结果赋予了极大的原因力,所以构成正犯而非过失共犯。另外,在日本发生的横滨市立大学医院患者弄错案中,从病房护士 A 开始,手术室护士 B、两位患者的麻醉医生 C 和 D 以及两位主刀医生 E 和 F 均对患者存在过失,他们使两位患者做错手术,造成不同程度的身体机能损害。虽然本案终审判决通过肯定因果关系和违反注意义务而肯定了所有被告的过失责任②,但是从本案检察官最初只选择制造过失原因的病房护士和直接实施身体侵袭的主刀医生提起公诉这一点来看,也是考虑到谁主导因果流程、对因果流程存在支配这样的正犯性原理使然。

如果结合禁止溯及的思考方法,那么在存在介入者自律性行为时,肯定背后的不作为正犯应当慎之又慎。作为对结果的影响力通常更大,这一点从事实因果关系来看格外明显。但是,否定作为背后不作为的正犯性这种禁止溯及的思考方法过于僵硬,其规范色彩太浓,脱离了事实判断。在判断具体案件时,应实际考察先前行为和介入的不作为究竟是谁主导了因果进程,是否对结果的发生起到支配作用。但是,禁止溯及还是为我们在判断正犯性时提供了一个通常的、基本的思考方法,并在任意认定正犯时起到一种提醒作用。笔者认为,在父母面对未成年子女的不法行为以及警察面对小偷小摸的行为时,会较为容易地肯定不作为的支配性。

综上所述,正是因为等价性的存在,在区分正犯与共犯上,即使存在细微的不同,作为与不作为的场合应以同样的指导原理为依托。笔者认为,与以上诸说相比,从支

---

① 一般而言,由于故意犯能够较容易地设定和控制犯罪过程,通常足以阻断过失行为所制造的危险。但是在某些少数情形下,故意犯所创制的危险包含在过失犯注意规范的保护目的之内,或者说过失犯的行为人一开始就负有保证法益不因故意犯罪而受到侵害的义务。如"妥善保管麻醉药品或者枪支弹药"的规定很明显是用来阻止第三人的犯罪行为。违反这些规范也必定形成对由第二行为人紧接着所造成的结果的归责。吕英杰. 客观归责下的监督管理过失[M]. 北京:法律出版社,2013:109.
② 在医疗过失竞合中肯定所有行为人的过失责任具有这样的制度意义,即在多个人共同分担的体制下,为了能将发生意外的可能性降至最低,对于各个环节的各个人员分别课以结果回避义务,形成结果回避的多层保障。理论上也存在以"只要他人有所注意,结果就不会发生"为由来否定过失责任的观点,但如此一来前述制度的设立或将毫无意义。井田良. 医师の刑事责任[C]//张丽卿. 全球风险社会刑法新议题. 台北:元照出版有限公司,2015:407. 笔者认为,从上述见地以及前注中的规范保护目的理论出发,至少应当缓和地肯定每个行为人的行为与结果之间的相当因果关系,之后再进行正犯性的判断。对于过失共犯,虽然在刑法上不可罚,但仍可能承担其他责任,故不会破坏制度的效用。

配的角度展开判断更为合理，这种观点为区分正犯和共犯提供了较为周全的方向性指导。与许乃曼的结果原因支配理论不同，此处的支配不仅限于事实的支配，也包括规范性支配。

二、实务检验：以"自杀不救助"为例

区分不作为正犯与共犯的通常情形是被害人受到第三人的侵害而保证人不予救助。但是在事实上，自杀不救助的情况也是实务中经常要面对的问题。

在讨论具体问题之前，有必要对自杀行为进行一下界定，即什么是自杀。《现代汉语词典》将自杀释义为"自己杀死自己"，这种表述从刑法理论上来看是不全面的。陈兴良将自杀定义为"基于意志自由，自我决定结束生命的行为"。[①] 具体到对自杀行为范围的界定，王钢明确地指出，在主观方面，被害人不仅要认识并意欲死亡结果的发生，还必须自愿地选择死亡，对于自愿性的判断应当以有效承诺（驳责任排除说）为标准；在客观方面，被害人必须事实性地支配着导致死亡的行为，在将不可逆转地造成死亡结果的最后自行控制着事态的发展。[②] 总之，学界对自杀的定义中应包含主客观两方面的内容已经达成共识。[③]

其次需要明确的是自杀行为是否违法，这决定着自杀不救助行为能否构成共犯。以往的诸多观点都是肯定杀人罪的帮助犯，进而肯定帮助自杀的可罚性，如采取单一正犯概念，认为教唆帮助行为都是符合分则构成要件的行为；或者采取纯粹惹起说并承认没有正犯的共犯；抑或是认为杀人罪构成要件中的"人"不仅包括他人，还包括本人，所以自杀行为构成要件该当且违法，只是因为缺少责任才不认为是犯罪，这样就为限制从属性说铺平了道路。总之，上述观点的前提都是在否定自杀者拥有处分自身生命的权利。但是自杀是自杀者对自身生命的自由支配和处分，当属于自我答责的

[①] 陈兴良. 判例刑法学：下卷 [M]. 北京：中国人民大学出版社，2009：162.

[②] 王钢. 自杀的认定及其相关行为的刑法评价 [J]. 法学研究，2012（4）：163.

[③] 从这种观点尤其是其主观方面出发，因动机错误导致的自杀以及受到胁迫但责任尚存时实施的自杀都不属于自杀行为，行为人可能成为杀人的间接正犯。另外无责任能力人的"自杀"行为自不待言，当自杀者只是由于在事业、学业或爱情上遭受挫折而冲动性选择结束生命时，也应否定其自我决定的意思。在这些情况中，被害人选择死亡的意思表示不是其真实的意愿。相反，如果自杀者是在长期困难的经济条件和糟糕的身体状况下做出的死亡决定，则笔者认为这种意志决定从理性上来讲体现了其真实意愿，原则上应认定为自杀。

领域，已非构成要件的效力范围所能掌握，因此应排除归责。① 故自杀行为不符合杀人罪的构成要件，自然也不违法，帮助自杀的行为不能作为杀人的帮助犯处理。以上观点之所以呈现两极化，是因为其思考根源的不同，即父权主义与个人自由谁应做出让步的问题。

所谓父权主义，是指强制干涉某人的行动自由，而这种干涉是以保障其福利、快乐、需求、利益或价值为理由的。② 很清楚的是，父权主义所指涉的现象，表现出一种不对称的双方关系。一方具有绝对优势的地位，可以完全无视另一方的自我决定权。这其实不只预设了一种从属关系，同时预设了一种冲突关系。当我们肯定父权主义之适用时，就表示一方对于因冲突而导致的压制有忍受义务；相对于此义务，作为压制者的一方则享有权利。然而为什么一方享有这样的权利而无须解除对对方的压制，是必须特别加以说明并使其正当化的。

父权主义的思想基础是完美原则。国家是一个为了让所有人都能够使自己完美的义务的道德机构。当自然的拘束力无法充分地使人们遵守这一自然法则时，国家借由法律的强制力和刑罚效果，形成了一种人为的拘束力。由此可以显现出父权主义的原初意义：父亲对他的家庭有着深切且无私的爱，所以应该享有一个不受任何限制的权能，来决定家庭中的成员如何能够得到最好的生活。而国家就如同父亲一样，为了实现公民的福祉，应被赋予一个扩张性的权力，能够全面干涉其生活领域，以使公民的幸福得到最大限度的满足。③ 在本书所处理的问题上，完美原则和自主原则处于相互对立的两端。完美原则证立了国家对任何人的父权性干预权力，甚至这种干预并无任何界限，只要人们展示出缺陷或存在出现缺陷的倾向，就允许国家强制介入。完美原则之所以和自主原则对立，是因为"完美"的意义，是根据事物发展状态的客观本质而定的，完全超越了个人对事物的主观定义。即使一个人不愿活得那么长久、健康，生命的完美要求还是要求其活得长久、健康。然而按照完美原则的逻辑，人的生命中并非只有生物性的存活这个事项需要完美，任何事项都应受到该原则的支配。可话又说回来，人是一种有限的生物，一个事项的完美状态时常是以其他事项的不完美为代价。例如，经常熬夜改文章以求顺利毕业的学生，也就牺牲了他的身体健康；全心全意致

---

① 冯军. 刑法问题的规范理解 [M]. 北京：北京大学出版社，2009：52.
② 黄均毅. 法律家长主义 [D]. 台北：台湾大学法律研究所，2009：9.
③ 周漾沂. 论被害人生命法益处分权之限制：以刑法父权主义批判为中心 [J]. 台北大学法学论丛，2013（88）：218.

力学术的教授，很可能没有时间兼顾家庭。或许可以说，人生本来就是在所有事项都不可能达到完美的状态下尽可能地追求完美。若如此，笔者认为，一个人整体的最完美状态，是在承认有限性的前提下，寻求所有不可能达到完美的事项之间的均衡协调。而很清楚的是，这种协调状态只能由个人来决定，也应该如此。因为鉴于人生的复杂性与多元性，所有从单一层面提出的完美命题，推到极致的结果必然是导致人生的不完美或者失败乃至对社会产生消极影响。在人生具有无限多重面向的前提下，为了能够存续，人时时刻刻都面临着取舍。由此可知，所谓人的完美状态，从整体的角度来看，其实并非和自主原则相对立，而是自主原则的结果。换句话说，人是通过行使自主权，让人生的各个局部环节达到协调一致，诚实地面对人类能力极限下的完美状态。另外，有时候人们会需要他人的帮助来突破个人能力的限制。但既然对于他人协助的请求由个人自己发动，那么如果个人并不需要协助，他人却欲以协助之名强加介入，反而破坏了完美状态。

　　回到本书的问题中，笔者赞成自杀不违法的观点。肯定生命的绝对价值，是从社会一般观念出发，而不是从自杀者本人的角度得出的结论。也许某人认为，自己已经功成名就，享尽了人间富贵，子女也都过得幸福美满，继续活下去则可能会受尽疾病的折磨，故选择在70岁时结束自己的生命。倘若国家为了维护生理健康之故对其行为作否定评价，结果就是让这个人的心理需要无法满足，连带着他的整个人生也就可能失衡了。我们可以看到的问题是，为什么国家只将它的要求紧扣在特定事项上，而无视生命内涵的多样性。另外，虽然多数国家的刑法认为，以牺牲他人生命保全自己利益的，不能构成阻却违法的紧急避险。但这是涉及他人的场合，有必要将生命价值绝对化。而从个人角度出发，则完全可以跳出一般性通常的范围将生命价值相对化，对此法规没有必要干涉。自我决定是价值中性的概念，它所关注的重点是"公民是否享有支配自己生活的能力与可能性"，而非是否具有做出"正确"决定的权利。事实上，法律也并不禁止公民为了保护他人较小的利益而自愿牺牲的行为。[①]

　　另外需要澄清的是，我们必须弄清自主性原则与生命价值的逻辑关系。表面上看，生命结束了就无法行使自我决定权了，故为了保护自我决定权，不允许公民自杀。但这种似是而非的见解仍有父权主义的影子，是在强制公民按照既定的方式行使决定权（即持续地行使轻微事项的决定权），导致公民在行使自我决定权时都是不自由的。因

---

① 王钢. 自杀行为违法性之否定：与钱叶六博士商榷 [J]. 清华法学，2013（3）：155.

此，维护人们自行决定自杀与否的权利，使个人能够真正自由地行动，才是尊重自我决定的终极体现。

据此，从自杀行为不违法的立场出发，教唆帮助自杀的行为自然不违法，同样对自杀不救助的行为人也不能受到处罚。① 在德国，无论在理论还是实践层面，均赞成教唆、帮助自杀不违法，自杀不救助的行为也理应不构成犯罪，这与客观归责理论的结论相契合。②

但与德国不同，日本刑法典特意在第 202 条设立教唆、帮助自杀罪。对于此条，有的学者认为其意义就在于对生命的绝对保护，在本人意思无瑕疵的情况下，仍应违反本人意思对其进行保护，③ 即持自杀违法性说，但是以绝对家长主义为基础的此说已经不合时宜。另有学者将此条理解为特别规定。如松宫孝明认为，帮助自杀不构成杀人罪的共犯，只能按照日本刑法典所规定的参与自杀的特殊类型进行处罚。④ 可即便是特殊规定，也必须对该条文的合理性进行考察。一种解释方法是对本条中的"自杀"进行解释，将其理解为是在存在意思瑕疵的场合做出的行为决定，这样本条就属于注意规定，但是既然出现在刑法条文中，就理应将"自杀"二字理解为是上文提到的刑法上的自杀概念，而不能任意解释。另一种解释方向是针对本条的保护法益，将法益定位为"因本人的死而遭受损害的家庭及周边人经济上、精神上的利益"，但是这种法益内容本身过于不确定，也与本条的法定刑（六个月至七年的惩罚）不协调。另外，也有学者直接质疑该条的正当性。如我国台湾学者周漾沂指出，日本刑法典第 202 条所描述的各种行为样态，都预设了被害人是有一般认知和判断能力而得以自我负责之

---

① 构成不作为的杀人罪，无论是正犯还是共犯，都应以存在作为义务的前提。在以保障自由为己任的法规范中，被害人对自身权益的自由处分并不能成为限制他人自由的理由。既然肯定自杀是自杀者对自身生命的自由支配和处分，就不应当再认为他人有义务对之加以阻止。因为作为义务的目的在于防止对被害人的法益侵害，而不是在被害人不愿意接受保护时干涉其意志自由。尤其是不能将保护义务转化为对被保护者的约束和管制。因此，认为被害人的自主决定限制了作为义务的成立范围才是正确的立场。另外，劝说具有自主决定能力的被害人自杀或为其自杀提供帮助的行为，不能成为先行行为。先行行为是具有法益侵害危险的行为，如果是被害人基于自主决定使自己陷入危险，则"先行行为"不产生作为义务。如果认为教唆帮助会产生事后的作为义务，则大部分教唆犯和帮助犯构成不作为的正犯，这与基本结论相违背。
② 德国刑法典虽未规定教唆帮助自杀罪，可在其第 216 条规定了受嘱托杀人罪，但并不能据此认为德国刑法否认了法益主体对自己生命的自由处分。规定此罪，是为了切实保障被害人死亡决定的自主性。因为当行为人剥夺被害人生命时，总是存在着妨碍被害人在最后一刻自由决定生死的危险。
③ 松原方博. 刑法总论重要问题 [M]. 王昭武，译. 北京：中国政法大学出版社，2014：14.
④ 松宫孝明. 结果反（无）价值论 [J]. 张小宁，译. 法学，2013（7）：22.

人，否则的话即会落入第 199 条（杀人罪）的效力范围。既然如此，根据所主张的极端软性父权主义，第 202 条即无正当性。① 虽然在极端软性父权主义的逻辑下，自杀的外延要比上文定义中的广泛，但对此处的问题的质疑是相同的。

笔者认为，无论第 202 条的规定是否合理，既然已经规定了，那么在其司法实践中就不得不予以考虑。但是在持自杀合法性说的基础上，即便将第 202 条认定为特别规定，即针对"教唆或帮助他人实施自杀（这一合法行为）的"行为予以处罚，也不会对自杀不救助行为产生处罚的效果。这是因为，虽然存在不作为的帮助犯，但是也要以存在作为义务为前提，否则任何有能力救下自杀者而不救的路人都会构成帮助自杀罪，即使是特别规定也不可能包含这样的意思。而在面对不存在法益侵害的、合法的自杀行为时，是无法导出作为义务的，故自杀不救助的行为无法适用本条的规定。

上述结论与我国司法实践中处罚教唆帮助自杀的一贯做法看似存在矛盾，但是中国人的自杀可能与西方世界有所不同。中国人之所以自杀，通常不是因为厌倦生活或想死于安乐，而是因为不可遏制的愤怒或为生活所迫。我们日常听到的大都是某某因为公司破产上吊或因股票赔空而跳楼。对于他人的自杀，我们较之西方人也更倾向于问"为什么"甚至问"是什么原因逼他自杀的"。总之，中国人的自杀行为在主体性上存在瑕疵，其自由意志多多少少受到外部因素的左右。如果套用本节开头对自杀所下的定义的话，则中国式自杀通常不符合自杀的主观方面，也可说不属于刑法上承认的自杀行为。即便是德国的判例，在处理一起丈夫自杀不救助案中也指出，"被告人的丈夫是因为对长期的家庭争吵感到厌倦，然后在一次激烈的争吵后马上自杀的，这不是否认照管义务的理由"。②

结合上述语境，本书认为，我国司法实践倾向于将自杀不救助行为（满足正犯性的前提下）认定为情节较轻的故意杀人罪的做法可以说具有一定妥当性，但还是应当严格区分自杀行为和实则不具备自杀要件的伪自杀行为。对于这种形似自杀的行为，笔者认为应承认其违法性，对其教唆帮助的行为可罚且不能否定作为义务的发生，这是在软家长主义的指导下得出的结论。软家长主义认为，只有在当事人由于欠缺认知、

---

① 周漾沂. 论被害人生命法益处分权之限制：以刑法父权主义批判为中心 [J]. 台北大学法学论丛，2013 (88): 252. 所谓极端软性父权主义，是认为在自愿性的成立标准上必须退守到最低门槛，即一个人只要具有一定程度的认知和判断能力，所为的决定就能被称为自己所作的决定。反面来说，只要当一个人在一定的年龄以上，无精神异常以及心智缺陷等的时候，就是一个可以自我负责的人。
② 罗克辛. 德国最高法院判例：刑法总论 [M]. 何庆仁，蔡桂生，译. 北京：中国人民大学出版社，2012：233.

判断能力或者受到错误信息引导而无法进行真实有效的意志决定时，才能违背其表面意思，限制其行为自由，从而避免当事人的自身利益因有瑕疵的意思表示受到损害，或至少使其有机会慎重考虑自己的决定。①

笔者认为，对形似自杀的不救助行为的定性应该放在共犯论的延伸线上来解决，而解决的关键还是不作为正犯与共犯的区分标准问题。根据本书采用的支配理论，正犯性的判断标准在于对因果流程（或说对结果的原因）有支配，如果不作为者对事实状况有完全的或很大一部分的支配，可以通过他的干预而决定性地改变事实状况，则应当认为其具有正犯性，构成不作为杀人的（片面）共同正犯，否则构成帮助犯或无罪。无罪的原因即不存在支配的原因，可能是救助时为时已晚，成功的可能性不大；也可能是双方的实力相差悬殊，义务人难以有效阻止自杀；抑或是自杀者附近存在数个没有意思联络的保证人，使得每个保证人的不作为对自杀者产生的危险都没有达到定罪的标准；等等。

如上文所述，我国司法实践中大多处罚教唆帮助自杀，对自杀不救助的情形也几乎是以故意杀人罪处理。但也有少数情况，被告人被宣告无罪，如李银建被控故意杀人宣告无罪案②、王某对妻见死不救案③。两个案件的被告人被宣告无罪的相同理由都是否定了其保证人地位。法院认为，婚姻法仅规定了夫妻之间的相互扶养义务，而没有关于夫妻之间有相互救助义务的规定。同时，刑法对婚姻法的相关规定也没有回应，所以当夫妻一方在另一方处于危险的状态时，没有实施救助的行为并不违反刑法的规定，基于"法无明文规定不为罪"的要求，不应当构成犯罪。但是笔者认为，刑法上

---

① 王钢. 自杀行为违法性之否定：与钱叶六博士商榷 [J]. 清华法学，2013 (3)：149.
② 本案中，被告人李银建与其妻肖世花因家庭琐事发生争吵，肖世花跳入水塘自杀。被告人李银建对此明知而不救助，妻子溺水身亡。重庆市万州区人民法院一审判决认为，被告人李银建与肖世花虽系夫妻关系，但认定李银建对肖世花跳水自杀负有特定的法律救助义务缺乏法律依据，因而做出无罪判决。重庆市第二中级人民法院维持了原审判决。参见重庆市万州区人民法院（2002）万刑初字第 606 号，重庆市第二中级人民法院（2003）渝二中刑一抗字第 4 号 http://www. lawyee. org/Case/Case_ Data. asp?RID = 371979&KeyWord = 李银建. 访问日期：2018 年 3 月 5 日.
③ 本案中，被告人王某与其妻谢某因离婚纠纷在路上发生争吵，被途经的何某劝开。当王某继续前行约 50 米时，谢某跳入附近的水塘。何某见状大呼救命，王某却表现得事不关己，继续步行离开。待何某喊来村民将谢某救上来时，谢某已经死亡。本案一、二审法院根据以下三点认定被告人无罪：①现行刑法中没有夫妻之间相互救助的明文规定，王某对谢某跳水自杀的行为没有法律上的救助义务。②二人的争吵并不必然导致谢某自杀，王某不具有先行行为。③在当时的情况下，附近村民短时间内赶来及时施救，但仍没能避免死亡结果。即使王某从 50 米外赶来施救，死亡结果仍不可避免。郝艳兵. 不纯正不作为犯的作为义务适用论 [M]. 北京：法律出版社，2015：154.

的作为义务不应通过援引其他法律来认定,我国刑法总则没有作为义务的规定,但这并不代表现在得到认可的保证人类型都必须有民法、行政法的依托。从正面来说,刑法上保证人地位的根据在于法益保护依存状态的自我创出,其根本立足点在于保护法益。夫妻关系是男女双方以永久共同生活为目的依法结合而成的,如果夫妻双方连关涉对方法益面临危险时仍然无动于衷,显然是对婚姻共同体的极大漠视,势必会导致婚姻制度的土崩瓦解,进而导致子女的抚育乃至生育制度受到极大威胁。这一观点本书在第三章第二节中已经有所论述。从另一角度来看,如果说法律规定了夫妻之间的扶养义务,那么根据举轻以明重原则,扶养义务就应当包含救助义务。暂且不考虑自杀,夫妻一方因意外而身处险境的,配偶当然具有救助义务。又比如说,婚姻法同样只规定了子女对父母的赡养义务而没有规定保护义务,但认为对父母见死不救无罪的观点是不可想象的。还要提醒的一点在于,既然我国认定发生的所谓自杀不救助案件都属于形似自杀,就不能否定其行为的违法性,就不能通过自我答责等观点否定配偶的作为义务,而应在软家长主义的指导下,最大限度地保护法益。不过就王某见死不救案而言,因存在因果关系不明确的问题,即王某即使去履行救助义务,也未必能够防止结果的发生,从这一点来看,王某被宣告无罪有一定的合理性。

还有两个问题需要进行说明。

一是自杀未遂不罚的问题。自杀者自身既是行为人又是被害人,处罚作为被害人的行为人无疑不妥当,会使得自杀者处于要么死亡要么接受刑罚的两难境地。问题的关键是如何通过刑罚理论对此结论进行合理解释。根据上文对自杀和形似自杀进行区分,真正意义上的自杀行为并不符合杀人罪的构成要件,自然没有可罚不可罚的问题。问题出在形似自杀上。无论是受他人胁迫的(尚未完全丧失责任)自杀还是因为事业、爱情等原因而冲动自杀,造成未遂结果的同样应当不被处罚。关于不可罚的根据,无非是从违法阶层入手还是从责任阶层入手。前者主张形似自杀行为缺乏可罚的违法性,而后者是从期待可能性角度入手。[1]

---

[1] 赞成缺乏可罚的违法性的学者如黎宏指出:"自杀未遂的场合,由于自杀者一方面是行为人,另一方面也是被害人,存在被害人同意而降低其社会危害性的情形,使自杀行为没有达到可罚的程度。"黎宏.刑法学[M].北京:法律出版社,2012:635. 赞成责任阻却的学者如日本的泷川幸辰教授认为,由于自杀者放弃的是自己的生命利益,较之于违背主体意志的他杀行为,违法性虽然减少,但是仍是值得处罚的违法行为。然而强令中止自杀者受罚,就会使得着手实行自杀的人陷入死亡和接受刑罚二者择一的窘境,法并非如此不近人情。对自杀之人予以非难是残酷的,故不应追究责任。钱叶六.参与自杀的可罚性研究[J].中国法学,2012(4):105.

笔者更倾向于责任阻却的观点。可罚的违法性理论会导致第二阶层变为"违法阻却—可罚的违法阻却"这样的双层形式，于否定正当防卫等情况后还要考察超法规的类似事项。一方面这将对当前的教义学体系产生影响，另一方面也使得司法结论变得随意。事实上，曾经在实务上支持该理论的日本，从20世纪70年代起也转变了态度，对于以违法轻微为理由而否定犯罪这一点进行严格把关。对于责任阻却说，有学者从期待可能性的"行为人标准说"出发进行批判，认为"因为一个人想死，所以没有办法"的思路难免会遭到"以本人为基准就意味着一切都是允许的"的谴责。[①] 对于一般犯罪，我们自然不能认为"因为他想犯罪，所以其犯罪行为不具有期待可能性"，但是对于形似自杀的行为而言，由于行为人处于被胁迫或内心冲动的背景，即使是其他大多数一般人处于这种情况，恐怕也会选择自杀，而在"因为他想死，所以自杀"的场合，正是自杀者自由意志的体现，是本书所认为的真正意义上的自杀行为，根本不符合构成要件，自然没有讨论期待可能性的必要。与犯罪行为不同，行为人完全主观的自杀因为以有效承诺和自我答责为根据被认定不违法，与期待可能性无关，而行为人完全主观的犯罪行为自然不能认为缺乏期待可能性。

二是对于阻止自杀情况的处理。这主要是针对真正意义上的自杀行为而言，因为自杀行为不符合构成要件，理论上就应当认为属于合法行为，对其不能正当防卫。我国刑法没有像德国刑法典那样规定强制罪，一般情况下阻止自杀的行为不会符合刑法分则的构成要件，但是在极端情况下，还是可能符合非法拘禁罪或伤害罪的构成要件。而从刑事政策和公民普遍的法感情出发，阻止自杀的行为不应当受到处罚，至少不应当受到严厉的处罚。对此，笔者拟通过违法性认识理论进行说明。[②]

如果行为人没有认识到行为的违法性，即误以为违背自杀者意愿对其进行阻止的行为原本就为法律所允许，就会陷入违法性认识错误。违法性认识错误虽然不能阻却故意，但却可以阻却或减轻责任。减轻处罚和免责的界限在于行为人是否具有违法性认识可能性。一般而言，行为人应当审慎地考察自己的行为或者向专业人士或专门机构进行咨询，以了解行为在法律上的评价，而不能以"我以为……是被允许的，

[①] 松宫孝明. 刑法总论讲义 [M]. 钱叶六，译. 北京：中国人民大学出版社，2013：170.
[②] 笔者不赞成通过推定的承诺或紧急避险来解决此问题。既然自杀者实施或即将实施自杀行为，在此背景下再说其不想死而希望有人阻止其自杀就有些不合逻辑。而紧急避险的正当化根据在于公民在紧急状态中所负担的社会连带义务，然而在自杀场合，所涉及的只是自杀者自身的利益权衡，由于没有人对自己负有社会连带义务，所以紧急避险从一开始就不应当被适用于个人的不同法益相互冲突的情形之中。

才……"为自身辩护。故在绝大多数场合，行为人都具有知道其自身违法的可能性。而此处的情况可能属于例外，无论是我国还是日本，实务上对教唆、帮助自杀均持积极处罚的态度，加之普通公民基本上不会对阻止自杀的合法性产生怀疑，故难以要求公民认识到自杀行为的合法性。因此，在我国当前阶段，当行为人误以为可以违背自杀者意愿阻止自杀行为时，有否定违法性认识可能性进而阻却责任的余地。而随着人们思维和价值观的转变，违法性错误这一阻却事由的效果也会发生变化。①

本章小结

本章是对不作为共犯问题的探讨。不作为的等价性判断主要是针对正犯而言，但是在司法实践中，不作为形式的共犯也大量出现，这类犯罪不必也几乎不可能符合不作为正犯的等价性判断标准。要从共犯论的角度入手，以因果共犯论代替客观归责理论，指导判断其是否能够构成共犯以及构成何种形式的共犯。对于不作为共犯论中最为重要的不作为正犯与共犯的区分问题，本书仍拟通过支配的观念来区分，即着眼于正犯与共犯在因果关系上质的差异。如果是不作为者实施了作为，本应"切实地"避免结果发生的场合，就属于不作为的正犯；如果只是"有可能使结果的发生更为困难"，则属于不作为的帮助。在其他问题上，本书全面肯定不作为的共同正犯，对不作为间接正犯持限制成立的观点，并否定不作为教唆的成立。

最后，本章对司法实践中经常出现的自杀不救助问题进行了具体论述。本书将自杀分为"基于意志自由，自我决定结束生命的行为"的真正的自杀和"由于在事业、学业或爱情上遭受挫折而冲动性选择结束生命，即不能肯定自我决定意思"的形似自杀。对于前者，本书从尊重自我决定权的角度出发，反对父权主义对个人自由的过度干涉，认为真正的自杀并不违法。即使诸如日本刑法典第202条肯定教唆、帮助自杀的可罚性，也不会对自杀不救助行为产生处罚的效果。因为虽然存在不作为的帮助犯，

---

① 认定违背自杀者的意志阻止自杀的行为具有违法性，会导致在一些场合自杀者或第三人可以针对阻止者进行正当防卫。但这也并非难以接受的结论，因为基于防卫行为必要性的限制，防卫者的防卫手段必须具有相当性，也即笔者认为必须首先尝试向阻止者解释情况，表明自杀者自愿结束生命的意思，而不是说可以肆意对其进行人身伤害。

但是要以存在作为义务为前提，否则任何有能力救下自杀者而不救的路人都会构成帮助自杀罪，即使是特别规定也不可能包含这样的意思，而在面对不存在法益侵害的合法的自杀行为时，无法导出作为义务，故自杀不救助的行为无法适用该条的规定。对于后者，结合软家长主义和我国的社会生活现状，本书肯定其违法性，并认为对形似自杀的不救助行为的定性应该放在共犯论的延伸线上来解决。

结 语

不纯正不作为犯的等价性问题非常复杂，至今我们也不能说得出了一个普遍有效的结论。这导致在面对司法实践中纷繁复杂的案件时，相关理论常常显出不足。法益保护和人权保障一直都是刑法的两大价值定位，刑法在打击犯罪时不能过分地干涉他人自由，否则就会违背罪刑法定原则。但我们在充分尊重自由的同时，也应该在制度设计和理论体系构建中周延地保护法益。只有谨慎地确定不纯正不作为犯等价性的判断方法，才能合理地划定其处罚范围，做到不偏不倚，实现法益保护和人权保障的有机统一。

我国刑法没有像德国刑法典第13条那样在总则中对等价性问题做出规定。由于刑法对不纯正不作为犯的立法缺失和司法实践中处罚不纯正不作为犯的需要之间存在矛盾，合理地划定其处罚范围显得格外重要，而这正是等价性理论的功能之一。随着我国刑法学研究的深入和实务界对限定不纯正不作为犯的处罚范围的重视，等价性越发被重视，成为不作为犯乃至整个刑法学中着意要攻克的对象。笔者无意在立法论上对不作为犯的相关立法妄言，也不足以提出符合时代与社会发展的立法建议。笔者只是期望能够在立足我国司法实践并借鉴国外先进理论的基础上，在遵循罪刑法定原则与现有犯罪论框架之内，采用最合适、最有效的解释方法，能够对现实中发生的不作为进行正确合理的评价，并在此意义上，在现有的研究背景下有所突破，有效回应司法实践要求，深化不纯正不作为犯的理论体系，为完善刑法理论和司法实践中对不纯正不作为犯的处理提供有益思路。

顺应等价性的判断逻辑，本书以不纯正不作为犯的等价性理论为核心，通过对等价性以及与等价性相关的不作为犯理论的论述，力图剖析不纯正不作为犯的内部结构并建立合理的等价性判断步骤，以勾勒出不纯正不作为犯的成立范围。

本书开篇从作为与不作为的区分入手，重点论述了二者的区分方法，以判断下一步要进入的是作为犯还是不作为犯的犯罪判断体系。虽然刑法关注的是构成要件的行为，通常反对裸的行为论，但作为与不作为的问题，在体系上应被归入构成要件该当性审查中优先处理的首要问题。既然在构成要件层面研究作为与不作为的区别，那么在具体评判上就不可能完全超脱任何刑法评价的观点。本书采用以危险创出和危险增加为视角的法益关系说的判断方法，并在此基础上注意竞合问题以及个别例外情况。

在明确行为属于不作为之后，将进入正式的对不作为犯是否成立的判断，即等价性判断。为此，首先就要判断保证人地位。保证人地位是构成不作为犯的重要因素之一，在判断行为属于不作为后，最重要的就是审查行为人是否具有保证人地位。如果答案是否定的，则无须继续审查下去。法益保护依存状态的自我创出说是解释保证人义务来源的较为合理的依据，但该说也需要更为实质的内容补充，如家庭对社会的主要功能、生育制度等。另外，对先行行为尤其是故意的不法前行为能否导出作为义务的问题也要通过客观归责理论来进行限定，这也是对法益保护依存状态的自我创出说的修正。

然而保证人地位终究是等价性判断的一环而不是全部，保证人的不作为在有些情况下未必就等价于作为。肯定保证人地位意在指出"行为人应当履行义务却未履行"，而肯定等价性则意味着"行为人未履行义务的不作为相当于作为"。从这个角度来看，保证人地位的判断也是等价性判断的前提性必要条件。在判断完保证人地位之后还应继续进行对其他要素的判断。首先，应以客观归责理论为视角进行不作为潜在支配可能性的判断，主要包括因果关系、不允许性危险的创设、不允许性危险的实现、行为构成的作用范围等方面。其次，在一些特定场合，还要考察过失犯和限制手段犯问题。在过失不作为的场合，既要考察过失犯的构成要件也要考察不作为犯的构成要件，而考虑到判断的经济型，应当先考察过失犯的成立与否，即考察行为人是否履行了结果回避义务。如果答案是否定的，就免去了不作为犯的考察，对更为麻烦的保证人和等价性的判断起到了规避效果。另外，不能一概地否定限制手段犯的不纯正不作为犯，关键要考察构成要件所限制的行为方式能否以不作为来实施。

至此，从作为与不作为的区分开始，到保证人地位的判断、基于客观归责理论对不作为支配可能性的判断、过失犯与限制手段犯的判断，应当认为不作为等价性的判断即告结束。但是，按照上述步骤全部得出肯定结论的话，所得到的是不纯正不作为犯的正犯。对于不作为的共犯而言，上述判断步骤就不是完全必要的。本书仍拟通过支配的观念来区分不作为正犯与共犯，并全面肯定不作为的共同正犯，对不作为间接正犯持限制成立的观点，否定不作为教唆的成立。

至此，本书以正犯和共犯为视角，为不纯正不作为犯整体提供了相对完整的等价性判断标准，同时也为在司法实践中判断不纯正不作为犯的构成提供了相对严密的判断步骤。当然，本书只是从理论研究的角度对不纯正不作为犯的等价性问题进行了粗浅的分析，在很多方面还有进一步分析论证的必要。面对日益纷繁复杂的犯罪现象，笔者深深地担忧本书所提出的相关理论观点能否经得住时间和现实的考验。然而，理论研究推动制度发展进而回归到现实生活中去指导司法实践，是研究的不竭动力。

由于外文水平有限，本书参考的外文文献翻译可能有诸多瑕疵，故注释均以外文载明文献来源，以便读者据此检索原文；又由于笔者刑法理论水平和司法实践经验不足，书中存在不当和浅薄之处在所难免，敬请读者批评指正。

参考文献

[1] 董玉庭. 刑法前沿问题探索［M］. 北京：人民出版社，2010.

[2] 董玉庭. 刑事自由裁量权导论［M］. 北京：法律出版社，2008.

[3] 董玉庭. 疑罪论［M］. 北京：法律出版社，2010.

[4] 黎宏. 不作为犯研究［M］. 武汉：武汉大学出版社，1997.

[5] 黎宏. 刑法总论问题思考［M］. 北京：中国人民大学出版社，2007.

[6] 李金明. 不真正不作为犯研究［M］. 北京：中国人民公安大学出版社，2008.

[7] 许成磊. 不纯正不作为犯理论［M］. 北京：人民出版社，2009.

[8] 马克昌. 比较刑法原理［M］. 武汉：武汉大学出版社，2002.

[9] 马克昌. 犯罪通论［M］. 武汉：武汉大学出版社，1999.

[10] 马克昌. 近代西方刑法学说史［M］. 北京：中国人民公安大学出版社，2008.

[11] 熊选国. 刑法中的行为论［M］. 北京：人民法院出版社，1992.

[12] 刘士心. 不纯正不作为犯研究［M］. 北京：人民出版社，2008.

[13] 刘士心. 美国刑法中的犯罪论原理［M］. 北京：人民出版社，2010.

[14] 刘士心. 刑法中的行为理论研究［M］. 北京：人民出版社，2012.

[15] 陈荣飞. 不纯正不作为犯的基本问题研究［M］. 北京：法律出版社，2010.

[16] 陈家林. 外国刑法通论［M］. 北京：中国人民公安大学出版社，2009.

[17] 陈家林. 共同正犯研究［M］. 武汉：武汉大学出版社，2004.

[18] 陈忠林. 意大利刑法纲要［M］. 北京：中国人民大学出版社，1999.

[19] 肖中华. 犯罪构成及其关系论［M］. 北京：中国人民大学出版社，2000.

[20] 陈兴良. 判例刑法学：上卷 [M]. 北京：中国人民大学出版社，2009.

[21] 陈兴良. 判例刑法学：下卷 [M]. 北京：中国人民大学出版社，2009.

[22] 张明楷. 刑法学 [M]. 北京：法律出版社，2011.

[23] 张明楷. 外国刑法纲要 [M]. 北京：清华大学出版社，1999.

[24] 张明楷. 诈骗罪与金融诈骗罪研究 [M]. 北京：清华大学出版社，2006.

[25] 周光权. 犯罪论体系的改造 [M]. 北京：中国法制出版社，2009.

[26] 冯军. 刑事责任论 [M]. 北京：法律出版社，1998.

[27] 冯军. 刑法问题的规范理解 [M]. 北京：北京大学出版社，2009.

[28] 费孝通. 乡土中国 生育制度 乡土重建 [M]. 北京：商务印书馆，2011.

[29] 王思斌. 社会学教程 [M]. 北京：北京大学出版社，2003.

[30] 何庆仁. 义务犯研究 [M]. 北京：中国人民大学出版社，2010.

[31] 何荣功. 实行行为研究 [M]. 武汉：武汉大学出版社，2010.

[32] 刘瑞瑞. 不作为共犯研究 [M]. 桂林：广西师范大学出版社，2009.

[33] 曹菲. 管理监督过失研究：多角度的审视与重构 [M]. 北京：法律出版社，2013.

[34] 吕英杰. 客观归责下的监督管理过失 [M]. 北京：法律出版社，2013.

[35] 刘明祥. 财产罪比较研究 [M]. 北京：中国政法大学出版社，2001.

[36] 刘明祥，曹菲，侯艳芳. 医学进步带来的刑法问题思考 [M]. 北京：北京大学出版社，2014.

[37] 于佳佳. 医疗过失犯罪的比较法研究 [M]. 台北：元照出版有限公司，2017.

[38] 甘添贵. 刑法之重要理念 [M]. 台北：瑞兴图书股份有限公司，1996.

[39] 林东茂. 刑法综览 [M]. 北京：中国人民大学出版社，2009.

[40] 陈子平. 刑法总论 [M]. 北京：中国人民大学出版社，2009.

[41] 林钰雄. 新刑法总则 [M]. 北京：中国人民大学出版社，2009.

[42] 蔡墩铭. 刑法总则争议问题研究 [M]. 台北. 五南图书出版公司，1988.

[43] 黄荣坚. 基础刑法学：下册 [M]. 北京：中国人民大学出版社，2008.

[44] 黄荣坚. 刑罚的极限 [M]. 台北：月旦出版社股份有限公司，2000.

[45] 许玉秀. 主观与客观之间：主观理论与客观归责. [M]. 北京：法律出版社，2008.

[46] 许玉秀. 当代刑法思潮 [M]. 北京：中国民主法制出版社，2005.

[47] 许玉秀. 刑法的问题与对策 [M]. 台北：春风煦日编辑小组，1999.

[48] 洪福增. 刑法理论之基础 [M]. 台北：刑事法杂志社，1977.

[49] 蔡圣伟. 刑法问题研究：一［M］. 台北：元照出版有限公司，2008.

[50] 张丽卿. 刑法总则理论与运用［M］. 台北：五南图书出版公司，2011.

[51] 陈朴生. 刑法专题研究［M］. 台北：三民书局，1988.

[52] 陈朴生. 实用刑法［M］. 台北：三民书局，1983.

[53] 耶赛克, 魏根特. 德国刑法教科书：总论［M］. 徐久生，译. 北京：中国法制出版社，2001.

[54] 施特拉腾韦特, 库伦. 刑法总论Ⅰ：犯罪论［M］. 杨萌，译. 北京：法律出版社，2006.

[55] 罗克辛. 德国刑法学总论：第1卷：犯罪原理的基础构造［M］. 王世洲，等译，北京：法律出版社，2013.

[56] 罗克辛. 德国刑法学总论：第2卷：犯罪行为的特别表现形式［M］. 王世洲，等译，北京：法律出版社，2013.

[57] 罗克辛. 德国最高法院判例：刑法总论［M］. 何庆仁、蔡桂生译. 北京：中国人民大学出版社，2012.

[58] 罗克辛. 刑事政策与刑法体系［M］. 蔡桂生，译. 北京：中国人民大学出版社，2010.

[59] 韦塞尔斯. 德国刑法总论［M］. 李昌珂，译. 北京：法律出版社，2008.

[60] 金德霍伊泽尔. 刑法总论教科书［M］. 蔡桂生，译. 北京：北京大学出版社，2015.

[61] 李斯特. 德国刑法教科书［M］. 徐久生，译. 北京：法律出版社，2006.

[62] 费尔巴哈. 德国刑法教科书［M］. 14版. 徐久生，译. 北京：中国方正出版社，2010.

[63] 雅各布斯. 行为 责任 刑法［M］. 冯军，译. 北京：中国政法大学出版社，1997.

[64] 雅科布斯. 规范 人 个体 社会［M］. 冯军，译. 北京：法律出版社，2001.

[65] 韦尔策尔. 目的行为论导论［M］. 陈璇，译. 北京：中国人民大学出版社，2015.

[66] 贝林. 构成要件理论［M］. 王安异，译. 北京：中国人民公安大学出版社，2006.

[67] 大塚仁. 刑法概说：总论［M］. 冯军，译，北京：中国人民大学出版社，2003.

[68] 大塚仁. 刑法概说：各论［M］. 冯军，译，北京：中国人民大学出版社，2003.

[69] 大塚仁. 犯罪论的基本问题 [M]. 冯军, 译. 北京: 中国政法大学出版社, 1993.

[70] 大谷实. 刑法讲义总论 [M]. 黎宏, 译, 北京: 中国人民大学出版社, 2008.

[71] 川端博. 刑法总论二十五讲 [M]. 余振华, 译. 北京: 中国政法大学出版社, 2003.

[72] 山口厚. 刑法总论 [M]. 付立庆, 译. 北京: 中国人民大学出版社, 2011.

[73] 山口厚. 刑法各论 [M]. 2 版. 王昭武, 译. 北京: 中国人民大学出版社, 2011.

[74] 山口厚. 从新判例看刑法 [M]. 付立庆, 刘隽, 译. 北京: 中国人民大学出版社, 2009.

[75] 西田典之. 日本刑法总论 [M]. 2 版. 王昭武, 刘明祥, 译. 北京: 法律出版社, 2013.

[76] 西田典之. 共犯理论的展开 [M]. 江溯, 李世阳, 译. 北京: 中国法制出版社, 2017.

[77] 野村稔. 刑法总论 [M]. 全理其, 何力, 译, 北京: 法律出版社, 2001.

[78] 佐伯仁志. 刑法总论的思之道 乐之道 [M]. 于佳佳, 译. 北京: 中国政法大学出版社, 2017.

[79] 松宫孝明. 刑法总论讲义 [M]. 钱叶六, 译. 北京: 中国人民大学出版社, 2013.

[80] 日高义博. 不作为犯的理论 [M]. 王树平, 译, 北京: 中国人民公安大学出版社, 1992.

[81] 曾根威彦. 刑法学基础 [M]. 黎宏, 译. 北京: 法律出版社, 2005.

[82] 福田平, 大塚仁. 日本刑法总论讲义 [M]. 李乔, 等译. 沈阳: 辽宁人民出版社, 1986.

[83] 小野清一郎. 犯罪构成要件理论 [M]. 王泰, 译. 北京: 中国人民公安大学出版社, 2004.

[84] 青井和夫. 社会学原理 [M]. 刘振英, 译. 北京: 华夏出版社, 2002.

[85] 松原方博. 刑法总论重要问题 [M]. 王昭武, 译. 北京: 中国政法大学出版社, 2014.

[86] 高桥则夫. 共犯体系和共犯理论 [M]. 冯军, 毛乃纯, 译. 北京: 中国人民大学出版社, 2010.

[87] 李在祥.韩国刑法总论[M].韩相敦,译.北京:中国人民大学出版社,2005.

[88] 塔德洛斯.刑事责任论[M].潭淦,译.北京:中国人民大学出版社,2009.

[89] 史密斯,霍根.英国刑法[M].李贵方,等译.法律出版社,2000.

[90] 克罗斯,琼斯.英国刑法导论[M].赵秉志,译.北京:中国人民大学出版社,1991.

[91] 胡萨克.刑法哲学[M].谢望原,等译.北京:中国人民公安大学出版社,2004.

[92] 弗莱彻.反思刑法[M].邓子滨,译.北京:华夏出版社,2008.

[93] 弗莱彻.刑法的基本概念[M].蔡爱惠,等译.北京:中国政法大学出版社,2004.

[94] 尤斯拉纳.信任的道德基础[M].张敦敏,译.北京:中国社会科学出版社,2006版.

[95] 帕多瓦尼.意大利刑法学原理[M].陈忠林,译.北京:中国人民公安大学出版社,2004.

[96] 斯特法尼.法国刑法总论精义[M].罗结珍,译.北京:中国政法大学出版社,1998.

[97] 卢梭.社会契约论[M].何兆武,译.北京:商务印书馆,2010.

[98] 西塞罗.论义务[M].王焕生,译.北京:中国政法大学出版社,1999.

[99] 西原春夫.刑法総論:上卷[M].改訂版.東京:成文堂,1998.

[100] 内藤謙.刑法講義総論:上[M].東京:有斐閣,1983.

[101] 林幹人.刑法総論[M].東京:東京大学出版会,2000.

[102] 芝原邦爾ほか.刑法理論の現代的展開:総論1[M].東京:日本評論社,1988.

[103] 芝原邦爾ほか.刑法理論の現代的展開:総論2[M].東京:日本評論社,1988.

[104] 山中敬一.刑法総論Ⅰ[M].東京:成文堂,1999.

[105] 岩間康夫.製造物責任と不作為犯論[M].東京:成文堂,2010.

[106] 内田文昭.刑法概要:上卷[M].東京:青林書院,1995.

[107] 堀内捷三.不作為犯論:作為義務論の再構成[M].東京:青林書院新社,1978.

207

[108] 平野龍一.刑法総論Ⅰ［M］.東京：有斐閣,1972.

[109] 井田良.刑法総論の理論構造［M］.東京：成文堂,2005.

[110] 井田良.変革の時代における理論刑法学［M］.東京：慶應義塾大学出版社,2007.

[111] 山口厚.基本判例に学ぶ刑法総論［M］.東京：成文堂,2010.

[112] 平山幹子.不作為犯と正犯原理［M］.東京：成文堂,2005.

[113] 斉藤誠二.医学刑法の基礎理論［M］.東京：多賀出版社,1997.

[114] 神山敏雄.不作為をめぐる共犯論.［M］.東京：成文堂,1994.

[115] 赫林.刑法［M］.影印版.北京：法律出版社,2003.

[116] 伊曼纽尔.刑法［M］.影印本.北京：中信出版社,2003.

[117] JOEL FEINBERG. The moral limits of the criminal law：vol. 1 ［M］. Oxford：Oxford University Press,1984.

[118] 董玉庭.不纯正不作为犯等价性新论［J］.学术交流,2017（10）：110-116.

[119] 董玉庭.共同过失犯罪中前置责任的刑法学解读：以交通肇事刑事案件司法解释为分析对象［J］.人民检察,2017（3）：12-16.

[120] 董玉庭.刑法条文的规范张力［J］.知与行,2016（11）：64-69.

[121] 李晓龙.论不纯正不作为犯的等价性［J］.法律科学,2002（2）：43-53.

[122] 陈兴良.作为义务：从形式的义务论到实质的义务论［J］.国家检察官学院学报,2010（3）：70-79.

[123] 刘士心.不纯正不作为犯的等价性问题研究［J］.法商研究,2003（5）：109-116.

[124] 刘士心.不纯正不作为的共犯［J］.国家检察官学院学报,2009（4）：96-101.

[125] 赵秉志,许成磊.不作为共犯问题研究［J］.中国刑事法杂志,2008（9）：22-33.

[126] 许成磊,高晓莹.论刑法中不作为与作为的区分［J］.中国刑事法杂志,2006（5）：25-30.

[127] 赵秉志,王鹏祥.不纯正不作为犯的等价性探析［J］.河北法学,2012（10）：28-32.

[128] 何荣功. 不真正不作为犯的构造与等价值的判断［J］. 法学评论, 2010（1）: 105-113.

[129] 熊选国. 论作为与不作为的区别［J］. 法学评论, 1991（5）: 10-14.

[130] 马荣春. 刑法学中作为与不作为竞合之辨: 兼与张明楷教授商榷［J］. 东方法学, 2014（2）: 21-28.

[131] 许桂敏, 司顺鑫. 作为与不作为竞合的真相［J］. 河南警察学院学报, 2015（6）: 106-112.

[132] 钱叶六. 不作为犯的实行行为及其着手之认定［J］. 法学评论, 2009（1）: 90-95.

[133] 唐子艳. 论不纯正不作为保证人的实质义务来源［J］. 湖北社会科学, 2015（8）: 149-152.

[134] 张明楷. 不作为犯中的先前行为［J］. 法学研究, 2011（6）: 136-154.

[135] 张明楷. 严格限制结果加重犯的范围与刑罚［J］. 法学研究, 2005（1）: 82-96.

[136] 王莹. 论犯罪行为人的先行行为保证人地位［J］. 法学家, 2013（2）: 119-129.

[137] 王莹. 先行行为作为义务之理论谱系归整及其界定［J］. 中外法学, 2013（2）: 325-346.

[138] 陈家林. 不作为的共同正犯问题研究［J］. 暨南学报, 2007（5）: 66-71.

[139] 陈璇. 家庭暴力反抗案件中防御性紧急避险的适用: 兼对正当防卫扩张论的否定［J］. 政治与法律, 2015（9）: 13-26.

[140] 周光权. 犯罪构成理论: 关系混淆及其克服［J］. 政法论坛, 2003（6）: 46-53.

[141] 车浩. 假定因果关系、结果避免可能性与客观归责［J］. 法学研究, 2009（5）: 145-163.

[142] 杨绪峰. 条件说的困境与结果归责的类型化［J］. 中国刑事法杂志, 2015（4）: 12-36.

[143] 劳东燕. 事实因果与刑法中的结果归责［J］. 中国法学, 2015（2）: 132-159.

[144] 徐凌波. 皮革喷雾剂案与刑法上的产品责任［J］. 刑事法判解, 2013（2）: 44

-68.

[145] 徐凌波. 因果关系在产品刑事责任案件中的认定问题 [J]. 政治与法律, 2014 (11): 49-57.

[146] 何庆仁. 对话敌人刑法 [J]. 河北法学, 2008 (7): 94-98.

[147] 冯军. 刑法的规范化诠释 [J]. 法商研究, 2005 (6): 62-73.

[148] 李学同. 论不作为与共同犯罪 [J]. 法律科学, 1996 (6): 67-72.

[149] 方军. 共谋共同正犯否定论 [J]. 政治与法律, 2015 (5): 117-131.

[150] 王钢. 自杀的认定及其相关行为的刑法评价 [J]. 法学研究, 2012 (4): 154-174.

[151] 王钢. 自杀行为违法性之否定: 与钱叶六博士商榷 [J]. 清华法学, 2013 (3): 143-164.

[152] 钱叶六. 参与自杀的可罚性研究 [J]. 中国法学, 2012 (4): 99-111.

[153] 许玉秀. 论西德刑法上保证人地位之实质化运动 [J]. 东海大学法学研究, 1987 (3): 28-56.

[154] 许玉秀. 夫妻间之保证人地位: 兼论通奸罪 [J]. 台湾本土法学杂志, 2002 (39): 79-92.

[155] 林东茂. 当爱已成往事: 评台北地院 87 年第 1565 号不纯正不作为犯判决 [J]. 月旦法学杂志, 2000 (63): 152-158.

[156] 黄惠婷. 作为与不作为之区别 [J]. 台湾本土法学杂志, 2004 (57): 134-139.

[157] 张丽卿. 客观归责理论对实务判断因果关系的影响 [J]. 法学新论, 2009 (13): 1-29.

[158] 王皇玉. 医疗过失中的因果关系: 从邱小妹人球案谈起 [J]. 台湾大学法学论丛, 2012, 41 (2): 725-793.

[159] 周漾沂. 重新建构刑法上保证人地位的法理基础 [J]. 台湾大学法学论丛, 2014, 43 (1): 209-269.

[160] 周漾沂. 从实质法概念重新定义法益: 以法主体性论述为基础 [J]. 台湾大学法学论丛, 2012, 41 (3): 981-1053.

[161] 周漾沂. 风险承担作为阻却不法事由: 重构容许风险的实质理由 [J]. 中研院

法学期刊, 2014 (14): 169-235.

[162] 周漾沂. 论被害人生命法益处分权之限制: 以刑法父权主义批判为中心 [J]. 台北大学法学论丛, 2013 (88): 209-260.

[163] 蔡圣伟. 刑法上的对应原则 [J]. 月旦法学杂志, 2014 (277): 20-30.

[164] 蔡圣伟. 评2005年关于不能未遂的修法: 兼论刑法上行为规范与制裁规范的区分 [J]. 政大法学评论, 2006 (91): 339-410.

[165] 高金桂. 不作为之过失犯: 台中地方法院九十九年度易字第三六一二号刑事判决 [J]. 月旦裁判时报, 2011 (10): 66-72.

[166] 高金桂. 不作为犯与保证人义务 [J]. 军法专刊, 2012, 58 (5): 146-167.

[167] 许泽天. 过失不作为犯之结果归责: 切除肿瘤成植物人案之平释 [J]. 月旦法学杂志, 2010 (183): 21-35.

[168] 谢开平. 过失之不纯正不作为犯: 简评台湾高等法院一〇二年度医上诉字第十一号刑事判决 [J]. 月旦法学杂志, 2015 (243): 243-253.

[169] 郑逸哲. 难以确定"客观可避免性"就不应展开"不纯正不作为构成要件该当性"审查 [J]. 月旦法学杂志, 2011 (197): 152-164.

[170] 苗继业. 防卫性紧急避难研究: 现行法下之体系定位及解决方法之探讨 [J]. 军法专刊, 1998, 44 (4): 26-35.

[171] 陈志辉. 义务犯 [J]. 月旦法学教室, 2004 (23): 34-38.

[172] 陈志辉. 身份犯之正犯认定: 以德国义务犯理论为中心 [J]. 政大法学评论, 2012 (130): 331-418.

[173] 陈志辉. 共谋共同正犯与共同正犯之参与行为 [J]. 月旦法学杂志, 2004 (114): 30-46.

[174] 许乃曼. 刑法上故意与罪责之客观化 [J]. 郑昆山, 许玉秀, 译. 政大法学评论, 1994 (50): 37-78.

[175] 罗克辛. 德国犯罪原理的发展与现代趋势 [J]. 王世洲, 译. 法学家, 2007 (1): 151-160.

[176] 雅各布斯. 刑法保护什么: 法益还是规范适用 [J]. 王世洲, 译. 比较法研究, 2004 (1): 96-107.

[177] 罗克辛. 刑法的任务不是保护法益吗 [J]. 樊文, 译. 刑事法评论, 2007, 19:

160 - 179.

[178] 大谷实. 论保证人说: 上 [J]. 黎宏, 译. 法学评论, 1994 (3): 24 - 29.

[179] 金光旭. 日本刑法中的实行行为 [J]. 中外法学, 2008 (2): 234 - 245.

[180] 奥村正雄. 论实行行为的概念 [J]. 王昭武, 译. 西北政法大学学报, 2013 (2): 192 - 200.

[181] 甲斐克则. 医事刑法的基础理论 [J]. 刘建利, 译. 法律科学, 2012 (2): 196 - 200.

[182] 西田典之. 不作为的共犯 [J]. 王昭武, 译. 江海学刊, 2006 (3): 27 - 35.

[183] 松宫孝明. 结果反 (无) 价值论 [J]. 张小宁, 译. 法学, 2013 (7): 16 - 22.

[184] 西德尔. 家庭: 功能主义的观点 [J]. 费涓洪, 译. 现代外国哲学社会科学文摘, 1998 (10): 30 - 32.

[185] 井田良. 大規模火災事故における管理・監督責任と刑事過失論 [J]. 慶応義塾大学法学研究会, 1993, 66 (11): 1 - 35.

[186] 神例康博. ドイツにおける刑事製造物責任 [J]. 松山大学論集, 2003, 15 (5): 141 - 153.

[187] 神例康博. 刑法上の製造物責任の必要性と限界 [J]. 松山大学論集, 2002, 14 (5): 79 - 105.

[188] 北川佳世子. 製造物責任をめぐる刑法上の問題点: ドイツ連邦通常裁判所の皮革用スプレー判決をめぐる議論を手掛かりに [J]. 早稲田法学, 1996, 71 (2): 171 - 229.

[189] 林幹人. 共犯と作為義務: 最高裁平成1774決定を契機として [J]. 上智法学論集, 2006, 49 (3/4): 49 - 66.

[190] 鎮目征樹. 刑事製造物責任における不作為犯論の意義と展開 [J]. 本郷法政紀要, 1999 (8): 343 - 381.

[191] 島田聡一郎. 不作為犯 [J]. 法学教室, 2002 (263): 110 - 124.

[192] 齊藤彰子. 進言義務と刑事責任 [J]. 金沢法学, 2002, 44 (2): 133 - 171.

[193] 齊藤彰子. 作為正犯者の犯罪行為を阻止しなかった者の刑責 [J]. 名古屋大學法政論集, 2013 (249): 214 - 254.

[194] 渡邊卓也. 電脳空間における接続業者の不作為と刑事的帰責 [J]. ソシオサイ

エンス, 2002, 8: 241-253.

[195] 大塚裕史. 過失犯における結果回避可能性と予見可能性: 黄色点滅信号事件最高裁判決を手掛かりに [J]. 神戸法学雑誌, 2005, 54 (4): 1-37.

[196] 大塚裕史. 過失犯の共同正犯の成立範囲: 明石花火大会歩道橋副署長事件を契機として [J]. 神戸法学雑誌. 2012, 54 (1/2): 1-58.

[197] 濱本千恵子. 過失競合と因果関係 [J]. 広島法学, 2014, 38 (2): 44-70.

[198] 奥村正雄. 不作為犯における結果回避可能性 [J]. 同志社法学, 2010, 62 (3): 529-550.

[199] 島田聡一郎. 不作為による共犯について (一) [J]. 立教法学, 2003 (64): 1-79.

[200] MARK A FRANKLIN. Vermont requires rescue: a comment [J]. Stanford law review, 1972-1973, 25: 51-61.

[201] ANTHOEY WOOZLEY. A duty to rescue: some thoughts on criminal liability [J]. Virginia law review, 1983, 69: 1273-1300.

[202] GLANVILLE WILLIAMS. Criminal assault: parking on a copper's foot [J]. The cambridge law journal, 1969, 27: 16-17.

[203] HAROLD F MCNIECE, JOHN V THORNTON. Affirmative duties in tort [J]. The yale law journal, 1948-1949, 58: 1272-1290.

[204] 曾文科. 不作为犯的归因与归责 [C] //陈兴良. 刑事法评论: 第28卷. 北京: 中国政法大学出版社, 2011.

[205] 袁国何. 不纯正不作为犯的等置性问题研究 [C] //陈兴良. 刑事法评论: 第27卷. 北京: 中国政法大学出版社, 2010.

[206] 周漾沂. 刑法上作为与不作为之区分 [C] //公益信托东吴法学基金. 不作为犯的现状与难题. 台北: 元照出版有限公司, 2015.

[207] 陈志辉. 刑法保证人地位法理根据之分析 [C] //公益信托东吴法学基金. 不作为犯的现状与难题. 台北: 元照出版有限公司, 2015.

[208] 车浩. 保证人地位的实质根据 [C] //公益信托东吴法学基金. 不作为犯的现状与难题. 台北: 元照出版有限公司, 2015.

[209] 李立众. 作为与不作为的区别 [C] //公益信托东吴法学基金. 不作为犯的现

状与难题. 台北：元照出版有限公司，2015.

［210］叶志刚. 作为犯与不作为犯之比较研究［C］//蔡墩铭. 刑法总则论文选辑：上. 台北：五南图书出版公司，1984.

［211］许乃曼. 作为学术的刑法释义学［C］//许玉秀，陈志辉，等. 不移不惑献身法与正义：许乃曼教授刑事法论文选辑. 台北：公益信托春风煦日学术基金，2006.

［212］许乃曼. 在莱比锡和维也纳刑法注释书中所呈现出来刑法修正后的德语区刑法学［C］//许玉秀，陈志辉，等. 不移不惑献身法与正义：许乃曼教授刑事法论文选辑. 台北：公益信托春风煦日学术基金，2006.

［213］井田良. 医師の刑事責任［C］//张丽卿. 全球风险社会刑法新议题. 台北：元照出版有限公司，2015.

［214］林幹人. 監督過失の基礎［C］//内藤謙ほか. 平野龍一先生古稀祝賀論文集：上卷. 東京：有斐閣，1990.

［215］北川佳世子. 欠陥製品回収義務と刑事責任［C］//斉藤豊治ほか. 神山敏雄先生古稀祝賀論文集：第1卷. 東京：成文堂，2006.

［216］张建政. 不纯正不作为犯的等价性问题研究［D］. 重庆：西南政法大学，2012.

［217］吴玉梅. 不作为的共犯类型研究［D］. 广州：中山大学，2001.

［218］黄均毅. 法律家长主义［D］. 台北：台湾大学法律研究所，2009.

［219］邱威. 不纯正不作为犯的基本问题［D］. 武汉：武汉大学，2012.

［220］李晓鸥. 不纯正不作为犯研究［D］. 长春：吉林大学，2011.

［221］陈荣飞. 不纯正不作为犯的基本问题研究［D］. 重庆：西南政法大学，2008.